Frei sein

Manuel Schoch

Frei sein

Spirituelle Lebenspraxis als Weg

AT Verlag

Inhalt

Vorwort

Manuel ist am 10. Oktober 2008 verschieden. Genau eine Woche zuvor hatte er den Vertrag für die Herausgabe dieses Buches »Frei sein« unterzeichnet. Nach seinem Tod nahm ich das Manuskript zur Hand und begann darin zu lesen; ich war sehr traurig und fühlte mich furchtbar verloren. Anfänglich hatte ich nur vor, den Text zu lesen, um, falls nötig, ein paar Korrekturen anzubringen. Doch langsam, ganz langsam spürte ich, dass das, was ich da las, eine immense Wirkung auf mich ausübte – es war dieselbe Wirkung, die Manuels Gegenwart auf uns gehabt hatte. Also las ich immer weiter, und als ich am Ende angelangt war, hatte ich das Gefühl, dass dies die beste Therapie war, die es in meiner derzeitigen Lage – in meinem Leiden über den Verlust Manuels – geben konnte.

Ich will versuchen, zu beschreiben, was geschah. Die grundlegende Aussage, die Manuel in diesem Buch macht, lautet: Verlagert eure Aufmerksamkeit von dem, was man sehen kann, also den Phänomenen, hin auf das, was man zwar nicht sehen kann, was aber dennoch da ist: das Wesentliche, die Essenz.

Er hilft uns zu akzeptieren, wer wir sind – ein Geschenk der Natur –, und lenkt den Blick auf unsere Ausstrahlungskraft. Manuels Einsichten führen uns letztlich dahin, dass wir ganz tief in unserem Inneren spüren: Wir sind gut so, wie wir sind, und es gibt keine Notwendigkeit, uns zu ändern. Wir müssen uns einzig und allein dieser Quelle des Lebens bewusst sein, die Teil unserer selbst ist, auch wenn wir sie nicht sehen: den *Spirit*. Und zu dieser Erkenntnis gelangen wir am besten dadurch, dass wir das, »was da ist«, in jedem Augenblick hinnehmen. Je weniger wir dagegen ankämpfen, desto mehr werden wir in Übereinstimmung mit dem sein, was ohnehin da ist.

Ich lade Sie dazu ein, dieses Buch zu lesen, und ich hoffe, dass es dieselbe Wirkung auf Sie ausüben möge, die es auf mich hatte. Ich finde, es ist ein wunderbares Buch. Erfreuen Sie sich daran!

Effie Schoch

Körper und Geist in Raum und Zeit

Wie Form und Ego zusammenwirken

Ihr Körper als Form

In diesem Augenblick ist das erste Ding, mit dem Sie in Kontakt sind und mit dem Sie sich identifizieren können, vermutlich Ihr Körper und seine Beschaffenheit: Sie stellen fest, ob er warm oder kalt, müde oder wach ist, ob er sich wohl anfühlt oder nicht.

Unmittelbar nach Ihrer Geburt wurden Sie sich als Erstes Ihres Körpers bewusst. Sie lernten bald, dass Ihr Körper für Ihr Wohlbefinden eine wichtige Rolle spielt.

Schon früh entdeckten Sie, dass Ihr Körper *Form* ist. Sie erkannten, dass die Grenze, die Ihr Körper bildete, Sie von der übrigen Welt trennte. Es gab einen Unterschied zwischen Ihrem Körper und anderen.

Das war Ihre erste Ahnung von Bewusstsein. In einem Augenblick waren Sie in Verbindung mit Ihrer Mutter, und kurze Zeit später waren Sie auf sich gestellt und trugen Ihren Körper allein und ohne äußeres Zutun.

Die Herausbildung Ihres Egos

Alle Eltern wissen, dass ein Kind im Alter von drei Jahren widerspenstig wird. Es macht die Erfahrung, dass sein Körper unabhängig sein kann. Diese Phase seiner Entwicklung ist ein natürlicher Fortschritt bei der Herausbildung des freien Willens – ein Zeichen dafür, dass sein Bewusstsein sich zu entfalten beginnt.

Es mag Eltern geben, die auf diese Widerspenstigkeit mit dem Bestreben reagieren, sie zu brechen, aus Furcht, ihre Autorität würde untergraben; aber in Wirklichkeit muss sich das Kind genau so verhalten, um ein Gefühl für Freiheit zu entwickeln.

Zwischen dem zweiten und dem dritten Lebensjahr erkennt ein Mensch, dass er nicht nur einen physischen Körper hat – eine Form –, der sich von alleine bewegen kann. Es gibt ein Innen und ein Außen, eine Grenze zwischen ihm und der Welt. Und er beginnt zu fühlen und nachzudenken, was in ihm und um ihn herum geschieht.

So entsteht das Ich oder Ego – das eigene Gefühl von sich selbst.

Wir alle brauchen das Ego, um in der Welt funktionieren zu können. Schon früh lernen wir, dass unser Körper Grenzen hat, die geschützt und verteidigt werden müssen.

Wenn wir anfangen zu denken, zu fühlen und dieses oder jenes haben wollen, versuchen wir damit ebenfalls, die Grenzen des Egos oder unser Selbstgefühl zu verteidigen. Wir denken, das Ego sei Form – wie der Körper. Wir denken, wenn der Körper Form ist, dann muss auch das Ego Form sein. Das erscheint einleuchtend.

Ihr Ego als Zeit

Wir beginnen, unser Ego anhand früher Erfahrungen herauszubilden, die durch die Verhältnisse geprägt sind, in die wir hineingeboren wurden. Fühlten wir uns erwünscht und geliebt? Wie glücklich oder unglücklich fühlten wir uns? Welche Wirkungen hatte all das auf uns? Hatten wir eine glückliche oder unglückliche Kindheit? All das gehört zu Ihrer persönlichen Geschichte, aber es ist in der Vergangenheit geschehen.

Während sich unser Ego nach und nach herauskristallisierte, wurde es immer festgelegter und unflexibler. Wir hingen an dem, was wir mochten, und drängten weg, was wir nicht mochten. Wir lernten, was den Wertvorstellungen unserer Familie nach akzeptiert war und was wir glauben sollten. Auch das ist unsere persönliche Geschichte, aber all das geschah in der Vergangenheit. Und was ist mit der Zukunft?

Wenn Sie in die Zukunft gehen – in den nächsten Augenblick, in die kommende Woche –, verhalten Sie sich gewöhnlich genauso. Das ist die Art und Weise, wie Sie sich selbst sehen, wie Sie handeln, wie Sie sind. Man nennt das Ihre Konditionierung oder Ihr konditioniertes Verhalten. Es ist in der Zeit konstruiert, sodass Sie irgendwann einmal glauben, es sei Ihr »Ich«.

Wenn Sie finden, dass klinge ein wenig, als befinde man sich in einem Gefängnis, dann haben Sie Recht – es ist tatsächlich so.

Konditioniertes Verhalten

Die erste Variante des konditionierten Verhaltens besteht im »Kämpfe oder Fliehe«. Wann immer wir uns bedroht oder in Gefahr fühlen, bleiben wir stehen und kämpfen, oder wir rennen davon. Wenn wir keines von beidem tun können, erstarren wir – und stellen uns tot wie eine Maus, der es nicht gelingt, einer Katze zu entkommen.

Genauso arbeitet unser Gehirn, wenn es sich in Gefahr fühlt. Es neigt dazu, in derselben Weise auf Probleme zu reagieren, die eigentlich gar keine Bedrohung für unsere Sicherheit darstellen – Probleme, die Angst vor Unsicherheit oder vor Unbekanntem auslösen.

Die nächste Variante des konditionierten Verhaltens hat mit Lernen zu tun. Lernen wird häufig so aufgefasst, als ginge es dabei um das Analysieren von Fehlern, damit man dann die Dinge aufgrund der Erfahrung anders machen könne. »Aus der Erfahrung lernen«, nennt man das. Beim richtigen Lernen hingegen ist man bereit, einen Fehler zu sehen und ihn dann zu belassen oder ihn zu vergessen. Lernen bedeutet, sich nicht selbst zu be- oder verurteilen. Wenn Sie jedoch anfangen, sich selbst zu verurteilen, verwenden Sie Ihre Energie darauf, zu hinterfragen, wie Sie es tun, und sich Sorgen zu machen. Das Gehirn merkt, dass da ein Problem ist, weil es nicht zwischen einem Gedanken und dem, was wirklich geschieht, unterscheiden kann. Also versucht es, das Problem zu lösen, und verbraucht damit noch mehr Energie.

Viel Angst wird dadurch erzeugt, und Kinder werden einem enormen Druck ausgesetzt, auf die »richtige« Weise zu lernen. Kommt Ihnen das bekannt vor? Natürlich gibt es Dinge, die jeder Mensch lernen muss, um sich in der Gesellschaft zurechtzufinden; lenkt man jedoch zu viel Aufmerksamkeit darauf, zu ergründen, wo die eigenen Schwachpunkte liegen, dann nährt man sie nur, anstatt das Gehirn auf kreative Weise zu nutzen. Warum vergessen Sie nicht lieber Ihre Fehler und hören auf, sich auf Ihre sogenannten Schwächen zu konzentrieren? Auf diese Weise werden Sie eine Menge Energie freisetzen.

Eine Alternative ist Neugier, und davon besitzen Kinder eine ganze Menge. Wenn beispielsweise Ihr Zweijähriger unbedingt etwas über einen Gegenstand herausfinden will, der sich in der Nähe des Kamins befindet, werden Sie ihm vermutlich einschärfen, ja nicht dort hinzugehen, da Sie wissen, ein Kamin kann gefährlich sein. Ihr Kind wird sie jedoch nur sonderbar anschauen und weiter auf den Kamin zugehen. Sie meinen irrtümlich, das Kind wolle Ihnen den Gehorsam verweigern, doch in Wirklichkeit ist es nur neugierig. Neugier ist eine wunderbare Eigenschaft, und leider geht sie gewöhnlich verloren, wenn wir zu dem werden, »wer wir zu sein glauben« und uns damit identifizieren.

Neugierig sein bedeutet: ganz und gar bereit sein, nach außen zu gehen, zu etwas hin, weg von der Sicherheit, selbst wenn dies das eigene Leben in Gefahr bringt. Dies ist die Intelligenz der Evolution: Bewusstsein ist nicht möglich ohne Neugier und Lernen.

Kreativität entsteht aus Neugier, und wir alle verfügen bis zu einem gewissen Grade über diese Eigenschaft. Doch das Ego klammert sich gewöhnlich lieber an die Vergangenheit, an die Sicherheit, die einhergeht mit der Stabilität und Identität, »jemand zu sein« – und sei es auch jemand, der »ein Problem« hat. Müssen Sie wirklich wissen, wer Sie sind? Und wie können Sie dessen so sicher sein?

Ihr Körper und die Zeit

Können Sie sich erinnern, was zwischen dem zwölften und siebzehnten Lebensjahr mit Ihnen geschah? Ihre damaligen Erfahrungen hatten vielleicht mehr Einfluss auf Sie, als das, was sich in den allerersten Jahren Ihres Lebens zutrug. Die Art und Weise, wie und wer Sie jetzt sind, hat vielleicht mehr mit dem zu tun, was sich in diesen fünf Jahren abspielte, als mit dem, was Sie im Alter von zwei oder drei Jahren erlebten.

Ihr Körper und Ihr Geist ändern sich fortwährend: Ihr Leben ist nicht von Dauer; Sie sind Veränderungen unterworfen, und Ihre Form wird vergehen wie auch alles andere, das geschaffen wurde.

Was also ist Zeit? Zeit ist einfach die Bewegung von etwas, das vergeht.

In dem Augenblick, wo Sie die Zukunft erreichen, wird sie zur Vergangenheit. Was ist die Zukunft eigentlich, wenn sie zur Vergangenheit wird, selbst im jetzigen Augenblick, wo Sie diese Seite lesen? Die Zukunft ist das Unbekannte. Gewöhnlich ist sie mit Angst verbunden, und in dem Moment, wo Sie mit Angst konfrontiert sind, sind Sie wieder in der Vergangenheit.

Und was bedeutet Zeitlosigkeit?

Denken Sie zurück an die Zeit, als Sie ein Kind waren. Wir alle hatten Momente, wo wir vollkommen in das vertieft waren, was wir taten; wir machten uns keinerlei Gedanken über irgendetwas. Wenn dies geschieht, verlieren Sie das Gefühl für die Zeit – Ihr Körper und Ihr Ego verschmelzen miteinander zu etwas, was keine Verbindung zu Stunden, Tagen, Monaten und Jahren hat. Sie halten nicht inne, um sich zu fragen: Sollte ich jetzt eine Tasse Tee trinken? Wenn Ihnen ein solcher Gedanke kommt, wissen Sie, dass Sie wieder in der Zeit angelangt sind.

Wie also wissen Sie, ob Sie ganz und gar in Ihre Aktivität vertieft sind? Ganz einfach: wenn Sie das Zeitgefühl verloren haben und nicht einmal mehr über Zeit nachdenken. Wenn weniger »Vertieftsein« besteht, haben Sie mehr das Bewusstsein von Zeit: Sie fangen an, sich Sorgen zu machen, dass Sie zu spät dran sein könnten …

Auf den Punkt gebracht: Lebendige Zeit besteht dann, wenn Sie vollkommen in dem aufgehen, was Sie gerade tun; zyklische Zeit hingegen ist die Uhrzeit. Lebendige Zeit – oder relative Zeit – ist das, was Sie erleben. Zyklische Zeit basiert auf dem 24-Stunden-Rhythmus.

Körper und Ego gemeinsam

Wenn Sie Ihre Aufmerksamkeit immer auf die Form oder auf Ihren Körper konzentrieren oder Ihre Energie dafür verwenden, ihn in irgendeiner Weise mit Ihrem Geist oder mit Ihrem Ego zu bekämpfen, dann entsteht ein Konflikt. Die Energie, die durch diesen Konflikt blockiert wird, wird vom Körper aufgenommen und in die Schaffung der Illusion gelenkt, wonach sowohl Ihr Körper als auch Ihr Ego stabil, fest sind.

Wie wir jedoch gesehen haben, ist das Ego im Grunde Zeit, das heißt, Ihr Gefühl von Ihrem Selbst resultiert aus der Art, wie Sie sich hinsichtlich der zyklischen Zeit im Laufe von Tagen, Monaten und Jahren »aufgebaut«, konstruiert haben. Ihre Gedanken und Gefühle ändern sich ständig – sie kommen, bleiben eine Zeit lang bestehen und vergehen dann wieder, wie alles, das geschaffen wurde.

Wenn also viel mehr zum Ich, zum Ego gehört, als wir meinen – was können wir dann durch unsere Erkenntnis herausfinden, dass es Zeit und nicht Form ist?

Herausfinden

Es kann dem Ego viel Mühe bereiten, wenn es herauszufinden versucht, auf welche Weise die Zukunft zur Vergangenheit wird. Der Geist kann niemals in der Zukunft sein, weil seine Aufmerksamkeit Dingen gilt, die bereits geschehen sind. So erzeugt die Zukunft im Grunde die Vergangenheit. Das bedeutet, wenn Sie aufhören können, von dem beherrscht zu werden, was Sie tun »sollten«, wenn Sie sich selbst Ihre Fehler vergeben und die Vergangenheit hinter sich lassen, dass Sie Energie freisetzen.

Vielleicht fragen Sie sich: Wie gehe ich im Alltag mit den Dingen um? Ich möchte gerne, dass meine Zukunft anders ist als meine Vergangenheit. Und ich brauche mein Ego genauso wie meinen Körper, um funktionieren zu können.

Sicherlich brauchen Sie beides, und es geht auch nicht darum, dass Sie sich von Ihrem Ego lösen sollen. Körper und Geist wirken zusammen. Beispielsweise brauchen Sie beide, um Autofahren zu lernen und um sich auch noch am darauffolgenden Tag an das Gelernte zu erinnern.

Wie also finden Sie einen Weg aus diesem Dilemma?

Wie können Sie hoffen, ein Problem zu lösen, indem Sie sich auf das Problem selbst konzentrieren? Der Geist glaubt, er könne sich selbst ändern, indem er sich selbst versteht. Aber wenn das Ego eine auf Zeit basierende Illusion ist, wie soll ihm dies gelingen?

Wenn Sie sich wirklich ändern, werden Sie dies erst nach dem Ereignis wissen, und auch nur dann, wenn Sie darüber nachdenken. Wären Sie sich der Wandlung schon während des Vorgangs gewahr, würde die Hälfte Ihrer verfügbaren Energie davon in Anspruch genommen, was den ganzen Vorgang einschränken würde.

Erwarten Sie also nicht, dass Sie merken, wenn Sie sich verändern. Es ist keine Veränderung möglich, wenn Sie immer darauf »schielen«. Das Ego kann nicht sehen, was Zeit ist, solange es Ihr Bewusstsein beherrscht. Es ist nichts, was Sie erarbeiten können. Wie also lässt man die Vergangenheit hinter sich?

Es gibt keine einfache Lösung für dieses heikle Problem. Dieses Buch wird Ihnen Hinweise, Anregungen und Richtlinien geben, wie Sie diesen Prozess durchlaufen können.

Sprache und Erinnerung

Ein Mensch mit einem Gehirn zu sein bedeutet, in Kontakt mit anderen zu sein und mit dem, was um Sie herum vorgeht. Ihre Fähigkeit, etwas wahrzunehmen und Beziehungen zu unterhalten, hängt sowohl von Ihrer Biologie als auch von Ihrer Psychologie ab. Ein Mensch zu sein bedeutet, die Fähigkeit zu haben, anderen Menschen die Hand zu reichen, sich von anderen Menschen beeinflussen zu lassen, glücklich zu sein, wenn es ihnen gut geht, aber auch Empathie zu haben und mit ihnen zu empfinden. Mitgefühl oder Empathie muss nicht erst entwickelt werden. Sie besitzen diese Fähigkeiten von Ihrer Kindheit an.

Im Grunde kann man dem Leiden nicht entgehen, und auch dem Mitgefühl nicht. Vielleicht können Sie es etwas mindern, aber entgehen können Sie ihm nur durch die Sprache – indem Sie es mit Hilfe der Sprache beschreiben. Indem Sie beispielsweise etwas nennen, das Sie falsch gemacht haben, geben Sie sich selbst das »Instrument«, die Möglichkeit, Schuldgefühle zu haben. Schuldgefühle halten Sie nur dann für untragbar, wenn sie in Worten strukturiert werden.

Der Versuch, das Leiden, das Unerträgliche zu verstehen, erzeugt Ideen, Theorien und alle möglichen theoretischen Konzepte der Psychologie. Die Vorstellung, dass Sie aufgrund von diesem oder jenem so sind, wie Sie sind, beruht nur auf der Sprache.

Wenn Sie das Leiden anderer nicht ertragen und auch nicht helfen können – selbst wenn Sie Ihr ganzes Mitgefühl aufbieten –, wird die Sprache negativ, mit der Sie das, was geschieht, beschreiben. Sie konditionieren sich langsam darauf, Sprache in einer negativen Art und Weise zu verwenden – zu denken, dieses ist nicht gut, jenes sollte sich ändern.

Das alles sind Kunstgriffe, die eine Trennung erzeugen, um Leiden ertragen zu können. Sprache, Denken, Erinnerung haben nichts mit der Wirklichkeit zu tun. Sie selbst können nicht aufhören zu essen, weil Millionen Menschen auf der Welt hungern. Aber Sie können sich beim Essen bewusst machen, dass es Menschen gibt, die hungern. Sie können die Energie des Mitgefühls aussenden, doch dies löst in Ihnen ein Gefühl der Hilflosigkeit aus, weil Sie nicht wissen, ob Ihre Energie eine Wirkung haben wird. Energie als solche kennt keine Schuldgefühle; sie kennt eine ständige Bewegung nach außen; Mitgefühl kennt den Begriff der Schuld nicht.

Wenn es die Bestimmung des Menschen ist, durch Liebe und Mitgefühl Beziehungen zu unterhalten, wie können Sie dann durch Sprache und durch das Denken in Kontakt mit Liebe und Mitgefühl kommen? Denken, Sprache und Erinnerung sind die wesentlichen Instrumente des Ego, des abstrakten Ich. Das Ego ist etwas Wunderbares, und wir müssen uns nicht etwa davon lösen oder es überwinden. Problematisch ist, dass wir uns zu sehr mit Sprache, Denken und Erinnerung identifizieren. Auf diese Weise wird das Ich als Zeit und Erinnerung strukturiert. Und immer wenn etwas auftaucht, das nicht strukturiert ist oder nicht durch diese Identifikation kontrolliert werden kann, bekommen wir Angst.

Schauen Sie sich einmal die interessantesten theoretischen Konzepte und Glaubenssysteme in Philosophie und Religion an. Fragen Sie dann, ob sie dazu beitragen, die Wirklichkeit des Leidens zu lindern. Wenn Sie genau hinsehen, erkennen Sie, dass Konzepte geändert werden könnten, die Wirklichkeit jedoch immer die gleiche ist. Nur die Glaubenssysteme als Sprache können angepasst, geändert oder völlig neu geschaffen werden.

Anscheinend sind wir ziemlich unfähig, jemandem zu begegnen, ohne dass sich sofort unser Denken, unsere Erinnerung einschaltet; und immer wenn Erinnerung und Denken dominieren, kann keine Energie fließen. Das ist ein einfaches fundamentales Gesetz. Erinnerung bedeutet, dass Energie blockiert wird. Denken bedeutet, dass man der Energie eine begrenzte Form gibt. Und diese Energie wird ständig versuchen, aus dieser Form, aus diesem Gefängnis, das durch die Sprache erzeugt wird, auszubrechen.

Es ist nichts Falsches an der Sprache, am Denken und an der Erinnerung. Auf der physischen Ebene sind sie wichtig – beispielsweise, wenn Sie jemanden fragen, ob er ein Stück Brot haben möchte oder nicht. Aber auf energetischer Ebene, wo Kooperation, Empathie und Mitgefühl erfordert sind, um Kontakt aufnehmen zu können, ist die Sprache nicht immer von Nutzen. Wenn beispielsweise jemand sagt »Ich liebe dich«, aber keine gefühlsmäßige Handlung damit verbunden ist, welchen Sinn hat es dann, diese Worte zu sagen und zu hören? Wenn wirklich Liebe vorhanden ist, muss diese Energie dann in Sprache ausgedrückt werden?

Wir identifizieren uns so sehr mit der Sprache, dass wir, wenn wir aggressiv werden, beginnen, unsere Äußerungen mit lauter Stimme vorzubringen, sodass die Aggression nicht in den Herzbereich dringen kann. Das Herz kennt weder Erinnerung noch Sprache. Deshalb erschrecken wir auch so, weil wir erkennen, dass Leiden nicht mit dem Denken oder der Sprache zu bewältigen ist.

Vielleicht kämpfen Sie ständig mit Ihrem Vater oder Ihrer Mutter, doch wenn sie sterben, hegen Sie plötzlich ein Gefühl des Friedens ihnen gegenüber. Mit einem Mal erkennen Sie, dass jegliches Verlangen mit dem Tod aufhört. Ihre Eltern werden Ihnen niemals das geben, was Sie wollten. Also geben Sie all Ihre Vorstellungen und Ihre Sprache auf – und schlagartig haben Sie Frieden. Er stellt sich ein, wenn Sie aufhören zu fordern.

Forderungen basieren immer auf der Erinnerung. Sie haben absolut nichts mit Energie und Gefühlen zu tun. Erinnerung ist – energetisch gesehen – die eindeutigste Bewegung der Isolation. Sie haben ein schönes Erlebnis, und Sie pressen es in eine feste, unbewegliche Struktur, die nicht mehr der Wirklichkeit entspricht. Wie eine Fotografie ist es ein Abbild der Realität, aber es ist nicht die Realität selbst – und genau dies geschieht in Ihrem Gehirn. Sie betrachten irgendetwas und speichern es in Ihrem Gedächtnis, anstatt sich ganz und gar der Situation hinzugeben, in der Sie sich gerade befinden.

Das Ich ist die Verkörperung von nichts, was bedeutet: Das Ich ist niemals die Realität. Das abstrakte Ich ist wichtig, nicht zum Leben, sondern zum Überleben. Überleben heißt, herausfinden, wie man in der Welt leben kann, ohne Schaden zu nehmen. Leben heißt, zu sehen, was da ist, ohne eine Erinnerung oder Beschreibung davon zu erzeugen. Beschreiben heißt: töten oder das, was lebendig ist, zu etwas Totem erstarren lassen – beispielsweise eine Blume pflücken und sie zwischen Buchseiten trocknen.

Betrachten wir noch einmal die Bewegung des Leidens. Sagen wir, Sie besuchen eine Freundin im Krankenhaus, die furchtbare Schmerzen hat. Nichts hilft ihr mehr. Ihre eigenen Spiegelneuronen sind aktiv, Ihr ganzer Körper gerät in einen Zustand der Anspannung, Sie spüren diesen Schmerz. Es gibt keinen Unterschied zwischen psychischem Schmerz und physischem Schmerz; sie sind miteinander verbunden und interaktiv, sodass Sie diesen Schmerz seelisch und körperlich fühlen.

Sind Sie in diesem Augenblick, wo Sie für Ihre Freundin leiden, überhaupt ein anderer Mensch? Wäre es Ihnen möglich, für einen anderen Menschen zu fühlen und zu leiden, wenn Sie völlig getrennt von ihm wären?

Wie wir heute wissen, ist das Universum voller Energie. In den Räumen zwischen uns ist Energie. So existiert das Ich, die Vorstellung, das Gewahrsein vom anderen nur in der Sprache. Sie wird durch die Erinnerung und die Sprache erzeugt. Betrachten Sie die Sprache als Bewegung, als Instrument der Trennung. Sie trennen eine Sache von einer anderen; Sie unterscheiden zwischen diesem und jenem, zwischen mir und dir. Energie funktioniert auf eine andere Weise. Wir alle bestehen aus denselben Schwingungen, Atomen und Zellen, und wo eine Schwingung ist, besteht sofort eine Verbindung, ein ständiger Fluss *(flow)* zwischen unterschiedlichen Schwingungen.

Wenn Sie einen Menschen zum ersten Mal sehen, erzeugen Sie eine Erinnerung von ihm. Der Erinnerungsinput geht einher mit einer Beschreibung mittels der Sprache, und wenn Sie über diesen Menschen nachdenken, dann wissen Sie, von wem Sie sprechen. Wenn Ihnen dieser Mensch wieder begegnet, sehen Sie sofort die Erinnerung, die Sie von ihm erzeugt haben, wodurch die trügerische Illusion entsteht, Sie seien von ihm getrennt – und das macht eine Meinungsverschiedenheit oder Aggression möglich.

Wie wäre es, wenn es keine Namen und kein äußeres Erscheinungsbild gäbe, mit dem man sich identifizieren kann? Gibt es einen Unterschied zwischen einem Orangenbaum und einem Zitronenbaum? In ihrer äußeren Erscheinung sind Orangen nicht Zitronen, aber ihre Art zu wachsen, ihre Energiestruktur ist genau gleich. Stellen Sie sich vor, Sie essen mit Genuss eine Apfelsine, ohne ihren Namen zu kennen oder ohne eine Erinnerung an eine Apfelsine zu haben. Würde dann nicht jede Apfelsine wie beim ersten Mal neu und frisch schmecken?

Genau dies geschieht mit Menschen, die ernsthaft krank waren, ja vielleicht sogar dem Tode entronnen sind. Plötzlich sehen Sie alles mit neuen Augen – was bedeutet, dass sie ohne Sprache eine Beziehung dazu haben.

Angenommen, Sie glauben an Allah oder Gott. Meinen Sie, Gott kennt alle Sprachen? Metaphorisch gesprochen, kann Gott niemals durch die Sprache wahrnehmen, sondern nur mittels Schwingung Ihres Gebets. Deshalb werden auch viele Gebete nicht erhört, weil sie als Forderung zum Ausdruck kommen. Immer wenn Sie etwas verlangen, kann keine Schwingung entstehen. Die stärkste Schwingung, die Sie erzeugen können, geschieht durch Stille – oder Abwesenheit von Sprache, Erinnerung und Zeit.

Wenn Sie sich mit der Sprache identifizieren, konzentrieren Sie sich fortwährend auf das, was bereits in Ihrer Erinnerung strukturiert ist. Alles, was Sie sehen, ist eine Erinnerung. Und wann immer Sie etwas Neues sehen, versuchen Sie sofort, es in ein Muster oder einen bestimmten Rahmen zu pressen. Jetzt wird klar, warum alle heiligen Schriften sagen: Mache dir kein Bild von Gott.

Entspricht das, was Sie über sich wissen, dem, was in diesem Augenblick mit Ihnen geschieht? Oder ist es Erinnerung?

Woher wissen Sie, ob das, was in Ihrer Kindheit geschah, heute tatsächlich einen Einfluss auf Sie hat? Vielleicht wird nur Ihre Erinnerung reaktiviert, daher handeln Sie entsprechend dieser Erinnerung. – Und das nur deshalb, weil Sie sich nicht wirklich sehen. Sie sehen lediglich das abstrakte Ich, das in der Sprache und folglich in der Erinnerung gefangen ist.

Wahrscheinlich sind Sie davon überzeugt, dass Sie wissen, wer Sie sind, aber das ist eine Täuschung. Sie sind Energie-Schwingung, eine fortwährende Bewegung der Veränderung; daher kultiviert die Auffassung, mit der Sie eine Form erzeugen – »Ich weiß, wer ich bin und was sich ändern muss« –, eine Erinnerung anstelle eines lebendigen Wesens. Solange Sie glauben, dass Sie sich selbst als ein Ich sehen und fühlen können, sind

Sie ein Roboter, der aus Gedanken und Erinnerung besteht, aber kein lebendiges Wesen. Alles, was Sie sehen, ist Erinnerung.

Die Sprache erleichtert das Leben, aber sie hat nichts mit Beziehungen, Gefühlen und Energie zu tun. Wird Leiden unerträglich, versuchen Sie vermutlich, es zu verringern. Sie erkennen irgendwann, dass Sie dadurch, dass Sie »warum« fragen und somit Sprache und Erinnerung erzeugen, das Leiden mit einer Art Nebel umhüllen können. Sie konditionieren sich selbst ständig darauf, Sprache negativ zu verwenden. In der Sprache ist eine Beschreibung enthalten, die erklärt, was gut und was schlecht ist, was Sie mögen und was Sie nicht mögen. Sprache enthält eine Wertung. Sie ist ein Beruhigungsmittel für das Gehirn.

Warum bekommen Menschen, wenn sie sterben, plötzlich einen solch großen Energieschub? Selbst Menschen, die noch zehn Minuten vor dem Sterbeprozess unter Schmerzen litten, haben plötzlich Frieden, weil das abstrakte Ich – die Sprache und die Erinnerung – dahinschwindet. Wenn Sie sterben, dann ist das so, als wachten Sie morgens auf: Es gibt noch keine festgelegte Sprache, es gibt nur Atmosphäre. Sie sind Atmosphäre! Sie sind keine festgelegte, »eingesperrte« Erinnerung.

Sie müssen sich von Ihrer eigenen Erinnerung befreien. (Es gibt keine Präsenz oder Präexistenz, bevor es Erinnerung oder Worte gibt.) Ansonsten sind Sie niemals Neues, sondern verhaftet im Alten. Was immer Sie erfahren, wird zu einer leblosen Erinnerung, und wo kein Leben ist, gibt es keine wirkliche Vitalität. Und wo es keine wirkliche Vitalität gibt, gibt es kein Wachstum und keine Entwicklung. Wachstum bedeutet nicht, dass Sie besser werden, dass Sie jemand Bestimmtes werden – es impliziert lediglich, dass Sie sich der Außenwelt öffnen, sich nach außen hin bewegen.

Es gibt zwei Strukturen von Leiden:

1. Leiden, das aus der Erinnerung rührt. Dieses Leiden hat nichts mit Empathie und Mitgefühl zu tun, hier werden keine Spiegelneuronen aktiviert. Es ist Selbstmitleid, zum Beispiel als Reaktion darauf, dass jemand Sie nicht liebt, trotz Ihres Wunsches, geliebt zu werden. Sie haben das Gefühl, Sie seien nicht »gut genug«. Vom psycho-physiologischen Standpunkt aus gesehen, stellte bereits Reich in den 1920er Jahren diese Verbindung her, und die jüngsten physiologischen Forschungen auf dem Gebiet der Genetik zeigen, dass Erinnerung sowohl im Gehirn als auch im Körper gespeichert wird. Alles, was mit Ihnen geschah, löste eine körperliche Reaktion aus; und diese Reaktion ist in Ihren Zellen und Genen als Erinnerung gespeichert. Wenn

Sie sich zu sehr auf Ihre Vergangenheit konzentrieren und nur Ihre Erinnerung zum Einsatz bringen, leiden Sie auf diese Weise.
2. Hier ist es nicht nur das eigene Leiden; man leidet ebenso für andere.

Freiheit von Leiden erlangen wir, indem wir die Verbindung an die Erinnerung, an die Vergangenheit durchtrennen. Und wir nutzen das abstrakte Ich, wenn notwendig.

Wie können Sie frei werden, wenn Sie in der Sprache der Vergangenheit gefangen bleiben? Wie können Sie fliegen, wie kann Ihr Körper ein Energiefluss ohne Blockaden sein, wenn Sie sich auf die Erinnerung verlassen? Solange Sie noch ein bisschen Selbstmitleid haben, kann Ihr Körper nicht frei sein. Jede Regung des Selbstmitleids erzeugt eine Erinnerung in Ihrem Körper – wie ein Anker im Boden. Wenn Sie sterben, gibt es keine Sprache mehr, also auch keine Erinnerung. Sogar Ihr Körper muss seine Erinnerungen loslassen, ansonsten können Sie nicht entschweben.

Wenn Sie ein Bild malen, können Sie auf Ihre Erfahrungen, auf Wörter, Vorstellungen und spezifischen Techniken zurückgreifen. Ist das Bild fertig, können Sie es in Ihrem Gedächtnis abspeichern. Sie können eine Erinnerung erzeugen, eine Beschreibung von dem Bild, aber Sie können den Fluss des Malens nie in der Erinnerung festhalten. Was immer das sogenannte Jetzt – die gegenwärtige Zeit – ist, was immer im Augenblick in seiner Bewegung als Atmosphäre geschieht, hat keine Verbindung zum Ich-Bewusstsein und kann daher nicht in Worte oder in Erinnerung gefasst werden.

Der Energiefluss kann niemals in einer Erinnerung ausgedrückt werden – nur das, was aufgehalten, blockiert ist, kann beschrieben werden. Es gibt keine gegenwärtige Zeit, die erlebt werden kann, und es gibt keine unveränderliche individuelle Identität, die Ich genannt wird. Das wird in allen Traditionen gelehrt. Folgende Geschichte veranschaulicht dies gut:

Ein alter Buddhist erreicht spät in der Nacht einen Tempel. Es ist sehr kalt, und er ist zu alt, um ohne Wärme überleben zu können. Er geht in den Tempel und findet eine hölzerne Buddhastatue, nimmt sie mit nach draußen und verwendet das Holz, um Feuer zu machen. Am nächsten Morgen kommt der buddhistische Priester angelaufen. Er schreit: »Du hast den Buddha zerstört, was für eine Blasphemie!« Der alte Mann erwidert: »Ich habe den Buddha nicht zerstört, Buddha ist auch im Feuer.«

Der äußerste Zustand der Erinnerungslosigkeit ist Unsicherheit. Erinnerung basiert auf Sicherheit: Ich weiß, ich erinnere mich, ich sehe, ich habe etwas in Form gefasst. Unsicherheit ist Leben. Wie wollen Sie wissen, was morgen geschehen wird? Die Erinnerung sagt: Ich weiß, und daher kann ich sagen, dass es morgen ungefähr so sein wird wie heute. Das ist eine Illusion. Alles, was Sie wahrnehmen, das heißt, alles, was Sie sehen, ist in der Erinnerung, das bedeutet ferner: Alles, was Sie sehen, was Sie erleben, ist nicht die Wirklichkeit. In dem Augenblick, wo Sie im Fluss *(flow)* sind, haben Sie keine konkrete Erfahrung davon. Sogar in tiefer Meditation wollen Sie etwas erleben: Etwas soll geschehen. Das heißt, Sie erzeugen Sprache und Erinnerung. In solch einem Fall ereignet sich nichts.

Atmosphäre kann an verschiedenen Orten gleichzeitig sein, und zwar deshalb, weil es auf der energetischen Ebene keine örtliche Festlegung gibt. Und wenn es die nicht gibt, kann es auch keine Erinnerung geben. Stellen Sie sich den Augenblick vor, wo Sie wirklich im Fluss der Liebe sind. Wenn Sie ihn in diesem Augenblick *erleben* könnten, würde der Fluss abreißen. Es gäbe eine Trennung zwischen dem, der erlebt, und dem, was erlebt wird. Wir sind so anspruchsvoll, so lernbegierig, dass wir selbst dann, wenn wir ganz lebendig sind, wenn wir das Jetzt »Jetzt« nennen, es sofort »etikettieren«, strukturieren wollen, um es einzugrenzen, um es in einer Erinnerung einzuschließen. Daher sind Körper und Gehirn angespannt, und es gibt keinen freien Fluss. Denken Sie bitte daran, dass das Ich – so schön das abstrakte Ich auf einer gewissen Ebene auch ist – eine Verkörperung des Nichts ist. Wo mehr Ich ist, wo mehr Erinnerung, Zeit und Sprache ist, da ist weniger Liebe. Das ist ein Gesetz, das Sie nicht aufheben können. Sie haben die Wahl: mehr Erinnerung oder mehr Liebe. Das ist keine Frage von erleuchtet werden oder mehr verstehen – Sie entscheiden sich ganz einfach, sich entweder auf Sprache und Erinnerung zu begrenzen, oder dies nicht zu tun und damit den natürlichen Energiefluss, nämlich Liebe, zu ermöglichen. Die Natur der Liebe ist der Energiefluss, eine natürliche Bewegung, weg von Ihnen selbst und nach außen.

Nicht wegen Ihrer Kindheit, nicht wegen Ihrer Vergangenheit, nicht wegen dem, was Ihre Eltern Ihnen antaten, haben Sie begonnen, ein Konzept von Sprache, von Ich und Erinnerung zu bilden. Es ist eine natürliche Reaktion, weil Sie als Kind schlichtweg nicht wussten, wie Sie mit all Ihrem Mitgefühl und Leiden umgehen sollten. Daher begannen Sie natürlicherweise – jedes Kind tut dies, unabhängig davon, wie es später, als Erwachsener ist – die Sprache, das »Warum« hineinzubringen, um eine Erinnerung aufzubauen, die das Fühlen und Denken ermöglichte. Es war eine Illusion, aber zumindest eine hilfreiche Illusion, wonach Sie hofften, den Schmerz, das Leiden, das Mitgefühl lindern, verringern, isolieren zu können. Und es wird ein Tag kommen, wo Sie sehen, dass Sie jetzt in der Lage sind, das Leiden zu ertragen.

Sie können kein offenes Herz haben, ohne Schmerz und Leiden zu empfinden. Sie können nicht *beschließen,* nur für die Dinge, die Ihnen angenehm sind, ein offenes Herz zu haben! Wenn Sie gegen andere Menschen eingestellt sind, ist dies so, als versuchten Sie, Ihr Herz vor der Fähigkeit zum Mitgefühl zu schützen, vor der Fähigkeit, das Leiden anderer zu empfinden. Es ist, als wollten Sie Liebe ohne Trauer. Aber so werden Sie keine bekommen! Sie können kein offenes Herz haben, ohne für diese Welt, für das Elend, das geschieht, mitzuempfinden. Entweder Sie akzeptieren Liebe und Leiden, oder Sie werden eine Art Roboter bleiben.

Es erhebt sich tatsächlich die Frage der Entscheidung. Völlig in dem aufgehen, was da ist, bedeutet, dass Sie es im gegebenen Augenblick nicht wirklich auf bewusster Ebene erleben, erst hinterher; dies impliziert, dass Sie sich weigern, eine Erinnerung davon zu erzeugen und danach zu leben. Das meinte Buddha, als er sagte: »Mach dir die Reinkarnation zunutze, um dir zu helfen.« Damit meinte er: Es gibt Reinkarnation, aber wenn wir frei vom Ich sind (was wir jetzt als Erinnerung bezeichnen; das, was Erleuchtung genannt wird), sind wir nicht mehr an das Rad von Geburt und Wiedergeburt gebunden. Reinkarnation ist die Bewegung der Erinnerung: Tritt heraus, und du bist frei. Tritt heraus, und du findest Liebe. Und noch einmal: Es hat nichts damit zu tun, dass man klüger, besser, erleuchteter wird. Vielmehr geht es darum, sich nicht länger mit der Sprache, mit der Erinnerung zu identifizieren. Wie machen wir das? Indem wir uns fortwährend bewusst machen, dass zwischen uns und anderen Menschen im Grunde keinerlei Unterschied besteht. Es existiert ein Unterschied im Erscheinungsbild, in der Biografie, in der Erziehung, in den Erfahrungen – doch der ist völlig unwichtig. Was die Gefühlsebene, was den Lebenssinn, die Beschaffenheit des Gehirns, die Beziehungen angeht, ist der gesamte Energieprozess genau derselbe.

Zusammenfassung

- Ihr Körper ist Form, das Ego ist Zeit.
- Zeit ist die Bewegung von etwas, das vergeht.
- Weniger Bewusstheit bedeutet mehr Verankerung in der Zeit.
- Vergeben Sie sich selbst, vergessen Sie Ihre Fehler, und lassen Sie die Vergangenheit hinter sich.

Ihre Zukunft – Eine neue Betrachtungsweise Ihres Lebens

In diesem Kapitel werden Sie sich Fragen stellen, wie Sie Ihre Zukunft sehen. Arbeiten Sie hart, in der Vorfreude auf eine ferne Zukunft, in der Sie mehr freie Zeit haben werden, um das zu tun, was Sie eigentlich tun möchten? Schauen Sie zwischen neun und siebzehn Uhr ständig auf die Uhr und denken daran, was Sie unternehmen werden, wenn Sie endlich Feierabend haben? Was bedeutet Zukunft für Sie?

Wie Probleme entstehen

Die Zukunft ist nicht nur eine Beschreibung der »Zeit« – sie ist auch ein lebendiger, beweglicher Prozess, der Gefühle der Begierde, Hoffnung und Furcht auslöst. Diese drei Gefühle wirken zusammen – und schaffen Ihnen dadurch Probleme, nämlich:

Die *Angst* vor dem Unbekannten, das heißt, die Angst, ob Sie das, was Ihnen bevorsteht, bewältigen können.

Der *Wunsch,* Erfolg zu haben, etwas zu erreichen, an ein bestimmtes Ziel zu kommen. Und die Angst, dass Sie vielleicht nicht gut genug sein könnten, um das zu sein oder zu tun, was Sie wollen.

Die *Hoffnung,* das zu bekommen, was Sie wollen, und die Angst, die Dinge könnten sich nicht so entwickeln, wie Sie es gerne hätten.

Das alles ist eine natürliche Reaktion auf das Unbekannte. Obwohl nichts falsch daran ist, Wünsche, Begierden, Hoffnungen und Ängste zu haben, wird Ihre Energie – wegen Ihrer Angst vor dem Unbekannten – davon abgehalten, für die Entfaltung Ihres Potenzials eingesetzt zu werden. Das ist ein endloser zyklischer Prozess. Sie beginnen, gegen Ihr Problem zu kämpfen, es als Hindernis für Ihr zukünftiges Glück und Wohlbefinden zu betrachten. Es wird zu etwas, das Sie unbedingt loswerden wollen. Derart gehen wir Menschen gewöhnlich mit Problemen um.

Können Sie sehen, dass dadurch ein Konflikt entsteht? Ihre Energie wird in zwei geteilt – ein Teil versucht, auf Ihr Ziel loszugehen oder Ihren Wunsch zu erfüllen, und der andere Teil beobachtet ständig mit Argusaugen, ob Sie es wohl schaffen werden.

Wie Sie sehen können, bereitet Ihnen die Beschäftigung mit der Zukunft nur Probleme. Wenn Sie es recht bedenken, erzeugt Ihre Zukunft im Grunde Ihre Vergangenheit. Wie geschieht das?

Angst vor der Zukunft blockiert – gemeinsam mit Hoffnung und Wünschen – Ihre Energie, egal, wie diese Angst entstanden sein mag.

Energie und Ihre Zukunft

Stellen Sie sich ein kleines Mädchen vor, dessen Eltern ein eher leichtes, bequemes Leben führen. Wie wir alle machen sie Fehler. (Selbst wenn Sie der liebevollste Mensch der Welt sind, kann es passieren, dass Sie in unangemessener Weise auf Ihr Kind reagieren. Auf diese Weise lernen Sie etwas dazu.)

Dieses Mädchen hat ein sehr ruhiges Temperament, und nachdem es fünf Jahre alt geworden ist, beginnen seine Eltern sich zu fragen, was sie wohl tun könnten, damit ihr Kind diese »Schüchternheit« überwindet und mehr Kontakt zu anderen Menschen findet. Sie ermuntern ihr Kind, häufiger zusammen mit anderen Kindern zu spielen und mehr dies oder mehr jenes tun. Schlimmer noch, sie erwägen sogar, wegen ihrer Tochter »Hilfe« in Anspruch zu nehmen. Das Kind denkt bald, etwas sei nicht in Ordnung mit ihm, weil es nicht kontaktfreudig genug sei. Nach kurzer Zeit beginnt es zu glauben, es sei ein Makel, schüchtern zu sein. Es wird daraus ein Problem entwickeln und dagegen ankämpfen. All das geschieht, weil die Eltern auf die Schüchternheit ihrer Tochter – die sie im Alter von drei Jahren bei ihr feststellten – in einer ganz bestimmten Weise reagierten.

Das Mädchen versucht seine Schüchternheit zu verstehen, und das bedeutet, dass seine Energie sich auf dieses Problem konzentriert. Damit ist automatisch weniger Energie verfügbar für andere Dinge, und seine Energie wird gebremst, der natürliche Fluss ist blockiert, und das ganze Energiesystem kann nicht normal funktionieren. Gleichzeitig wird ein anderer Teil des energetischen Systems immer auf die Zukunft gelenkt durch die ständige Überlegung, inwiefern die Schüchternheit es davon abhält, sich zu amüsieren, mit anderen Menschen zusammenzukommen, glücklich zu sein. Und ein dritter Teil des Energiesystems überprüft unablässig, ob bereits eine wesentliche Veränderung stattgefunden hat.

Damit wird das Energiesystem dieses Mädchens auf körperlicher Ebene blockiert. Diese Blockade hat einen Einfluss auf das Denken und Handeln. Es kann passieren, dass sich ein Mensch völlig gelähmt davon fühlt und keine Perspektive für seine Zukunft mehr sieht.

Wie Ihre Zukunft Ihre Geschichte erzeugt

Erkennen Sie jetzt, dass Sie durch Ihren angestrengten Versuch, ein Problem zu lösen, indem Sie es verstehen oder analysieren, Ihre Energie nur ableiten oder blockieren und damit Ihr Potenzial für jede Veränderung letztendlich begrenzen?

Wenn Sie mit hundert Prozent Energie beginnen, werden fünfzig Prozent davon aufgebraucht, dass Sie sich selbst kritisieren und mit dem beschäftigen, was Sie gerne loswerden wollen. Die übrigen fünfzig Prozent verwenden Sie, um herauszufinden, wie Sie sich ändern können. Sie halten nach Anzeichen Ausschau, welche Ergebnisse Sie bereits erzielt haben. Vielleicht versuchen Sie sogar, sich zu rechtfertigen, warum Sie sich nicht schnell genug verändern! Wie viel Energie kann da noch für echte Wandlung vorhanden sein? Können Sie sehen, wie Ihre Beschäftigung mit der Zukunft einen Großteil Ihrer Probleme erzeugt?

Betrachten Sie die Dinge ein wenig anders, können Sie allmählich erkennen, auf welche Weise die Zukunft die Vergangenheit schafft. Die Art und Weise, wie Sie mit der Zukunft umgehen, das heißt, mit den eigenen Wünschen, Hoffnungen und Ängsten, erzeugt unwissentlich Ihre Geschichte oder Ihre Vergangenheit.

Zwischen Vergangenheit und Zukunft

Wahrscheinlich haben Sie schon einmal gehört, wie jemand sagte »Lebe ganz in der Gegenwart«. Was bedeutet das wirklich? Nehmen Sie als Beispiel das Atmen. Sagen wir, das Einatmen steht für die Zukunft, das Ausatmen für die Vergangenheit, und das Dazwischen steht für die Gegenwart. Wie lange können Sie einatmen? Wie lange können Sie ausatmen? Wie lange können Sie Ihren Atem anhalten? Die winzige Bewegung zwischen Vergangenheit und Zukunft, die »Lücke« zwischen Einatmen und Ausatmen ist die Gegenwart.

Ihr Gehirn kennt drei Arten des Erinnerns. Die eine ist das Ultrakurzgedächtnis – Sie sehen etwas nur drei Sekunden lang, Sie erkennen es, und dann vergessen Sie es. Eine weitere Erinnerungsart ist das Langzeitgedächtnis oder das Unbewusste. Und dann gibt es noch das Kurzzeitgedächtnis. Es hält etwa zehn bis dreizehn Sekunden an. Dies ist wirklich die Gegenwart oder die winzige Bewegung zu etwas hin – hin zur Zukunft.

Nehmen Sie das Blinzeln: Ihre Augenlider sind dabei geschlossen, Sie sind tatsächlich »blind«, aber Ihr Gehirn füllt die Lücke durch die Erinnerung aus. Und wenn Sie beispielsweise Auto fahren, können Sie immer noch »sehen«, obwohl Ihre Augen geschlossen sind. So füllt das Gehirn den Raum zwischen Vergangenheit und Zukunft aus. Er wird Gegenwart oder Jetzt genannt. Da es eine vorwärts gerichtete Bewegung ist, kann man sie auch »Vorzukunft« nennen.

Der Zukunft entgegen

Dieser gegenwärtige Augenblick – oder die Vorzukunft – ist in Wirklichkeit die Lücke zwischen Ihrer Vergangenheit und Ihrer Zukunft. Hier vollzieht sich das Erinnern. Selbst wenn Lücken in Ihrer Erinnerung bestehen, wird das Gehirn diese Lücken ausfüllen, weil es nicht mit Leere umgehen kann – es braucht Objekte und Ereignisse, die es beschreiben kann. Haben Sie bemerkt, dass Sie fortwährend Geschichten erzeugen und erzählen, um sich selbst ein Gefühl der Sicherheit zu verleihen?

Also ist zwischen Einatmen und Ausatmen ein Zwischenraum, eine Lücke, eine winzige vorwärts gerichtete Bewegung zu etwas hin, das wir Vorzukunft nennen. Sie hat nichts mit Denken, nichts mit Wünschen und dem Festhalten an der Vergangenheit zu tun. Sie hat mit Gewahrwerden zu tun; anders als bei der Beschäftigung mit der Zukunft, die auf Angst basiert, ist damit keinerlei Angst verbunden.

Patanjali sagte: »Wenn es einen Geist gibt, wenn es nur einen Gedanken gibt, dann sind in diesem Augenblick Vergangenheit und das Jetzt dasselbe. Wenn es Gewahrwerden ohne Worte gibt, dann verschmelzen Vergangenheit und das Jetzt miteinander.« Das bedeutet nicht, dass Vergangenheit, Gegenwart und Zukunft eins werden. Es bedeutet, wenn Gegenwart und Vergangenheit dasselbe sind, dann gibt es bloß eine winzige Bewegung zu etwas hin, das wir die Vorzukunft nennen.

Wenn Sie Ihren Geist darauf schulen, die Dinge derart zu sehen, wird sich Ihnen eine neue Betrachtungsweise Ihrer Zukunft, Ihres Lebens eröffnen. Gegenwärtig werden Ihre Freiheit und Ihre Zukunft von Vorstellungen, »Bildern« blockiert, die Sie von sich haben und die Sie selbst erzeugen. Vielleicht meinen Sie, Sie sollten verständnisvoller, mitfühlender, weniger wütend sein. Oder Sie »arbeiten an sich selbst« und verwenden viel Zeit, sich zu ändern ... Aber wie viel Energie verwenden Sie darauf, sich zu kontrollieren, anstatt Ihren Geist für die Möglichkeit einer wahren Transformation zu öffnen?

Mit dem Unbekannten umgehen

Weithin wird Meditation als Mittel zu innerem Frieden empfohlen; aber wenn Sie Angst vor der Zukunft haben, können Sie nicht entspannt sein, und es wird Ihnen wahrscheinlich schwer fallen, zu meditieren.

Um das Unbekannte zu bewältigen, benötigen Sie Ihre gesamte Vitalität und wirkliche Entspannung. Vielleicht lassen Sie sich einmal in der Woche massieren, um entspannter zu werden, aber wahre Entspannung stellt sich nur dann ein, wenn Ihr Körper ganz und gar wach, nicht im Schlafzustand ist. Der Körper ist ein Abbild des Geistes; wenn Sie also in Ihrem Geist wach sind, dann folgt der Körper.

Wie können Sie den Zustand wahrer Entspannung erreichen? Wenn Ihr Geist und Ihr Körper im Gleichgewicht sind, dann besteht weder zu viel Spannung noch zu viel Entspannung: Sie fühlen sich wach, und Sie haben alle Energien, die Sie benötigen, um das Unbekannte konfrontieren zu können.

Vielleicht kommt es Ihnen so vor, als läge die Lösung all Ihrer Probleme in der Zukunft, in dem Versuch, eine neue Art der Therapie auszuprobieren, in einer neuen Folge von Übungen, einem anderen spirituellen Weg ... Aber diese Beschäftigung mit der Zukunft trägt im Grunde dazu bei, Ihre Probleme erst zu *erzeugen.*

Sie haben gesehen, dass Ihre persönliche Geschichte nur teilweise dafür verantwortlich ist, wie Sie heute sind. Nun können Sie beginnen, Ihre Stärken und Schwächen auf eine andere Weise zu erforschen. Im Folgenden lernen Sie, auf welche Weise Sie einige Gefühlsmuster selbst geschaffen haben, aus denen Ihr Wesen zu bestehen scheint.

Zusammenfassung

- Angst, Hoffnung und Wünsche tragen dazu bei, Ihre Probleme zu erzeugen.
- Die Konzentration auf Ihre Probleme blockiert Ihre Energie.
- Die Gegenwart ist nur eine winzige Bewegung hin zur Zukunft.
- Sie können Zugang zu Ihrem Potenzial bekommen, wenn Sie vollkommen wach sind.

Wie Gefühlsmuster funktionieren

Falls Sie das Gefühl haben, Sie seien in irgendeiner Weise anders als andere Menschen, so sind Sie nicht allein. Während wir unser Ego herausbildeten, haben wir uns eine Auffassung von Individualität angeeignet. Wir alle betrachten uns als Individuen mit einer eigenen Persönlichkeit. Ihre Gefühle, ein Teil von Ihnen, begannen schon früh in Ihrer persönlichen Geschichte Muster zu bilden.

Wenn Sie in Ihren Problemen gefangen sind, haben Sie dann Mitleid mit sich selbst, glauben Sie, niemand verstehe Sie? Vielleicht stellen Sie auch die Frage: Warum gerade ich? Ich habe es nicht verdient, so sehr zu leiden. Kommt Ihnen das vertraut vor? Das nennt man Gefühlsmuster – die Art und Weise, wie Sie in verschiedenen Situationen und in Ihren Beziehungen zu anderen Menschen reagieren. Als Sie ein Kind waren, entstanden diese Muster und pflanzten sich wie Samen in Ihrem Geist ein. Einige entwickelten sich zu Problemen, andere hingegen nicht. Gefühlsmuster gehören zur Natur des Menschen.

Zwei Seiten einer Medaille

Ihre persönliche Geschichte trug sich auf eine ganz bestimmte Weise zu, und als Reaktion darauf entwickelten Sie Ihre eigenen Methoden, mit Dingen, Menschen und Situationen umzugehen. Wenn Sie und ein paar andere Menschen vor dieselbe Situation gestellt sind, wird jeder von Ihnen anders reagieren – abhängig davon, wie Sie Ihr Ego konstruiert haben. Trotz dieser Unterschiede tragen wir jedoch alle dieselben Gefühlsmuster in uns.

Vielleicht sagen Sie: Was ist mit Verbrechern, mit Menschen, die Kinder missbrauchen, mit Mördern? Sie sind nicht so wie ich. Ich habe das Gefühl, dass ich gut bin und sie schlecht. Derart teilen wir Menschen und Dinge in richtig und falsch, stark und schwach ein. Wenn Sie jedoch alles in gut und schlecht einteilen, erwächst daraus ein Problem. Denn ist es überhaupt möglich, jemanden so eindeutig zu etikettieren? Was ist, wenn Sie merken, dass Sie selbst gute und schlechte Anteile in sich tragen? Was

Sie Gegensätze nennen, sind lediglich zwei Seiten einer Medaille, die umgedreht wurde – die Münze als Ganzes bleibt dieselbe.

Es gibt Menschen auf der Welt, die zweifelsohne anderen schaden wollen – wir wissen, dass es dementsprechende Handlungen gibt. Die Identifikation mit Menschen, Gruppen, Religionen oder Nationalitäten, die Frage, welche Anteile im menschlichen Wesen gut und welche schlecht sind, ist irrelevant. Es ist, als würden Sie mit sich selbst beraten, welche Teile Ihrer Persönlichkeit Sie ändern müssen. Und, wie wir gesehen haben, ändert es beispielsweise sehr wenig, wenn Sie in Ihrer Vergangenheit forschen, um zu verstehen, warum Sie wütend oder eifersüchtig sind. Stattdessen müssen Sie fragen, wie es um jene Gefühlsmuster bestellt ist, die Sie davon abhalten, Ihr gesamtes Potenzial zum Einsatz zu bringen. Um das zu erkennen, müssen wir zuallererst verstehen, wie das Gehirn arbeitet.

Wie Ihr Gehirn arbeitet

Wenn Sie versuchen, den Grund Ihrer Probleme durch die Erforschung Ihrer Vergangenheit herauszufinden, werden Sie wahrscheinlich Ihre Schwächen für diese Probleme verantwortlich machen. Sie werden versuchen, sich daran zu erinnern, wann Sie etwas falsch gemacht haben, warum Sie »falsche« Entscheidungen getroffen haben, werden verstehen wollen, warum die Dinge nicht so liefen, wie sie sollten. Aber Sie können sich die Vergangenheit nur durch Erinnerungen ins Gedächtnis rufen, und die sind nicht zuverlässig.

Wenn Sie versuchen, sich an ein Ereignis aus Ihrer Vergangenheit zu erinnern, reagiert Ihr Gehirn, als würde dieses Ereignis im gegenwärtigen Augenblick geschehen. Ihr Gehirn kann nicht zwischen Erinnerung und realem Ereignis unterscheiden.

Sagen wir, Sie erinnern sich an ein unangenehmes Erlebnis und an alle Gefühle, die damit einhergingen. Für Ihr Gehirn findet dieses Unangenehme jetzt statt. Daher erzeugt es sofort Spannungen in Ihrem Körper, regt Ihre Stresshormone an, erzeugt Angst und den Drang, sich zu schützen; und all das hat einen Einfluss auf Ihr Immunsystem.

Wenn Sie also eine Menge Zeit mit dem Versuch verbringen, sich zu erinnern, was in Ihrer Kindheit geschah, um eine Erklärung zu finden, warum Sie gegenwärtig so eifersüchtig oder wütend sind, denkt Ihr Gehirn, dieses Problem müsse noch immer gelöst werden. Es reagiert auf all das, als würde dieses unangenehme Erlebnis erneut stattfinden, und das hat sowohl auf Ihren Körper als auch auf Ihre Gefühle Auswirkungen.

Gefühlsmuster und Ihr Körper

Wenn Sie sich an ein unangenehmes Erlebnis erinnern, spannt sich Ihr Körper sofort an – und psychosomatische Symptome treten auf. Da Ihr Körper und Ihr Geist zusammenwirken, können zuweilen sogar Krankheiten durch Erinnerungen ausgelöst werden. Jede Krankheit im Körper kann in irgendeiner Weise mit Ihrem Gehirn in Verbindung gebracht werden.

Dies ist deshalb so, weil Ihr Gehirn verwirrt ist und nicht weiß, wie es ein Problem lösen soll (das ohnehin nicht verschwinden wird). Schließlich findet es eine psychologische Antwort. Vielleicht beginnen Sie sich zu fragen, warum sich keine Veränderung einstellt, obwohl Sie Ihre Probleme auf intellektueller Ebene verstanden haben. Aber Ihre Gefühlsmuster sind immer noch dieselben, da Ihr Gehirn und Ihr Körper eng zusammenarbeiten. Ihr Gehirn steuert, wie Ihr Körper funktioniert. Ihr Körper braucht Ihr Gehirn, und wie wir gesehen haben, hängen Ihre Gefühlsmuster davon ab, wie Ihr Gehirn arbeitet. Die moderne Wissenschaft beginnt erst allmählich zu verstehen, in welcher Weise das Gehirn zum Wohlbefinden beiträgt, und zwar durch seinen Einfluss darauf, wie wir uns fühlen. Alles, woran wir uns erinnern, hat einen Einfluss auf uns; daraus ersehen Sie, wie gefährlich es sein kann, wenn Sie Tag für Tag immer wieder negative Gedanken oder Erinnerungen »durchspielen«.

Es ist wichtig, zwischen Erlebnissen zu unterscheiden, die unangenehm oder schmerzlich waren, und traumatischen Erlebnissen, wie einem Autounfall, einem Überfall, einer Vergewaltigung, häuslicher Gewalt, Krieg und Missbrauch. Ein Trauma kann das Gefühl in Ihnen hinterlassen, Sie hätten keine Perspektive mehr, Ihr Leben wäre zerstört. Genesung und Heilung können davon abhängen, ob man liebevolle Freunde und eine Familie sowie ein unterstützendes Netzwerk um sich herum hat, damit die Heilkräfte wieder anfangen können zu wirken.

Heilen und Vergessen

Eines der nützlichsten Dinge, die Ihr Gehirn lernen muss, ist, zu vergessen, damit mehr Raum und Energie erzeugt wird; denn nur so können Sie beobachten, wie Sie selbst zum gegebenen Zeitpunkt sind.

Es gibt die Redensart »Vergib und vergiss«, und genau das müssen Sie tun: Wirkliche Vergebung erfolgt nur dann, wenn Sie die Vergangenheit ganz und gar hinter sich lassen, sodass Sie Energie für Ihre Zukunft freisetzen können. Wir alle verfügen über die Fähigkeit, uns selbst zu heilen – emotional wie körperlich. Sie können einen Selbstheilungsprozess in Gang setzen, indem Sie sich nicht mehr auf Ihre Vergangenheit konzentrieren, sondern Ihren Geist öffnen für die Vorzukunft, für Ihr Potenzial und Ihre Qualitäten. Sie können jene Gefühlsmuster ändern, die Ihnen nur noch mehr Probleme bereiten, anstatt sie zu lösen. Sie brauchen eine Perspektive für Ihr Leben, die Ihre Aufmerksamkeit von der Vergangenheit weglenkt und Ihre Energie verlangsamt.

Wenn Sie beispielsweise mit Ihrer Wut arbeiten wollen, sollten Sie einfach nur beobachten, was geschieht, wenn Sie wütend werden. Sie brauchen keine Erklärung für Ihr Verhalten zu finden – beobachten Sie es lediglich, und versuchen Sie nicht, irgendetwas zu interpretieren. Nun werden zwei Dinge geschehen. Sie brauchen sich nicht zu fragen, warum Sie so wütend sind. Sehen Sie sich einfach an, wie sich die Wut äußert, wie Sie durch Sie hindurchgeht, wie der ganze Vorgang abläuft. Anstatt in die Vergangenheit zu gehen, werden Sie plötzlich entdecken, dass sich Ihr Gefühl für Zeit und Raum *(space)* verändert. Sie werden entdecken, dass Sie mit Ihrer Seelenqualität, Ihrem wahren Potenzial und Ihrer Zukunft Verbindung haben. Wie können Sie diese Verbindung nutzen, um mit Gefühlsmustern wie Aggression umzugehen?

Ihre Gefühlsmuster verändern

Wenn Sie Ihre Aufmerksamkeit nicht mehr auf Ihre Probleme und Ihre Vergangenheit richten und nur beobachten, was geschieht, während die Emotionen kommen und gehen, werden Sie aufhören, Ihre Schwächen als etwas Persönliches zu sehen. Sie beginnen, die Energie der Veränderung zu erzeugen. Dazu müssen Sie aufhören, Ihren Gefühlen entgegenzuwirken – ganz gleich, welcher Art sie sein mögen –, und sich vom »Persönlichen« wegbewegen.

Wenn Sie einem Gefühl, sagen wir der Aggression, entgegenwirken, dann erzeugt dies eine Atmosphäre der Trauer. Diese Trauer ist immer da, und je mehr Sie sie unterdrücken, desto mehr Trauer werden Sie ansammeln. Manchmal verwandelt sie sich in Selbstmitleid, was bedeutet, dass die Energie der Trauer Teil Ihrer persönlichen Geschichte geworden ist. Das hindert die Energie, durch Ihr System hindurchzufließen. Wenn Sie sich selbst gestatten, ganz in diese Gefühle der Trauer zu gehen, wird allein schon das Ihrer Energie ermöglichen, freier zu fließen und sich in Gefühle der Liebe und des Mitgefühls zu verwandeln. Gewöhnlich gehen wir nicht so mit unseren Gefühlen um.

Erinnern Sie sich an das Beispiel mit dem schüchternen Mädchen (siehe Seite 23). Stellen Sie sich vor, wie es zu Hause sitzt und versucht, seine Schüchternheit zu verstehen und zu analysieren, und dabei ein wenig Selbstmitleid empfindet, weil es ihm schwer fällt, mit anderen Menschen Umgang zu pflegen. Es konzentriert sich so sehr auf sein Problem, dass ihm keine Energie mehr bleibt, um neugierig zu sein, hinauszugehen und zu entdecken, dass es trotz seiner Schüchternheit etwas erleben könnte. Sein Gehirn ist vollkommen in Anspruch genommen von der fixen Idee, es müsse das Problem seiner Schüchternheit lösen, bevor es imstande sei, irgendetwas in seinem Leben zu tun. Die Energie in seinem Kopf und seinem Körper ist derart blockiert, dass es sich auf nichts Neues einlassen kann. Um seine Situation zu ändern, müsste es seine Schüchternheit vergessen und sich selbst vergeben, dass es schüchtern ist. Das kann nur erfolgen, wenn es seine Aufmerksamkeit von sich selbst und seinen Versuchen, zu verstehen, weglenkt. Es muss aufhören, sein Gehirn auf seine Schwäche zu konzentrieren, und darauf, wie diese zu überwinden wäre. Es muss sein Gehirn befreien.

Das Gehirn befreien

Stellen Sie sich vor, Sie halten eine Taschenlampe so nah wie möglich an sich heran. Wie viel Licht gäbe es dann? Und nun beobachten Sie, was geschieht, wenn Sie die Taschenlampe von sich wegbewegen. Je mehr Sie dies tun, desto mehr Licht erzeugen Sie.

Das Geheimnis, wie Sie Ihr Gehirn befreien können, liegt darin, dass Sie die Taschenlampe, das heißt Ihre Aufmerksamkeit – das Licht Ihres Gewahrseins –, von sich weg und in den Raum hineinbewegen. Wenn Ihr Gehirn imstande ist, sich zu entspannen, werden die Energieblockaden verschwinden. Achten Sie einmal darauf, wie sich Ihr Gehirn entspannt, wenn Sie Musik hören, ohne dabei zu versuchen, sie zu verstehen.

Sie können Ihrem Gehirn mehr Raum geben, wenn Sie aufhören, auf der Ebene der Erinnerung, des Wissens und der Erfahrung zu agieren. Indem Sie neugierig sind und sich von sich selbst wegbewegen, hat Ihr

Potenzial Raum. Das ist nichts, was Sie erreichen oder kultivieren müssen – Ihr Potenzial ist immer da. Anhand Ihrer eigenen Betrachtungsweise können Sie Ihr Leben erfolgreich wandeln, indem Sie die Vergangenheit hinter sich lassen.

Zusammenfassung

- Gut und Böse sind zwei Seiten derselben Medaille.
- Ihre Gefühlsmuster können sich ändern, indem Sie Ihrem Gehirn Raum und Entspannung geben.
- Bewegen Sie sich von Ihren Problemen weg, vergessen Sie die Vergangenheit, und machen Sie Energie frei für Ihre Zukunft.
- Sie können Ihre Gefühle und Ihr Leben erfolgreich wandeln, indem Sie mit Ihrem Potenzial Verbindung aufnehmen.

Wie Denkprozesse funktionieren

Alles – vom Häuserbauen und Bildermalen bis zum Verfassen dieses Buches – wurde durch Denkprozesse geschaffen. Die Art und Weise, wie Sie denken, spielt eine Rolle bei der Gestaltung Ihrer Zukunftsperspektive. Im Folgenden erfahren Sie, wie Sie den Prozess in Gang setzen, um Ihr Denken konkret zu ändern. Wir wollen beschreiben, wie Denken funktioniert, indem wir zuerst einmal die drei verschiedenen Arten, wie wir unseren Geist oder unsere »Gedankenstrukturen« nutzen, betrachten.

Gedankenstruktur 1

Damit verbringen Sie den Großteil Ihrer »Denkzeit« – indem Sie mit Hilfe Ihrer Erinnerung in die Vergangenheit gehen und herauszufinden versuchen, warum Sie sich heute so fühlen, wie Sie sich fühlen. Vieles davon ist Illusion, Tagträumerei oder Fantasie. In diesem Denkmodus werden permanent alte Muster der Vergangenheit aktiviert. Beispielsweise denken Sie darüber nach, was zu irgendeinem Zeitpunkt hätte geschehen sollen; wo Sie jetzt wären, wenn Sie nur eine bestimmte Prüfung bestanden hätten. Vielleicht denken Sie über Ihre Zukunft nach. Aber wenn Sie nur Ihre Erinnerung, Ihr Wissen und Ihre Erfahrungen dazu verwenden, werden Sie sich selbst auf alte Gewohnheiten und negative Einstellungen konditionieren. Anstatt Ihrem Gehirn bzw. Ihren Gedanken etwas Raum zu geben, um sich grundlegend zu transformieren, bleiben Sie in Gedankenstruktur 1 gefangen und pendeln zwischen Ihrer Vergangenheit und Ihrer Zukunft hin und her.

Gedankenstruktur 2

In diesem Modus kontrollieren Sie, was momentan in Ihrer Welt geschieht, und zwar, indem Sie beschreiben, vergleichen, erklären und urteilen. Vielleicht haben Sie dabei Gedanken wie »Wovon spricht er eigentlich?«, »Ich stimme dem, was er/sie sagt, nicht zu«. Es ist ein ständiger Kommentar über das, was gerade geschieht. Die meisten Menschen verbringen ihr ganzes Leben in diesen beiden Strukturen. Sie glauben, wenn sie verstehen, warum sie negativ denken, werden sie ihre Probleme lösen.

Gedankenstruktur 3
Wenn Sie das Gefühl haben, einfach nur da zu sein, ohne den Versuch zu machen, etwas zu beschreiben, zu erklären und dem Gefühl hinzuzufügen, dann befinden Sie sich in Gedankenstruktur 3; beispielsweise, wenn Sie im Freien stehen und einen schönen blauen Himmel betrachten – schlichtweg, weil er da ist und Sie da sind. Sie identifizieren sich nicht damit, interpretieren ihn nicht und ziehen auch keine Schlussfolgerung daraus. Würden Ihre Gehirnwellen jetzt gemessen, sähe man mehr Zwischenräume zwischen den einzelnen Perioden der Gehirnaktivität. Dies geschieht immer dann, wenn Ihr Potenzial oder Ihre Qualitäten im Einsatz sind, weil Sie, ohne etwas dazu beizutragen, diese winzige Bewegung in die Vorzukunft in Gang gesetzt haben. Aus dem Zustand der Stille und Achtsamkeit heraus entstehen neue Verbindungen und Sichtweisen.

Wenn Sie sehen können, wie unterschiedlich diese drei Arten des Denkens sind, und wenn Sie allmählich erkennen, dass Ihr Potenzial stets vorhanden ist, kann Ihr Gehirn anfangen, anders zu funktionieren. Sie werden nach und nach sich selbst und andere in einem neuen Licht sehen. Überdies werden Sie imstande sein, Ihre Denkprozesse mühelos zu verstehen.

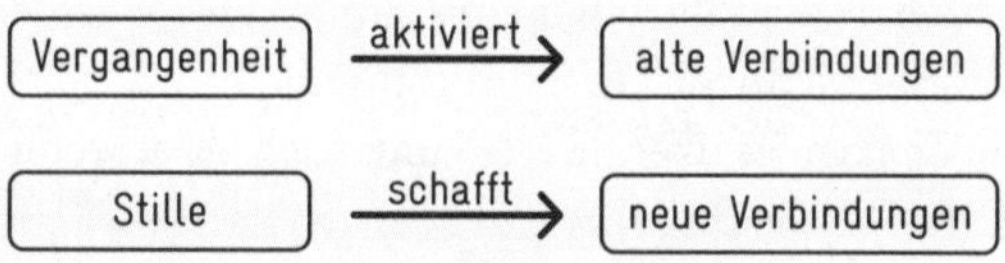

Der assoziierende Denkprozess

Hier vollzieht sich Denken durch Assoziation. Der assoziierende Denkprozess ist immer mit Gedankenstruktur 1 und 2 verbunden. Er beinhaltet die fortwährende Assoziation von Dingen, und diese Art des Denkens verwenden Sie in siebzig Prozent Ihrer Zeit. Er kann Sie davon überzeugen, dass etwas eine bestimmte Bedeutung hat, selbst wenn dies in Wahrheit nicht der Fall ist. Beispielsweise verbringen Sie eine Menge Zeit damit, darüber nachzudenken, wenn Sie ein größeres Haus haben oder einen neuen Job. Wenn Sie aufrichtig sind und solche Gedanken bewusst nicht weiter verfolgen, erkennen Sie, dass die meisten Unsinn sind. Sie schieben es nur auf, Ihr Leben in Fülle zu leben – in dem Glauben, dass Sie eines

Tages, wenn Ihre Träume wahr geworden sind, wirklich beginnen können zu leben.

Im assoziierenden Denkprozess erzeugen Sie Bilder in Ihrem Geist, die Ihnen ermöglichen, etwas zu beschreiben und es jemand anderem zu erklären. Sie können in diesem Denkmodus ein mentales Bild von der Zukunft erzeugen, das die Möglichkeit einschließt, dass etwas Negatives geschieht. Sie »hoffen das Beste, planen aber für das Schlimmste«. Und wenn Sie sich erinnern, dass das Gehirn nicht zwischen Wirklichkeit und Nichtwirklichkeit unterscheiden kann, wissen Sie auch, dass dies Spannungen aufbaut und den assoziierenden Denkprozess noch mehr anregt, indem es Angst erzeugt und Ihr Potenzial blockiert.

Vielleicht denken Sie, Sie wüssten alles, was es über das Denken zu wissen gibt – schließlich praktizieren Sie es den ganzen Tag. Es ist leicht, durchs Leben zu gehen, ohne sich bewusst zu machen, welche Beziehung man zu sich selbst und zu anderen hat. Das Denken ist in Bezug auf das strukturiert, was man momentan glaubt, und deshalb ist es auch leicht, seine Aufmerksamkeit auf das zu richten, was negativ, was falsch ist; auf das, was man meint, loswerden zu müssen. Probleme sind nicht das Hindernis. Um wahre Freiheit zu erlangen, müssen Sie lernen, zwischen deskriptivem, analytischem Denken (oder dem assoziierenden Denkprozess) und intelligentem Denken (oder dem motivativen Denkprozess) zu unterscheiden.

Stellen Sie sich ein Kind vor, das hungrig ist. Es sagt sofort: »Ich bin hungrig.« Es braucht nicht erst beschreiben, wie wundervoll es wäre, eine Banane zu essen. Können Sie sehen, wie das ständige Beschreiben Sie von Ihrem anfänglichen motivierenden Gedanken »Ich bin hungrig« wegbringt?

Der motivative Denkprozess

Hier geht es schlichtweg um Kommunikation: wenn Sie etwas erleben – einen Gedanken, ein Gefühl, eine Situation –, ohne eine Assoziation zu aktivieren; ohne das Erlebte zu beschreiben; ohne über die Gründe nachzudenken, warum jemand sich so verhalten hat, wie er es tat usw.

Sobald Sie erkennen, dass Ihr gesamtes Gehirn ein kreativer Prozess ist, müssen Sie nicht mehr akzeptieren, dass alle diese negativen Gedanken dauerhaft da sind. Vielmehr können Sie anfangen, eine Beziehung zu Ihrem Gehirn und zu Ihren Denkprozessen aufzubauen. Sie können Herr bzw. Herrin Ihres eigenen Geistes werden.

Erinnern Sie sich an das Beispiel zu Gedankenstruktur 3: Hier ging es darum, einfach in einen weiten blauen Himmel zu schauen, ohne ihn zu beschreiben. Sie versuchen dabei nicht, in der Ferne einen Vogel oder ein Flugzeug zu entdecken. Das heißt nicht, dass Sie das, was in Ihrem Kopf vor sich geht, unterdrücken oder abwerten sollen – Sie können es ohnehin nur tun, indem Sie Gedankenstruktur 1 und 2 verwenden. Und es beinhaltet keinesfalls den Versuch, Ihre Gedanken zu kontrollieren. Alles, was Sie tun müssen, ist, zum motivativen Denkprozess überzugehen.

Der motivative Denkprozess erfolgt, wenn Sie etwas tun, das nicht auf ein konkretes Ergebnis ausgerichtet ist, wie beispielsweise die Betrachtung eines weiten blauen Himmels. Er bedeutet einfach, dass Sie neugierig sind, Ihr Gehirn kreativ nutzen und in Beziehung mit dem sind, was um Sie herum ist. Dann sind Sie in Gedankenstruktur 3 – es ist eine winzige Bewegung in die Vorzukunft, ohne Ziel und ohne Bindung an irgendetwas. Hier gibt es keine Überlegung darüber, warum Sie das tun, was auch immer Sie gerade tun – nur eine Energiebewegung. Diese sich bewegende Energie nennt man *Flow* oder *Chi* wie im *Tai Chi.*

Betrachten Sie Ihre Gedanken, ohne zu denken

Sobald Sie beginnen, sich bewusst zu machen, wie Denken funktioniert, und in Kontakt mit Ihrem motivativen Denkprozess kommen, werden Sie all jene Bilder, Wörter, Gefühle, die schnell oder langsam sind; die verschiedenen Gedankenstrukturen; die Vergangenheit, die Zukunft und die Wertungsprozesse erkennen lernen. Wenn Sie begreifen, wie Ihr Geist arbeitet, sind Sie frei.

Die Beobachtung, *wie* Denken wirklich funktioniert, ist etwas anderes als die Beobachtung der *Inhalte* Ihres Geistes. Denken ist das Haupthindernis, das Sie davon abhält, mit Ihrem Potenzial in Berührung zu kommen. Wenn Sie Ihre Denkprozesse erforschen, dürfen Sie den Vorgang des Denkens nicht aktivieren – das heißt, Sie geben sich einfach dem Betrachten hin, ohne sich an Gedanken, Überzeugungen oder innere Einstellungen zu binden. Das mag schwierig klingen. Aber es wird Ihnen vielleicht helfen, wenn Sie sich erinnern, dass Denken eine Beschreibung von etwas ist und dass eine Zukunft ohne Perspektive Angst auslöst – und Angst äußert sich in Gedanken. Was bedeutet das? Nehmen wir ein einfaches Beispiel.

Stellen Sie sich vor, Sie wollen ein Bild malen, und Sie haben ein weißes Blatt Papier vor sich. Alles liegt bereit, aber Sie wissen nicht, was Sie malen sollen. Das ist eine Zukunft ohne eine Perspektive. Sie sagen sich: Was ist, wenn ich gar nicht malen kann, wenn ich zwar loslege, aber nur ein Bild zustande bringe, das scheußlich ist? Derart äußert sich Angst in Gedanken.

Eine Zukunft mit einer Perspektive zu haben bedeutet, dass Sie energiegeladen sind, weil Sie wissen, was Sie tun wollen – Sie brauchen es nur zu tun. Damit ist keine Angst verbunden. Wenn Sie nun anfangen, Farbe auf das Papier zu bringen, verlieren Sie sich selbst, indem Sie sich von sich selbst wegbewegen (nicht hin zu irgendetwas oder zu einem anderen Menschen) – in die Vorzukunft.

Lernen, gesund zu denken

Bisher konnten Sie sehen, dass das bewusste Beobachten Ihrer Gedanken – indem Sie aufmerksam sind und eine Beziehung zu ihnen herstellen – sich erheblich von einem Zustand unterscheidet, in dem Sie von Ihren Denkprozessen und den entsprechenden Inhalten beherrscht werden. Um Ihre Gedanken zu beobachten, müssen Sie lernen, Ihre Gedanken zu beruhigen, Ihren Geist in Frieden zu lassen und die Dinge sein zu lassen. »Die Dinge sein lassen« bedeutet nicht, alles, was geschieht, auch zu akzeptieren.

Vielmehr bedeutet es, dass Sie einfach anerkennen, dass Dinge geschehen – vielleicht sagen Sie Ihnen nicht zu, vielleicht haben Sie das Gefühl, dass Sie mit einem bestimmten Menschen nicht mehr befreundet sein werden, weil er Sie wirklich verletzt hat, oder Sie haben den Eindruck, dass es eine Unmenge Ungerechtigkeit und Gewalt auf der Welt gibt, die man nicht hinnehmen kann.

Wenn Sie das, was geschah, anerkennen können, hilft Ihnen das, es sein zu lassen, anstatt das Thema wiederholt im Kopf durchzuspielen und Opfer des assoziierenden Denkprozesses zu werden. Es ist ein großer Unterschied zwischen anerkennen, akzeptieren und tolerieren; Sie müssen etwas nicht unbedingt billigen oder stillschweigend hinnehmen, Sie müssen es lediglich anerkennen, ohne es weiter in sich »herumzutragen«.

Mit Hilfe des motivativen Denkprozesses – der sich immer zuerst einstellt, bevor Sie anfangen zu assoziieren oder etwas miteinander zu verbinden – sehen Sie, dass die Art und Weise, wie Sie jetzt sind, eine Folge dessen ist, was und wie Sie in diesem Augenblick denken. Sie sehen, dass Sie die Fähigkeit haben, Ihre eigenen Gedanken zu steuern und eine gewisse Kontrolle über Ihren Geist zu bekommen – einfach, indem Sie achtsam sind.

Indem Sie zu einer neuen, achtsamen Art des Denkens übergehen, werden Sie imstande sein zu verstehen, wie Ihre Denkprozesse funktionieren. Aber das ist nicht alles: Durch das motivative Denken werden Sie sich überdies stärker bewusst werden, wie Sie anhand von Assoziationen denken, und das wird Sie in die Lage versetzen, Ihre assoziierenden Denkprozesse zu beeinflussen.

Wenn Ihr Gehirn begreift, wie Denken funktioniert, werden sich Ihre Gesundheit und Ihr Allgemeinzustand auf natürliche Weise verbessern. Dann können Sie klar unterscheiden zwischen dem Denkprozess, der nur mit dem, was vorhanden ist, kommuniziert, und dem Denkprozess, der reine Beschreibung ist – mit anderen Worten: zwischen den motivativen und den assoziierenden Prozessen. Gleichzeitig können Sie die Art und Weise ändern, in der Sie mit Ihren Gedanken umgehen, und sich selbst aus dem assoziierenden Denkprozess heraushelfen.

Das bedeutet, dass Sie anerkennen, was immer geschehen mag, ohne in Beschreibung, in Gedanken oder in Angst vor der Zukunft zu verfallen. Indem Sie die Dinge sein lassen und in Kommunikation mit allem, was da ist, bleiben, werden Sie auf eine vollkommen andere Weise in Kontakt mit Ihrer Energie sein. Sie werden eine neue Perspektive haben, und das bedeutet, dass auch das Ergebnis – Ihre Zukunft – anders sein wird.

Zusammenfassung

- Machen Sie sich bewusst, dass Sie sich immer dann, wenn Sie sich darauf konzentrieren, anders – das heißt besser, mächtiger, vollkommener – zu sein, im assoziierenden Denkprozess befinden.
- Sie sollten wissen, dass Sie verstehen können, wie Ihre Denkprozesse funktionieren, und sich ihrer gleichzeitig bewusst sein können.
- Nutzen Sie den motivativen Denkprozess, um sich der Beschreibung bewusst zu werden, des begleitenden Kommentars, der sich fortwährend in Ihrem Kopf abspielt.
- Hören Sie auf, Probleme zu analysieren. Beim motivativen Denkprozess betrachten Sie sie ganz direkt, ohne zu fragen, warum sie da sind. Finden Sie heraus, wie Sie sie lösen können, und gehen Sie in die Vorzukunft.

Die Wurzel der Probleme

Menschen wollen sich ständig verändern; sie wollen in irgendeiner Weise anders werden. Wenn Sie sich den Energieprozess anschauen, so gibt es zwei Arten der Veränderung:

Mit Hilfe Ihres Gehirns können Sie Ihre Überzeugungen, Ihre Religion, Ihre Vorlieben und Ihre Abneigungen ändern. Anhand der klassischen Psychologie können Sie Ihre Situation analysieren und dann ein neues Glaubenssystem um diese Analyse herum strukturieren. Vielleicht glauben Sie, dass Sie endlich Ihre Probleme mit Ihrer ständigen Eifersucht verstehen, weil Ihre Mutter Sie nicht genügend geliebt hat. Auf diese Weise gelangen Sie eventuell zu einer anderen Betrachtungsweise, aber es ist so, als ersetzten Sie ein Hindernis durch ein anderes, als stellten Sie eine andere Struktur auf und fühlten sich etwas »geordneter«, weil Sie nicht mehr die alten Überzeugungen über sich selbst haben. Jetzt haben Sie eine neue Überzeugung, und die Schuld verlagert sich von Ihrem Eifersuchtsproblem zu der Unfähigkeit Ihrer Mutter, Sie zu lieben. Da Sie das Problem nicht länger sehen können, meinen Sie, Sie hätten es gelöst.

Es hat den Anschein, als habe eine Veränderung stattgefunden, wenn Sie sagen können: Ich habe diese Probleme wegen meiner Mutter oder aufgrund meines früheren Lebens. Es ist sehr verlockend, dies als wahre Veränderung zu betrachten – indem Sie die Illusion erzeugen, durch diese neue Einsicht seien Sie anders als zuvor. Doch Analyse und Einsicht haben ihre Grenzen. Nur indem Sie Ihre Betrachtungsweise in Ihrem Gehirn ändern, kommen Sie nicht an die Wurzel des Problems. Denn damit geht keine Veränderung Ihres gesamten Energiesystems einher.

Die zweite Art der Veränderung ist ganz anderer Natur. Mit ihr sehen Sie die Ursache eines jeden Problems. Wenn Sie nicht zu sehen beginnen, was das ist – da alle Probleme genau demselben Energieprozess unterliegen, nur mit unterschiedlichen Beschreibungen –, werden Sie auch weiterhin Ihr Gehirn mit seiner gewohnheitsmäßigen »Problemlösungs«-Denkweise nutzen, ohne Ihre Energie zu verlagern.

Wenn Sie deprimiert sind und wieder »normal« funktionieren wollen, kann Ihnen die Psychologie helfen. Aber wahre Gesundheit stellt sich nicht dadurch ein, dass man neue Glaubenssysteme oder jemand anderem die Schuld zuweist. Damit erzeugt man keine Energieverlagerung, damit erzeugt man nicht jenes Licht, das auf den Spiegel – das heißt, auf Ihr Bewusstsein – projiziert werden muss. Also müssen wir an die Wurzel der Dinge gehen und fragen: Was ist ein Problem überhaupt?

Alle Probleme sind, energetisch gesehen, genau gleich. Es existieren keine unterschiedlichen Energien. Bewusstsein oder Energie kennt nicht »gut« oder »schlecht«. Beispielsweise ist Alkohol an sich nicht ungesund, vielmehr ist dies eine Frage des Maßes und der Ausgewogenheit. Wenn Sie zu viel trinken, so ist das nicht gut, aber das hat nichts mit dem Alkohol zu tun. Es hat damit zu tun, dass Sie kein ausgewogenes Verhältnis dazu haben.

Alles hat mit Energie zu tun. Daher ist es unerlässlich, nicht nur eine Veränderung auf der Ebene des Gehirns zu erreichen, sondern sich auch in energetischer Hinsicht zu verändern. Das ist die Wurzel eines jeden psychischen Problems. Ich will ausdrücklich darauf hinweisen, dass wir hier nicht von Problemen wie hungrig sein, unter Geldmangel leiden, keine Arbeit finden usw. sprechen. Diese beiden Ebenen darf man nicht miteinander vermengen.

Jedes Problem ist in seinem Inhalt als Energieprozess gleich. Und wenn Sie genau hinsehen, erkennen Sie – selbst wenn Ihr ganzes System sich gegen diese Feststellung wehrt –, dass die Wurzel eines jeden psychischen Problems ein Dissens ist.

Betrachten Sie einmal die Probleme, die Sie vielleicht mit Ihrem Vater, Ihrem Chef oder mit sich selbst haben, und Sie werden sehen, dass an der Wurzel nichts anderes als eine Nichtübereinstimmung, ein Dissens ist. Dadurch, dass Sie nicht einer Meinung sind, lassen Sie ein Problem entstehen. Vielleicht sagen Sie nun: Na ja, ich kann schließlich nicht zustimmen, wenn mein Mann dies tut. Entscheidend ist, ob Sie sehen können, dass nur dann ein Konflikt entstehen kann, wenn Sie in etwas nicht übereinstimmen, wenn Sie anders sein wollen.

Das Nirwana-Sutra sagt: »Der große Weg ist leicht, außer für jene, die Vorlieben haben.« Vorlieben bedeuten, dass Sie etwas auf ganz bestimmte Weise haben wollen – ein Dissens also. Sie akzeptieren nicht, wie die Dinge sind. Nun kommt der Geist ins Spiel und sagt: »Ich kann das nicht akzeptieren, wenn es so ist. Hier sind die Gründe, warum es rational gerechtfertigt ist, dass ich nicht übereinstimme.« Selbst wenn Sie tausend Gründe der Rechtfertigung aufzählen – Ihr Problem wurzelt in der Meinungsverschiedenheit.

Was geschieht, wenn Sie sterben? Werden Sie noch auf dem Totenbett mit Ihrer Schwester wegen des Streits mit Ihrer Mutter kämpfen? Sie werden nicht mehr genug Energie dafür besitzen. Wir alle müssen Frieden haben, wenn wir sterben, weil wir im Dissens nicht *loslassen* können.

Alle Ihre Konflikte spiegeln sich in Ihrem Energiesystem wider. Wenn Sie die Wurzel nicht sehen, können Sie nicht wirklich handeln, sich nicht von Ihren Problemen befreien. Und bei jeder Ihrer Handlungen werden Sie das Gefühl haben, dass es möglicherweise das Falsche ist. Der Körper-Geist erzeugt das Licht, aber jedes Problem erzeugt Dunkelheit; daher müssen wir den Prozess des Dissenses betrachten.

Passen Sie hier bitte gut auf! Ich sage nicht: Akzeptieren Sie alles. Ich spreche über Dissens. Ich behaupte nicht einmal, dass die Lösung im Akzeptieren liegt. Ziehen Sie nicht vorschnell den Schluss: Ich akzeptiere alles, und dann sind meine Probleme gelöst. Oberflächlich gesehen, akzeptieren Sie es vielleicht, aber was geht in Ihrem Inneren vor? Vielleicht sagen Sie zu sich selbst: Ja, ich akzeptiere es, aber in Wirklichkeit besteht noch immer ein Dissens. Betrügen Sie sich also nicht selbst.

Ein Dissens beinhaltet immer, dass man *gegen* etwas ist – was das Gegenteil von Liebe ist. Gegen etwas sein, ist die Bewegung, die Distanz erzeugt. Distanz ist, energetisch betrachtet, die Bewegung, mit der man den *Flow* unterbricht. Wie können Sie ein Problem lösen, wenn es durch Distanz entstanden ist, dadurch, dass Sie den *Flow* unterbrochen haben?

Ein Dissens impliziert immer den Wunsch, etwas möge anders sein, als es ist. Die grundlegendste, die tiefste Ebene von Problemen ist der Wunsch, etwas Bestimmtes zu werden. In dieser Sucht dieses Werdenwollens kreieren wir permanent Dissens. Es ist, als würde man sagen: Solange du mich nicht als etwas Besonderes sehen kannst, hasse ich mich selbst und hasse ich dich dafür, dass du mich nicht als etwas Besonderes sehen kannst. Das erzeugt Angst, Aggression und Krieg.

Das Nirwana-Sutra sagt nicht nur: »Der große Weg ist leicht, außer für jene, die Vorlieben haben.« Es besagt auch: »Wenn es kein Selbst gibt, dann gibt es auch keine Spiritualität.« Jede Spiritualität ist ich-abhängig. Das Werden-wollen bringt Sie dazu, die Illusion zu erzeugen, etwas Besonderes, etwas Spirituelles zu sein. Aber der Körper-Geist bleibt immer der Körper-Geist; er kann nicht plötzlich spirituell werden. Wenn der Körper-Geist genug Licht erzeugt hat, dann gibt es mehr Bewusstsein; aber mehr Bewusstsein ist nicht mehr Spiritualität, es ist einfach nur mehr Bewusstsein. Falls Sie glauben: Wenn ich mich ändere, werde ich spiritueller, so ist das nur eine Illusion – der Drang, besonders zu sein. Und dieses »besonders sein wollen« ist die hauptsächliche Energie für den Dissens.

Indem Sie dem Drang, etwas Besonderes werden zu wollen, Einhalt gebieten, werden Sie Ihren Dissens mit der Welt beenden.

Das Wort »Frieden« ist, wie jedes Wort, ein Energieprozess. Es bedeutet, dass Sie aufgehört haben, etwas Besonderes sein zu wollen. Es gibt keine andere Form des Friedens. Wie können Sie Frieden in Ihrem Inneren haben, wenn Sie anders sein wollen, wenn Sie etwas werden wollen? Die Gesellschaft ist auf dem Gegenteil von Frieden aufgebaut.

Das mag Ihnen etwas überspannt vorkommen, aber wenn Sie es genauer betrachten, so erzeugt diese innere Haltung tatsächlich Krieg. Sie müssen die anderen schlagen; es geht immer um Wettbewerb, um das Werden. Es geht um das fortwährende Erzeugen von Energie, mit der Dissens hervorgerufen wird. Und folglich gibt es immer Probleme.

Letztlich gibt es kein einziges psychisches Problem, das nicht aus dem Dissens entstanden wäre. Und wir sind mehr im Dissens mit der Liebe als mit der Aggression. Aggression gibt Ihnen das Gefühl, etwas zu werden, für sich einzutreten, zu handeln. Liebe zersetzt Ihre Möglichkeiten zur Abwehr. Sie zersetzt Ihre Fähigkeit zu streiten, anderer Meinung zu sein. Und – ehrlich – wollen Sie das wirklich?

Es ist möglich, diese »Lektion« durch Leiderfahrungen zu lernen, durch die Sie allmählich dahin kommen, das zu akzeptieren, was geschieht. Wenn Sie sich eine Situation vorstellen können, in der Sie jeden Tag mehr oder weniger zerstört werden, dann sehen und verstehen Sie, dass das, was getötet wird, nicht Sie sind. Sie lernen diese Lektion, dass dieses Werden-wollen, wie das »Hängen am Kreuz«, Leiden ist. Ohne diese Lektion müssen Sie es auf anderem Wege lernen, um es wirklich ganz tief in Ihrem Inneren zu sehen.

Es ist nicht notwendig, dass jeder Mensch durch Folter und Leiden geht. Aber da das Konzept der Spiritualität ich-abhängig ist, besteht ebenso das Konzept, dass man mit dem Wunsch nach Erleuchtung auch das Bedürfnis verbindet, ein wenig außergewöhnlicher, eben »besonders« zu werden. Erleuchtung sagt nichts über das Konzept von Spiritualität, über Gott, Geister, das Besonderssein oder die Religiosität aus. Sie bedeutet einfach, dass Sie erkannt haben, wie Sie Ihren ganzen Körper-Geist verwenden können, um Licht zu erzeugen. Dass der ganze Körper-Geist ein Licht ist, das dann auf Bewusstsein projiziert wird, bedeutet, dass kein psychisches Problem dieses Licht behindert. Und kein einziges psychisches Problem zu haben, bedeutet das Ende des Dissenses.

Mitgefühl heißt nicht, dass Sie jemandes Einstellung, Verhalten, Ideen akzeptieren. Mitgefühl heißt, dass Sie den betreffenden Menschen so belassen, wie er ist, und nur beobachten und in Beziehung zu ihm treten. Mitgefühl heißt, nicht im Dissens zu sein. Jeder Mensch kann Schwächen haben – und manche sind Ihnen sympathischer als andere.

Ein Zenmeister sagte: »Vor der Erleuchtung sollst du Holz hacken, nach der Erleuchtung sollst du Holz hacken.« Der einzige Unterschied besteht darin, dass der ganze Körper nun zu einem Instrument des Lichts geworden ist. Er tut noch genau dasselbe, ohne ein Konzept der sogenannten Spiritualität. Es ist einfach mehr Licht und damit mehr Bewusstsein vorhanden. Mit mehr Bewusstsein wird es leichter, zu akzeptieren, und leichter, nicht im Dissens zu sein.

Wenn Sie sich eine Energiespirale vorstellen, so geht sie entweder nach unten, wenn Sie in Nichtübereinstimmung sind (das heißt mehr Probleme und weniger Licht); oder nach oben, wenn Sie sehen, was ein Problem im Ursprung ist: Es wird leichter, wieder Licht, wieder Beziehung herzustellen. Bei einer Spirale gibt es nur die Bewegung nach oben oder nach unten. Dafür bedarf es keiner Zauberei. Ihr Licht ist der Energieleiter. Wenn Sie dazu neigen, im Dissens zu sein – können Sie sehen, dass Sie dann ein Problem erzeugen? Ihre Aggression ist nicht das Problem. Nur wenn Sie mit Ihrer Aggression nicht übereinstimmen, wird sie stärker. Wenn Sie nicht gegen sie ankämpfen, dann haben Sie eine Beziehung zu ihr – und damit löst sie sich auf.

Angst ist nicht das Problem. Sie wird mächtig, wenn Sie nicht mit ihr übereinstimmen. Denn das intensiviert sie. Wenn Sie sie sehen – was heißt, wenn Sie nicht mit ihr im Dissens sind –, löst sie sich auf. Wann immer etwas in Erscheinung tritt, insbesondere auf der Gefühlsebene, und Sie sich nicht dagegenstellen, verwandelt es sich sofort zur nächsten Ebene – von Aggression in Angst, von Angst in Trauer, von Trauer in Stille.

Wir wollen uns einmal genauer ansehen, was Aggression ist. Wenn Sie keinen tiefgehenden Drang haben, besonders zu sein, gesehen zu werden; wenn Sie nicht etwas Besonderes werden wollen, dann haben Sie gar nicht die Möglichkeit, Aggression zu entwickeln. Das heißt nicht, dass die Tatsache, gesehen werden zu wollen, eine Entschuldigung für Aggression ist – wir betrachten hier nur die Wurzel des Problems.

Wenn ein Mensch besonders sein will, dann wird sein Partner mit dieser Aggression nicht übereinstimmen – und dies wird noch mehr Aggression erzeugen. Natürlich kann der Partner sagen, das sei sein Problem, und er müsse es selbst lösen, doch das ändert nichts. Wenn jemand aggressiv wird, weil er besonders sein will, dann erzeugt das natürlich keinen Frieden in ihm. Und es erzeugt zudem einen Konflikt mit seinem/ihrem Partner. Die Nichtübereinstimmung sagt: Solange du so bist, ist keine Beziehung möglich. Tatsache aber ist, dass nur Beziehung heilt. Natürlich wollen Sie, dass Ihr Partner mehr Reife zeigt. Und überdies haben Sie das Problem, dass Sie aufgrund Ihrer Haltung des Dissenses mehr von ihm erwarten, als er Ihnen zu geben vermag.

Bei Ihrem Kind würden Sie das nie tun. Sie akzeptieren, dass das Kind in der Entwicklung ist, dass es seine Launen hat, dass es zuweilen trotzig, aggressiv und unausgeglichen ist. Sie nehmen es, wie es eben ist.

Noch einmal, ich sage nicht, Sie sollten Aggression akzeptieren. Der Punkt ist, dass Sie den Ursprung des Problems sehen müssen. Auf der analytischen Ebene können Sie es nicht lösen. Stellen Sie sich einen Eisberg im Ozean vor, von dem Sie die Spitze da abschneiden, wo sie herausschaut. Damit haben Sie das Problem nicht gelöst, weil der Eisberg tief ins Wasser reicht. Kein einziges Problem wird gelöst, wenn Sie die Energie Ihres Geistes dazu verwenden. Können der Geist und Ihr Herz gemeinsam sehen – und nur dieses Sehen erzeugt Freiheit –, dass nicht ein Mensch für das psychische Problem verantwortlich ist, das Sie haben? Es ist Ihre Nichtübereinstimmung, die das Problem erzeugt.

Wie können Sie die gesamte Energie eines Menschen und seine Schwingung wahrnehmen bzw. hören, wenn Sie im Dissens mit sich selbst oder mit diesem Menschen sind? Eine Beziehung ist nicht auf Sehen aufgebaut. Wenn Sie die Augen eines Menschen beobachten, der aggressiv oder ängstlich ist, dann wird Ihnen auffallen, dass er gar nicht mehr richtig sieht. Sehen ist, verglichen mit hören, sehr begrenzt. Deshalb sagt das Sutra: »Was die Dinge zusammenhält, ist Klang.« Wenn alles Energie ist und Energie Schwingung ist, entsteht immer dann, wenn kein Konzept, keine Theorie und kein Glaubenssystem vorhanden sind, eine Art Tanz der Energie. Eine Schwingung kommuniziert durch Klang. Kommunikation geschieht nicht durch Sehen. Was uns zusammenhält, ist Klang, Zuhören. Können Sie hören, was Ihr Partner sagt, wenn Sie im Dissens sind? Sie werden das Gesagte dann gar nicht recht wahrnehmen. Sich öffnen bedeutet hingegen, den Dissens aufzugeben.

Wiederum empfehle ich Ihnen nicht, einfach alles zu akzeptieren, da es verschiedene Grade der Akzeptanz gibt. Wenn Sie beispielsweise akzeptieren, dass Sie eifersüchtig sind, haben Sie deswegen den Dissens noch nicht wirklich beendet. Das Nirwana-Sutra sagt: »Der Grund für die Fessel ist Klang.« Was ist der letzte Klang? Er geht von »Om« bis »Amen«. Betrachten wir das christliche Wort am Ende des Gebets, das Amen, so ist dies stets die Brücke zur Stille. Der letzte Klang ist Stille. Stille ist natürlich das absolute Ende des Wünschens, des Verlangens. Und wo kann es Dissens, die Wurzel des Problems, geben, wenn Sie aufgehört haben zu wünschen?

Sie werden zum ersten Mal dieses Empfinden von Liebe haben, das nicht verblasst, wenn jene Stille eintritt, jenes Nichtwünschen, jener letztendliche Klang, der nicht beschrieben werden kann. Jede Form von Freudseligkeit, Glück und Liebe wird dahinschwinden und verblassen, wenn sie nicht aus der Stille kommt. Jede Form der Liebe, die vom Wollen angeregt wurde, wird dahinschwinden. Das ist ein Naturgesetz.

Die Ursache dafür, etwas sein zu wollen, ist die Nichtübereinstimmung mit dem, was da ist – mit dem, wie Sie fühlen und meinen, momentan zu sein. Wenn der Dissens verschwunden ist, ist auch der Antrieb des Wollens verschwunden. So einfach ist das. Wenn Sie sich dementsprechend verhalten können, ist jeder Tag, an dem Sie imstande sind, nicht im Dissens zu sein, ein Wunder, das Ihnen zuteil wird. Deshalb sagt man im Buddhismus: Wenn du einen Feind brauchst – ein Feind ist jemand, mit dem Sie in Nichtübereinstimmung sind –, dann verneige dich vor ihm. Er ist derjenige, der dich daran erinnert, dass du nicht im Dissens sein sollst; er ist dein Lehrer, von dem du lernen kannst, nicht im Dissens zu sein. Energetisch betrachtet, kann man sagen: Je weniger Dissens besteht, desto mehr wird Ihr Körper-Geist zu Licht.

Das Wunder des Bewusstseins ist nicht kompliziert. Der Geist ist kompliziert. Aggression und Angst sind kompliziert. Liebe ist nicht kompliziert. Der große Weg ist leicht, außer für jene, die Vorlieben haben. Die Abwesenheit von Dissens, von Vorlieben ist Liebe.

Gefühle, Gedanken und Energie

Was bedeutet Energie für Sie? Haben Sie je darüber nachgedacht, wie Energie innerhalb Ihres Denkens und Fühlens funktioniert? Woher kommt Ihre Energie, und wie nutzen Sie sie? Und welche Wirkung hat sie auf Ihr Leben und auf Ihre Zukunft?

Es gibt unterschiedliche Arten von Energie, über die Sie in diesem Kapitel etwas erfahren werden. Die erste Art, die sogenannte subtile Körperenergie – oder Qi – folgt immer dem Gedanken; daher spielt das, was Sie denken und was Sie beabsichtigen, eine große Rolle darin, in welcher Weise Energie durch Sie hindurchfließt und wo Ihre Energie im Körper blockiert ist.

Die zweite Art der Energie wird durch die Schwingung Ihrer Körperzellen erzeugt, was eine elektrochemische Bewegung hervorbringt. Dies kann als eine Art Licht um Sie herum wahrgenommen werden, das gemeinhin als Aura bezeichnet wird.

Und dann gibt es noch die Energie der Qualitätsaura. Ihre Qualitätsaura ist mit dem Seelenbewusstsein verbunden und trägt das Potenzial der Qualitäten in sich, die Ihnen im Laufe Ihres gesamten Lebens zur Verfügung stehen. Jeder Mensch hat eine Qualitätsaura. Sie hängt nicht vom Zustand seines Körpers ab und ändert sich auch nicht mit der Zeit. Wir nennen diese Art der Energie außerkörperliches Bewusstsein, was nichts mit Geistern oder mit aufgestiegenen Wesen zu tun hat. Es bedeutet lediglich, dass Sie mit dieser Energie, die außerhalb Ihres Körpers ist, arbeiten können, und zwar innerhalb eines energetischen Feldes, zu dem jeder Mensch Zugang hat.

Die Energie folgt dem Gedanken

In dem Augenblick, wo Sie anfangen, Ihre Energie zu sehr auf die Vergangenheit zu konzentrieren (die in Wirklichkeit nicht mehr existiert), erzeugen Sie eine energetische Blockade oder eine Abschwächung des Energieflusses. All die kostbare Energie, die Sie nutzen könnten, um Ihre Gefühle und Emotionen zu beobachten – ohne eine Geschichte damit zu verknüpfen –, wird von Erklärungen und davon in Anspruch genommen, dass immer wieder dieselben Gefühlsmuster erzeugt werden, was keinerlei hilfreiche Folgen hat.

Die Art und Weise, wie Ihre Energie fließt, wird von Ihren Gedanken und Absichten beeinflusst. Wenn Sie Ihre höheren mentalen Funktionen zum Einsatz bringen – das heißt, die Sprache, das abstrakte Denken, das Planen, komplexe Erinnerungen und die ständige Reflektion darüber, wer Sie sind –, dann nutzen Sie den höchstentwickelten Teil Ihres Gehirns, den zerebralen Kortex (Großhirnrinde) und den Neokortex (die beiden Großhirnhemisphären). Wenn Sie beispielsweise den Entschluss gefasst haben, Arzt bzw. Ärztin zu werden, und damit bereit sind, für lange Zeit zu studieren, um Ihr Ziel zu erreichen, dann werden Sie auch die notwendige Energie und Mühe aufbringen, und Sie werden imstande sein, jedes Hindernis zu überwinden.

Im Gegensatz dazu verringern die am stärksten instinktgeleiteten Areale des Gehirns Ihre Fähigkeit, klar zu denken: Es ist das emotionale Erinnerungszentrum (die Amygdala), das die Triebe, den Appetit und Emotionen – die bar jedes Bewusstseins sind – erzeugt. Wenn dieses Gehirnareal aktiv wird, dann wird es Ihnen schwer fallen, Ihr Gewahrsein aufrechtzuerhalten. Das kann in Ihrem Kopf eine Menge Verwirrung stiften. Sie wissen vielleicht nicht mehr recht, was Sie wirklich wollen und was Sie künftig für Möglichkeiten haben.

Angenommen, Sie haben die Hälfte Ihres Medizinstudiums bereits hinter sich und verlieben sich in jemanden, den Sie völlig unwiderstehlich finden, obwohl er/sie unfähig ist, sich wirklich zu binden. Sie werden eifersüchtig und wütend, und bald lenken diese Gefühle Sie von der Arbeit ab – es besteht die Gefahr, dass Ihre emotionale Energie Sie von Ihrem Studium abhält.

Der ganze Bereich der Emotionen und Gefühle kann sehr irritierend sein. Daher wollen wir uns jetzt ansehen, auf welche Weise die Energie einen Einfluss darauf nehmen kann, wie Sie sich fühlen.

Langsame und schnelle Gefühle

Schnelle Gefühle werden gewöhnlich als Emotionen bezeichnet. Sie sind leicht zu erkennen, da zumeist eine Menge »Belastung« mit ihnen verbunden ist. Sie sind reaktiv und basieren auf Angst; es sind beispielsweise Ärger, Wut, Schuldgefühl, Eifersucht und andere Formen der Aggression.

Wenn Sie sich so fühlen, dann spüren Sie es im Körper – zum Beispiel erhalten Sie einen Adrenalinstoß, Sie beginnen zu überreagieren, und Ihr Gehirn fängt an, alle möglichen Dinge miteinander zu assoziieren, die im Grunde nichts mit dem zu tun haben, was gerade geschieht. Gut möglich, dass Sie deswegen in Panik geraten, weglaufen wollen und sich dann dumm vorkommen, weil Sie sich so gefühlt haben. Was geschieht da in Ihrem Kopf?

Schnelle Gefühle sind mit dem Mandelkern (Amygdala) verbunden – dem emotionalen Zentrum des Gehirns, das für das Überleben notwendig ist –, der die raffinierter gestaltete Großhirnrinde in hochemotionalen Situationen umgehen oder auch gänzlich besetzen kann.

Das bedeutet, dass Sie endlos lange schnelle Gefühle oder Emotionen wiederholen, indem Sie diese mit Gedankenstruktur 1 und 2 nähren. Rufen Sie sich ins Gedächtnis, dass Sie siebzig Prozent des Tages in Gedankenstruktur 1 verbringen, mit der Sie in die Vergangenheit zurückgehen, oder in Gedankenstruktur 2, mit der Sie urteilen, vergleichen, erklären und noch mehr negative Einstellungen entstehen lassen.

Denken Sie einmal darüber nach, was Ihnen gefällt: mit hoher Geschwindigkeit Auto fahren, gefährliche Aktivitäten wie beispielsweise hohe Berge erklimmen, oder Sportarten wie Fußball. Identifizieren Sie sich mit Ihrem bevorzugten Fußballverein, so erzeugt dies automatisch schnelle Gefühle. Und die Identifizierung mit dem assoziativen Denkprozess aktiviert das emotionale Zentrum im Gehirn.

Manchmal jedoch können schnelle Gefühle wie Angst hilfreich sein: Physiologisch gesehen, wäre ein Leben ohne Angst etwa so, als habe man einen Körper, der keinerlei Schmerz fühlt. Alle schnellen Gefühle haben einen positiven Aspekt, denn sie erzeugen Aufmerksamkeit und helfen uns, einen Seinszustand zu erreichen, in dem wir ganz präsent und in der Lage sind, die Situation zu meistern, in der wir uns gerade befinden.

Die moderne Forschung zeigt, dass die Großhirnrinde – oder das denkende Gehirn – nicht an den schnellen Gefühlen beteiligt ist. Wenn Sie viel Angst empfinden, kann es keine Achtsamkeit geben. Wenn Sie aber aufhören können zu reagieren und stattdessen die schnellen Gefühle beobachten, die mit Angst verbunden sind, werden Sie eine natürliche Bewegung hin zu den langsamen Gefühlen von Fürsorglichkeit und Liebe erleben – dann kann sich Achtsamkeit ohne Angst einstellen.

Die Gefühle, die ganz und gar im Neokortex strukturiert sind und sich auch über das Herzenergiezentrum erstrecken, sind langsame Gefühle wie Mitgefühl, Liebe, Freude, innerer Frieden und Stille. So wie die Energie dem Gedanken folgt, folgt Liebe der Achtsamkeit. Vor der Liebe war nur Achtsamkeit da, die Kunst, gewahr zu sein. Schon allein dadurch, dass Sie die Absicht haben, achtsam zu sein und jene langsamen Gefühle zu empfinden, können Sie einen Prozess inneren Wachstums, der Entwicklung und des Glücks in Gang setzen.

Ehe Sie Ihr Potenzial nutzen können, um liebevoll, friedlich und achtsam zu sein, müssen Ihre elementaren Bedürfnisse befriedigt worden sein. Wenn Ihre tägliche Existenz bedroht oder in Gefahr ist – was bedeutet, dass Sie keine Perspektive im Leben haben –, wird Ihr Körper reagieren, und damit werden Ihre schnellen Gefühle überhand nehmen. Schnelle Gefühle sind keine Schwäche, sie sind nicht gut oder schlecht – sie werden nur durch Ihre Geschichte ausgelöst oder aktiviert. Sie haben damit zu tun, wie Ihr physischer Körper strukturiert ist, sie sind ein Teil Ihrer Physiologie.

Hätten Sie keinerlei schnelle Gefühle, würde Ihr ganzes Hormonsystem zusammenbrechen. Die Frage ist: Können Sie sich selbst gestatten, schnelle Gefühle zu erleben, ohne sie durch Gedanken zu nähren? Was bedeutet das in Bezug darauf, wie Sie Ihre Energie lenken?

Die Fähigkeit, die eigene Wirklichkeit zu schaffen, verlangt keinesfalls die Fähigkeit, in die Zukunft schauen zu können. Sie müssen dafür lediglich lernen, wie Sie die Macht des Denkens nutzen können, und dafür muss Ihr Gehirn *für* Sie statt gegen Sie arbeiten. Sie müssen dazu zwischen Gehirnbewusstsein – oder dem Denken – und dem außerkörperlichen Bewusstsein unterscheiden, das unabhängig vom Gehirn ist und gekennzeichnet durch eine Verlagerung in der Wahrnehmung hin zu dem energetischen Feld, welches das Herz umgibt.

Im Folgenden werden Sie sehen, dass aus der Beziehung zu sich und anderen eine Gefühlskette entsteht:

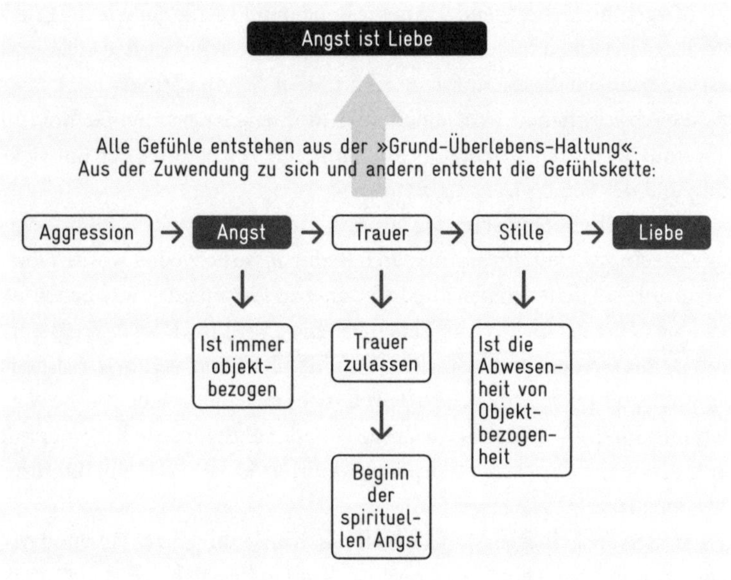

Herzenergie

Das energetische Feld des Herzens ist fast zweihundert Mal stärker als das des Gehirns. Die Qualitätsaura (oder das Seelenbewusstsein) und die subtile Energie (oder das Geistbewusstsein) sollten in dem Energiefeld, das das Herz umgibt – und das als Herzchakra bekannt ist –, ins Gleichgewicht kommen.

Das Gleichgewicht kommt zustande, wenn Sie Ihre Gefühle, wie Aggression, Angst und Schuld, als Vorgang sehen können, der unabhängig von Ihrer Geschichte ist. Von diesem weniger personalisierten Standpunkt aus haben Sie einen leichteren Zugang zu dieser Herzenergie. Und da höhere Energie tiefere Ebenen durchdringt, folgt eine gewaltige Veränderung der Wahrnehmung. Wenn Sie etwas betrachten können, ohne es zu beschreiben, dann tritt das ein, was als Stille bezeichnet wird, und aus dieser Stille heraus wird Energie erzeugt, die Vitalität mit sich bringt. Dieser ganze Prozess muss eher erlebt als intellektuell verstanden werden. Verstehen, warum sich beispielsweise jemand auf eine bestimmte Weise verhält, oder auch, wie man eine Sprache versteht, erfordert eine Investition von Zeit und Energie – einen Prozess des Verstehens.

Und analog dazu: Können Sie sagen, dass Sie Liebe verstehen? Wenn Ihre Perspektive sich verändert, wodurch Sie anfangen können zu sehen und zu erkennen, dass Liebe schon zu Beginn des Lebens da ist – kann das logisch verstanden werden? Sie können die Liebe studieren, solange Sie wollen – sie kann schlichtweg nicht *verstanden* werden. Sie mögen imstande sein, die schnellen Gefühle zu verstehen, aber langsame Gefühle, wie Liebe und Freude, benötigen keinen Prozess des Verstehens – man braucht sie nur zu erleben.

Verstehen funktioniert nicht auf der psychospirituellen Ebene, da Logik, Autorität und Hierarchie damit verbunden sind; doch auf einer psychospirituellen Ebene existiert nichts von alledem. Verstehen gehört immer in den Bereich von Gedankenstruktur 2.

Versuchen Sie nun bitte einmal, den folgenden Satz zu lesen, ohne den Versuch zu machen, seinen Sinn zu verstehen:

Energie folgt dem Gedanken, und der Gedanke folgt der Liebe.

Dies ist der Vorgang des direkten Sehens oder der direkten Beobachtung.

Der Gedanke folgt der Liebe

Die Atmosphäre des direkten Sehens ist Liebe. Sie können aufhören, Ihre Gedanken zu kontrollieren – nicht, indem Sie andere Gedanken anwenden, sondern, indem Sie zur direkten Beobachtung übergehen. Wenn Sie dies vermögen, löst sich die Zeitbarriere auf. Ihre Persönlichkeit, Ihre Geschichte und Ihre Identifikation verblassen, und wenn das geschieht, ist Liebe gegenwärtig.

Der Beobachter könnte also auch Zeuge genannt werden. Wenn Sie versuchen, diesen Beobachter zu finden, werden Sie nichts entdecken, das von Ihrem eigenen Geist getrennt ist. In dem Augenblick, wo Sie versuchen, den Beobachter zu beobachten, entgleitet er Ihnen. Es gibt immer einen Teil Ihres Geistes, der achtsam ist und jeden Gedanken, jede Bewegung registriert.

Was also mag wohl geschehen, wenn der Geist – anstatt zu versuchen, einen Gedanken mit Gedanken zu kontrollieren – zur Rolle des Beobachters überwechselt? Wenn der Geist plötzlich in Berührung mit dem kommt, was nicht nennbar ist und nicht in Anlehnung an die Persönlichkeit strukturiert ist? Denken Sie immer daran, dass der Gedanke der Liebe folgt. Vor dem Gedanken ist also Liebe.

Das ist die wirksamste »Kontrolle«, die Sie haben können, aber es ist nichts, was Sie lernen können. Sie können Liebe nicht üben, sie ist kein Gefühl – Liebe ist ein Seinszustand. In dem Augenblick, wo Sie sich selbst kontrollieren wollen, besser oder anders werden wollen, sind Sie nicht mehr imstande, Liebe zu leben.

Glauben Sie ja nicht, Sie müssten sich selbst akzeptieren – das ist eine Falle. Denn wer strebt dieses Akzeptieren an? Es ist das Denken, das versucht, Sie davon zu überzeugen, dass Sie sich selbst akzeptieren müssen, und dieser Vorgang ist mit Kontrolle verbunden. Gehen Sie nicht in die Falle des sogenannten esoterischen Wegs, der Ihnen empfiehlt »loszulassen«. Wer soll loslassen? Es ist das Denken, das versucht loszulassen; daher ist auch dies ein Vorgang der Kontrolle.

Sobald Sie sehen, dass das Denken das Denken nicht kontrollieren kann, und zur direkten Beobachtung – oder Achtsamkeit – überwechseln, zeigt sich, dass alle Ihre Schwächen, die sogenannten Probleme, lediglich fester Bestandteil des menschlichen Wesens sind. Jeder Mensch ist davon betroffen. Wenn Sie Ihr Problem entpersonalisieren und stattdessen seine Struktur betrachten, werden Sie sehen, dass allem stets die Angst zugrunde liegt. Und der Kontext, der Rahmen, ist Ihre persönliche Situation.

Energie und Aufmerksamkeit

Psychische Ängste und Probleme bewältigt man am besten dadurch, dass man Achtsamkeit und inneren Frieden kultiviert. Achtsamkeit bedeutet, sich Urteilen, Vergleichen und Interpretationen zu enthalten. Innerer Frieden ist das Wissen, dass am Ende alles im Kern *nicht persönlich* und unabhängig von jeder Identifikation ist. Alle Menschen haben Schwächen – sie treten bei manchen Menschen nur stärker zutage als bei anderen, und zwar aufgrund besonderer Ereignisse in ihrem Leben.

Jedes Gefühl und jede Emotion sind mit einer mentalen Struktur verknüpft, die direkt mit der Qualitätsaura in Verbindung steht. Wir benötigen die mentale Struktur, um die Qualitätsaura zu erkennen, damit unser Körper zu einer Art Kanal werden kann. Über die Art der Beziehung, die wir zu unserem Körper haben, wird in unserem Geist entschieden, und alles, was in unserem Geist stattfindet, kann durch Achtsamkeit verwandelt werden.

Gelingt es Ihnen, zunehmend achtsamer zu sein, ohne dabei Worte zu verwenden, so werden Sie feststellen, dass Sie mit Ihrem ganzen Wesen in Beziehung sind. Wenn Sie sich jeglicher Beschreibung enthalten, können langsame Gefühle zutage treten, und sobald Sie eine Beziehung haben zu allem, was da ist, vollzieht sich eine Veränderung der Energie. Je intensiver Ihre Achtsamkeit wird und je mehr Sie das Empfinden haben, Zeit existiere nicht, desto mehr werden Sie in direkter Beziehung und mit allem, was geschieht, sein – und desto mehr werden Sie im Fluss, im *Flow* sein. Mit Hilfe von Beobachtung oder Achtsamkeit werden Sie imstande sein, mit Ihren Stärken und Ihrem Potenzial – beziehungsweise Ihren Qualitäten – zu arbeiten. Nur so gelangen Sie zu einer Perspektive für Ihr Leben, die Ihre Zukunft revolutionieren und Sie zu innerem Frieden und zur Freiheit führen wird.

Zusammenfassung

- Energie folgt dem Gedanken.
- Verändern Sie Ihre Energie durch Achtsamkeit.
- Achtsamkeit bedeutet: beobachten, ohne zu reagieren.
- Die Atmosphäre der Achtsamkeit ist Liebe.

Achtsamkeit und Ihre Qualitäten

Sie haben gesehen, dass Ihre persönliche Geschichte nicht so wichtig ist, wie es den Anschein hat. Und dass es möglich ist, Ihre Denkweise zu ändern. Sie wissen, dass Sie besser mit Ihren Stärken arbeiten sollten, anstatt sich auf Ihre Schwächen zu konzentrieren. Dazu müssen Sie lernen, die Achtsamkeit auf Ihr wahres Bewusstsein, Ihre Stärken – oder Qualitäten – zu richten.

Achtsamkeit ist das Wesen des Bewusstseins. Was bedeutet das? Ein Säugling beispielsweise ist sich seiner selbst vollkommen bewusst. Er denkt nicht: »Ich begreife dies und das über mich selbst, ich kenne mich selbst.« Bewusstsein ist nicht Denken. Was also ist Achtsamkeit? In diesem fantastischen Geist-Körper-System, das Sie sind, sind Achtsamkeit, Bewusstsein und Denken allesamt miteinander verbunden.

Gewahrsein bedeutet, dass Sie, wenn Sie denken, gleichzeitig gewahr sind, dass Sie dies tun. Es ist, als seien Sie Zeuge dessen, was in Ihrem denkenden Geist geschieht. Das ist möglich, weil wir alle mit einer Seele, mit Seelenenergie und spirituellem Bewusstsein geboren sind – dem Bewusstsein, das Ihrer Persönlichkeit Leben gibt. Dieses Bewusstsein ist gleichfalls bekannt als Energiekörper. Er befähigt uns, der Dinge gewahr zu sein. Ihre Qualitäten, Ihre Stärken und Ihr Potenzial sind direkt mit Ihrer Fähigkeit verbunden, achtsam zu sein. Und diese Fähigkeit ist es, die Ihnen eine Perspektive für Ihr Leben gibt und Sie dazu bringt, sich auf die Zukunft hin auszurichten.

Wenn Sie denken, entstehen Ihre Gedanken im Bewusstsein. Bewusstsein ist die Qualitätsseite Ihres Wesens. Hier, im Bewusstsein, leben Ihre Qualitäten und warten darauf, dass Sie mit ihnen Verbindung aufnehmen. Wenn Sie beispielsweise Glück erfahren, dann ist dies ein Seinszustand, in dem Ihre Qualitäten in Ihren Geist und Ihren Körper hineinscheinen und dadurch spürbar werden. Indem Sie also anders denken und Ihre Energie in eine andere Richtung lenken, können Sie sich »umorientieren«, hin zu Ihren Qualitäten, und das wird sich dann in zunehmender Achtsamkeit manifestieren.

Es ist wichtig, dass Sie die richtigen Fragen stellen, um eine Perspektive im Leben zu haben. Dafür ist es hilfreich, die Frage »warum« zu vermeiden. Die Frage »warum« kann Ihnen weiterhelfen, wenn Sie Antworten für praktische Belange haben wollen, aber auf Ihre Zukunft bezogen führt diese Frage Sie in die Vergangenheit und verbaut Ihnen eher neue Möglichkeiten, als dass sie Ihnen welche eröffnet.

Wenn Sie wirklich Probleme lösen wollen, dann sollten Sie es tun, indem Sie in sich lauschen und eine Beziehung zu Ihren Qualitäten herstellen. Dieses Zuhören und Beobachten wird Sie mit Ihrer Qualitätsaura in Verbindung bringen. Und mit der Zeit wird Ihnen klar werden, dass die Zukunft durch die Vergangenheit geschaffen wird, weil der Umfang, in dem Sie mit ihren Qualitäten in Berührung sind, jetzt einen Einfluss darauf hat, wie sich Ihre Vergangenheit darlegt.

Ihre Zukunft ist voller neuer Anfänge. Sie können jeder Erfahrung positive Seiten abgewinnen und immer wieder neugierig sein auf Neues. Auf diese Weise übernehmen Sie Verantwortung für Ihr Leben und Ihre Beziehungen. Wenn Sie in Kontakt mit Ihren Qualitäten sind, stellt sich Glück von ganz alleine ein.

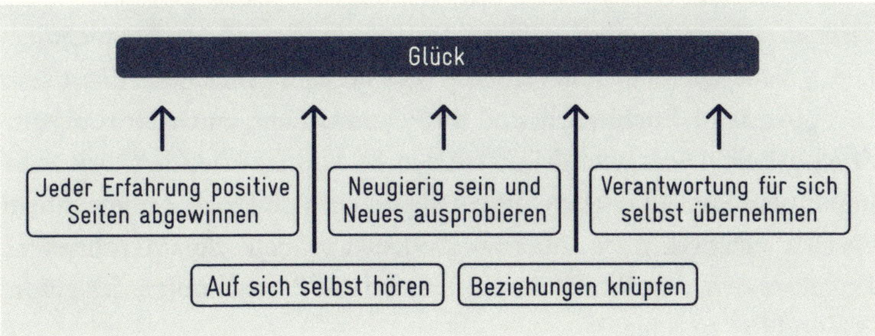

Ihr wahres Bewusstsein

Das Erste, was entsteht, wenn Sie geboren werden, ist eine Energie – die Atmosphäre der Seele, Ihr wahres Bewusstsein bzw. Ihre Qualitätsaura. Sie ist voll von Ihrer ureigenen Natur aus Unschuld, Schönheit und Liebe.

Die Energie der Qualitätsaura muss sich an die materielle Welt – oder Schwerkraft – anpassen, die wie ein schwarzes Loch wirkt, insofern es unser wahres Wesen betrifft.

Der Teil von Ihnen, der Ihre Qualitäten – oder Ihr Potenzial – ausmacht, muss mit Ihnen als Form oder mit Ihrem Körper, Ihren Eltern, der Gesellschaft und den Situationen, in denen Sie sich befinden, interagieren. Kein Wunder, dass Sie manchmal das Gefühl haben, Ihr Potenzial sei verschwunden und es sei nur noch das übrig, was Probleme zu sein scheinen. Im Grunde sind dies jedoch Ihre verschleierten Qualitäten. Sie müssen nicht das Geringste ändern, Sie müssen nur zu dem, was da ist, auf andere Weise in Beziehung treten.

Egal, was Sie tun – Sie können Ihrem Potenzial gar nicht entgehen. Wenn Sie mit Hilfe von Achtsamkeit in Berührung mit Ihrer Qualitätsaura kommen – die Sie sich als »spirituellen« Teil Ihrer selbst vorstellen können –, so durchdringt diese Ihr ganzes Energiesystem: geistig, emotional, körperlich. Wie Sie diese in Ihrem Alltag zum Ausdruck bringen, hängt von Ihrer Motivation ab.

Erkenne dich selbst

Als Sie geboren wurden, waren Sie Bewusstsein. Vor dem Denken ist Bewusstsein, das niemals vom Gewahrsein getrennt ist. Sie lernten zu denken, als Sie eine Sprache lernten. Sich selbst (er-)kennen ist eine Art Nebenprodukt des Gewahrseins. Mit Gewahrsein sind Sie gewahr, dass Sie denken, während dies geschieht. Mit Gewahrsein müssen Sie nicht lernen, welche Qualitäten Sie haben – sie sind ganz einfach da. Es ist kein Lernprozess zu durchlaufen, und Ihr Potenzial kann entweder zum Ausdruck gebracht oder unterdrückt werden. Sie können Frieden, Glück, Stille und innere Freiheit erleben, indem Sie sich in Achtsamkeit üben, indem Sie sich selbst erkennen. Aber was bedeutet es, sich selbst zu erkennen? Könnte es sein, dass Ihre Meinung über sich Sie daran hindert, sich glücklich und frei zu fühlen?

Sollten Sie Gefühle des Unbehagens, der Langeweile und der Angst haben, wenn Sie beginnen, sich in Achtsamkeit zu üben, ist dies völlig normal. Wenn Sie ein wenig Frieden und Stille erleben – was bedeutet, dass nichts Bestimmtes zu passieren scheint –, so entspannt sich der Geist nicht sofort. Unser Geist benötigt Handlung, um uns das trügerische Gefühl zu verleihen, wach und lebendig zu sein, und da Körper und Geist nicht voneinander getrennt sind, wird als Nächstes die Adrenalinproduktion im Körper angeregt.

Ja, der Geist ist adrenalinsüchtig, woraus folgt, dass wir, psychologisch betrachtet, süchtig nach Angst sind. Vielleicht behaupten Sie jetzt, Sie würden einen Zustand des Friedens und der inneren Freiheit anstreben; aber wenn keine Angst vorhanden ist, werden die meisten Menschen ein wenig unruhig.

Selbst wenn wir keine Sorgen mehr haben und einfach in Stille verharren können, fährt der Geist fort aufzubegehren, weil er meint, etwas stimme nicht.

Wenn Sie sich wirklich frei fühlen wollen, dann müssen Sie sich vergegenwärtigen, wie stark Ihre Sucht nach Adrenalin ist. Physiologisch betrachtet, haben wir eine natürliche Angst, die unser Überleben und die Befriedigung unserer Grundbedürfnisse von Nahrung und einem Dach über dem Kopf betrifft. Im psychospirituellen Sinne gibt es drei Typen der Angst, die sich auf Gewohnheit und Sucht beziehen: die Angst, von anderen nicht geliebt und akzeptiert zu werden, die Angst vor den eigenen Gefühlen und die Angst vor dem Tod. Wie die meisten Menschen werden Sie vermutlich versuchen, diese Ängste zu bewältigen, indem Sie sich unablässig mit etwas beschäftigen.

Es gibt viele Arten, sich zu beschäftigen – beispielsweise, nach Vorstellungen (Bildern) süchtig zu sein, wie man sich selbst, die anderen und die Welt sieht. Es passiert leicht, dass man sich an Ideen und Überzeugungen bindet, die einem ein Gefühl von Sicherheit verleihen. Wenn Sie sich jedoch an eine feste Vorstellung klammern, wie die Dinge sein sollten, dann kostet Sie das Energie und Adrenalin. Und Sie müssen kämpfen, um diese Ideen und Bilder aufrechtzuerhalten, um sie gegen ein anderes System oder eine andere Sichtweise zu verteidigen. Wollen Sie ein Gefühl der persönlichen Sicherheit, so verträgt sich das nur schlecht mit dem Weg des Gewahrseins.

Freiheit von Ideen

Freiheit stellt sich ein, wenn Sie auf der psychospirituellen Ebene keine Ideen oder Vorstellungen darüber hegen, wie die Dinge sein sollten, wie Sie sich verhalten sollten. Das Ziel sollte vielmehr darin bestehen, einfach zu beobachten und nicht an der Idee festzuhalten, dass es etwas gibt, das als Sie selbst identifizierbar ist. Sie müssen aufhören, sich an das zu klammern, was bekannt und fix ist. Freiheit stellt sich dann ein, wenn keinerlei Gefühl der Sicherheit mehr besteht, weil Sicherheit im Grunde das Bewusstsein hemmt.

Denn es gibt nichts, was geändert werden sollte. Sie müssen lediglich alles wahrnehmen, ohne zu urteilen. Ändern Sie sich selbst, und *nichts* wird sich ändern – nur der Inhalt wird anders sein. Sie werden noch immer das Gefühl haben, Sie müssten etwas verteidigen; doch das erzeugt nur eine Trennung zwischen Ihrer Auffassung davon, was »gut« und »schlecht« an Ihnen ist. Je mehr Sie sich selbst und das, was Sie nicht an sich selbst mögen, analysieren, desto mehr Konflikt und Verwirrung entsteht zwischen dem Teil Ihrer selbst, der Zeuge ist, und dem Teil, der darüber urteilt, wie gut Sie bestimmte Dinge tun. Vielleicht empfinden Sie sich selbst gegenüber Gefühle der Schuld – was Sie von Ihrem Potenzial und anderen Menschen trennt, die es besser zu machen scheinen als Sie.

Wenn Sie fortfahren, auf diesen Prozess zu reagieren, geraten Sie leicht in eine Spirale der Selbstanklage. Diese bringt Sie zu der Überzeugung, Sie hätten durch Ihre persönliche Geschichte einen großen Schaden erlitten; und das wird Ihre Gefühle der Isolation und der Angst intensivieren. Die »Gitter« Ihres »Gefängnisses« werden stärker, nicht lockerer.

Vergessen Sie nicht, dass es keine Schwäche gibt, die nicht mit einer Qualität verbunden wäre. Alle Schwächen sind ein Ausdruck des Menschseins, sie sind unpersönlich; daher brauchen Sie nichts auf Ihre Vergangenheit zurückführen. Die Frage, die Sie stellen müssen, lautet vielmehr: »Was für Prozesse sind das?« und nicht: »Was ist der Grund dafür?«

Wenn Sie weiterhin glauben, dass das, was geschieht, durch irgendetwas oder irgendjemanden verursacht wurde, verharren Sie im Ursache-und-Wirkung-Muster. Stattdessen können Sie sich nach und nach von der Vergangenheit lösen und damit auch von all den Erfahrungen, Forderungen und Hoffnungen befreien. Sie können frei von Ihrer Überzeugung werden, dass Sie sich fortwährend identifizieren und rechtfertigen müssen. Sie können frei von Konflikten werden.

Wege, wie Sie sich selbst befreien können

Frei zu sein bedeutet nicht, dass Sie sich von Ihrem Ego trennen oder einen Teil Ihrer selbst loslassen müssen. Vielmehr geht es darum, dass Sie sich so sein lassen, wie Sie sind, und sich selbst helfen. Das können Sie auf verschiedene Arten tun.

Die erste besteht darin, an sich selbst zu beobachten, wie Sie auf Menschen und auf Situationen, in denen Sie sich befinden, reagieren. Stellen Sie fest, wie Sie die Dinge, die geschehen, aufnehmen. Sind Sie beispielsweise wütend auf etwas, dann sollten Sie, statt Ihre Wut auf jemand anderen zu projizieren, lieber direkt beobachten, wenn Wut entsteht. Betrachten Sie den Vorgang, während er im Werden ist, und wenn Sie ganz und gar eins mit der Wut sind, wird sie sich auflösen. Wohin geht sie? Sie geht nur dahin zurück, woher sie kam, und sie kam aus der Angst. Mit diesem Verhalten kultivieren Sie eine innere Haltung der Verantwortlichkeit.

Sie können sich selbst helfen, indem Sie sich klar machen, wie Sie verstehen, was sich zuträgt. Das ist kein Verstehen durch Analysieren, dadurch, dass Sie etwas in Teile zerlegen und zu einer logischen Ursache-und-Wirkung-Erklärung gelangen. Etwas in diesem Sinne zu verstehen, ist ein gefühlsmäßiger, kein intellektueller Prozess. Sagen wir beispielsweise, Sie üben sich in Achtsamkeit und beginnen, auf Ihre eigene Energie der Liebe und des Mitgefühls zu reagieren. Sie erkennen, dass Ihr Herz bereit ist, auf andere zu reagieren; und daher beginnen Sie zu ergründen, wie Sie diese Energie im Alltag zum Ausdruck bringen und Ihre Herzenergie in das, was Sie tun, einbringen können.

Können Sie sehen, dass das etwas ganz anderes ist, als über Chakren zu lesen und zu denken, Sie müssten sich entwickeln und lernen, wie Sie Ihr Herzchakra öffnen können? Sie haben verstanden, indem Sie einfach beobachteten, hinschauten und fühlten – nicht aufgrund der Ideen oder des Wissens anderer Menschen.

Durch diese Erfahrung werden Sie Vertrauen in sich selbst und in alles bekommen, womit Sie in Beziehung stehen: Durch Verantwortlichkeit verstehen Sie mehr, durch Verstehen entwickeln Sie mehr Vertrauen, und durch Vertrauen haben Sie mehr Verantwortlichkeit.

Verantwortlichkeit, Verstehen und Vertrauen bedingen sich gegenseitig. Wenn sie zusammenwirken, werden Sie sich offener für andere und für die Außenwelt fühlen. Sie werden sehen, dass innere Freiheit und Liebe unserer natürlichen Seinsweise entsprechen.

Zusammenfassung

- Durch Achtsamkeit können Sie in Kontakt mit Ihren Qualitäten kommen.
- Achtsamkeit, Bewusstsein und Ihre Qualitäten sind immer präsent.
- Befreien Sie sich von Ihren Vorstellungen, Ideen, Ihrer Geschichte und Ihren Ansichten.
- Durch Vertrauen und Verstehen sind Sie besser in der Lage zu reagieren.

Bewusstsein

Das Wunder des Lebens ist Bewusstsein. Bewusstsein kann nicht im Gehirn gefunden werden. Das Gehirn ist eine elektrochemische Maschine. Sein Zweck ist es, Sie zu befähigen, durch die Sinne – das heißt durch Hören, Sehen, Berühren, Sprechen und Riechen – Beziehungen herzustellen. Wenn Sie beispielsweise etwas sehen, spielt sich Folgendes ab: Energie geht durch Ihre Augen und den Sehnerv ins Sehzentrum Ihres Gehirns. Diese elektrochemische Entladung verbindet sich mit anderen Sinneszentren. Wenn diese Prozesse zusammenwirken, so vermitteln Sie Ihnen die Eindrücke, ja sogar die konkrete Möglichkeit – durch die Sprache –, das zu beschreiben, was Sie sehen.

Stellen Sie sich den Sehvorgang vor, in dem ein Nervenreiz ausgelöst wird, der dann durch eine elektrochemische Ladung zum Zentrum des Gehirns gelangt und dann auf andere, hier gelegene Zentren verteilt wird. Dieser perfekte Vorgang ermöglicht es Ihnen zu funktionieren, aber er ist an sich nicht Bewusstsein. Das Wunder ist, dass dieser Vorgang Ihnen ermöglicht, eine Beziehung zum Bewusstsein herzustellen.

Sie können Berühren, Sehen und Hören nicht deshalb wahrnehmen, weil diese Prozesse in Ihrem Gehirn geschehen. Wahrnehmung ist ein Ergebnis des Bewusstseins. Seit Jahrtausenden haben Philosophen, Psychologen, Wissenschaftler und Neurologen versucht, das Bewusstsein zu finden. Sie suchen an der falschen Stelle danach.

Bewusstsein wird niemals im Körper gefunden werden. Das Wunder ist, dass Bewusstsein unabhängig vom Körper ist. Es funktioniert wie ein Spiegel. Eine elektrochemische Entladung hat die Wirkung, Licht zu erzeugen. Stellen Sie sich vor, wie dieses Licht auf einen Spiegel projiziert wird: Dieser Spiegel ist Bewusstsein.

Der Spiegel des Bewusstseins kann niemals zerstört werden. Selbst wenn weniger Licht auf den Spiegel des Bewusstseins projiziert wird, ist ein Teil von ihm noch immer bewusst. Stellen Sie sich vor: Sie sind sich bewusst, dass Sie im Zustand des Unbewussten sind, beispielsweise wenn Sie schlafen. Im Schlaf verlangsamt sich der Vorgang, in dem Licht auf den Spiegel projiziert wird. Also kann ich sagen, ich habe geschlafen. Ich war mir meiner nicht bewusst, aber mir war bewusst, dass ich schlief.

Alles ist Bewusstsein. Außerhalb des Bewusstseins existiert nichts. Wenn Sie jemanden ansehen oder berühren, wenn Sie über etwas nachdenken, dann würde dieses Licht ohne diese Energieentladung nicht auf den Spiegel projiziert werden. Sie wären sich Ihrer Gedanken nicht bewusst. Sie wären sich der Eindrücke und Empfindungen des Berührens, Hörens und Sehens nicht bewusst. Ohne Bewusstsein können Sie zwar alles ansehen, aber es existiert dann nicht wirklich. Also ist das Licht, das Sie projizieren, nicht Bewusstsein. Das Licht ist die Bewegung, die Projektion auf den Spiegel, auf das Bewusstsein.

Leben geschieht aufgrund des Bewusstseins. Sämtliche philosophischen Behauptungen wie »Alles, was man sieht, wird im Gehirn erzeugt« und »Wenn man einen Baum nicht anschaut, existiert er auch nicht« sind Unsinn. Der Baum mag da sein, aber wenn Sie kein Bewusstsein haben, werden Sie ihn nicht wahrnehmen. In diesem Sinne ist der Baum nicht da. Ohne Wahrnehmung würden Sie ihn nicht sehen. Also ist alles Bewusstsein.

Je mehr Vitalität und Energie Sie haben, desto mehr Licht wird auf den Spiegel projiziert. Mit Vitalität meine ich nicht »gesünder sein« – es gibt ein großes Missverständnis, was das Verhältnis zwischen Gesundheit und Energiestruktur betrifft. Je mehr Licht auf den Spiegel projiziert wird, desto mehr Bewusstsein existiert. In der Bibel steht: »Es werde Licht« – was bedeutet: Es werde Anfang, es werde Beginn des Bewusstseins.

Der Zweck des Gehirns besteht darin, durch die Sinne Beziehungen herzustellen. Dadurch wird mehr Oxytocin erzeugt – das Liebeshormon in Ihrem Gehirn (neben dem Serotonin und dem Dopamin). Dann haben Sie plötzlich das Empfinden, es gäbe mehr Licht. Auch Ihr Körper fühlt sich mit einem Mal leichter an, er ist mit mehr Licht erfüllt und weniger der Schwerkraft ausgesetzt. Wenn Sie Ihre Sinne nutzen, um sich nach außen hin zu bewegen, nimmt das Licht zu.

Wenn Sie beispielsweise Ihre Augen zum Einsatz bringen, so erzeugt dies durch das Sehzentrum im hinteren Teil des Gehirns eine elektrochemische Entladung. Dies wiederum erzeugt Licht, und je mehr Licht entsteht, desto mehr kann auf den Spiegel projiziert werden. Wie viel Bewusstsein vorhanden ist, entscheiden Sie selbst, und zwar dadurch, wie viel Licht Sie produzieren. Und Licht wird nur produziert, indem Sie Beziehungen herstellen. Weniger »in Beziehung sein« bedeutet, dass weniger Licht auf den Spiegel des Bewusstseins projiziert wird.

Es steht in Ihrer Verantwortung, wie viel Licht in Ihrem Körper produziert wird. Niemand hält Sie davon ab, fortwährend diese Kraft, dieses Licht zu reproduzieren. Wenn Sie gegen jemanden eingestellt sind – was bedeutet, dass Sie sich von diesem Menschen wegbewegen –, wird weniger Licht erzeugt. Je mehr Sie sich auf diesen Menschen zubewegen – selbst wenn Sie Probleme mit ihm haben –, desto mehr Bewusstsein wird vorhanden sein.

Das heißt: Wenn Sie sich jemandem oder einer Sache widersetzen, verletzen Sie Ihr eigenes Bewusstsein. Den anderen Menschen verletzen Sie nicht wirklich. Der andere kann weggehen und andere Menschen finden, die sich für ihn interessieren; aber Sie mindern Ihr eigenes Licht, Ihre eigene Liebe.

Es gibt nicht »einen Spiegel für Sie« und »einen Spiegel für einen anderen«. Das Licht von mir, von Ihnen, vom anderen wird immer auf denselben Spiegel projiziert. Bewusstsein hat absolut keine Individualität, keine persönliche Eigenart. Ihr Bewusstsein von einer Sache wird sich nicht von dem eines anderen Menschen unterscheiden. Die Beschreibung dieser Sache mag unterschiedlich sein. Sie werden in einem bestimmten Zustand sein – beispielsweise projizieren Sie das Licht in der tiefen Meditation auf den Spiegel und beschreiben es danach. Aber das sind lediglich Beschreibungen, die Bewusstsein – Ihren persönlichen Überzeugungen zufolge – in eine Form bringen. Gott, Jesus, Allah, Buddha, Krishna – das sind alles Beschreibungen für dasselbe. Wenn Sie einen Menschen ansehen, können Sie Bewusstsein auf die Sprache begrenzen und sagen: Er hat weiße Haare oder er hat keine Haare. Aber ein Mensch ist ein Mensch – unabhängig von seinen Haaren. Es gibt keine individuelle Seele, kein individuelles Selbst, das immer wieder aufs Neue Fleisch wird.

Von einer anderen Perspektive aus betrachtet, ist das Einzige, das inkarnieren kann – aber dann ist es keine Inkarnation –, etwas, das nicht kommt und wieder geht, etwas, das nicht an Bedingungen gebunden ist. Alles, was geboren wird und stirbt, ist nicht die Wahrheit.

Der Spiegel stirbt nie und spiegelt nicht schlecht oder gut wider. Es gibt kein gut oder schlecht. Dem Geist fällt es schwer, dies zu begreifen. Aber von der Perspektive des Lichts aus betrachtet, das auf den Spiegel projiziert wird, sagt das Bewusstsein nicht: Dies ist eine Aggression. Es ist sich nur der Energie der Aggression bewusst, die anders als Trauer, anders als Liebe ist.

Das Bewusstsein sieht all das als Energie. Denken Sie daran, dass Aggression Angst ist, dass Angst Trauer ist, dass Trauer die Bewegung der Stille ist – die neutrale Bewegung der Energie.

Ein weiteres Wunder des Bewusstseins besteht darin, dass der Spiegel Ihre reduzierte Wahrnehmung der Erinnerung-Beschreibung-Sprache nicht spiegelt – er spiegelt lediglich die Bewegung der Energie. Der Spiegel stirbt nie und wird nie geboren, daher kann Bewusstsein nicht wiedergeboren werden. Von der Perspektive der Evolution aus betrachtet, ist das Einzige, das fortwährend wiedergeboren wird, eine körperliche Form, die imstande ist, Licht zu erzeugen. Auch Bäume haben ein Bewusstsein ohne Beschreibung, da die Blätter Licht produzieren, das als Aura gesehen werden kann. Jede lebende Entität – vom kleinsten Molekül bis hin zum menschlichen Wesen, das Licht produziert – besitzt Bewusstsein. Wahrscheinlich sind Menschen weniger erleuchtet als Bäume und Blumen, die der Sprache nicht mächtig sind.

Alle Menschen haben genau dieselbe Anlage für eine potenzielle Lichterzeugung. Ihr Körper ist ein Lichtdynamo. Ihr Körper ist nicht zum Vergnügen hier, nicht, um Sie zu verteidigen, nicht, um so lange wie möglich zu leben. Was für einen Sinn hat es, hundert Jahre alt werden, indem wir Tabletten schlucken und nur Speisen essen, die, unserer Meinung nach, keine negative Energie haben? Das Licht wird nicht produziert, indem wir gesünder werden – Gesundheit an sich erzeugt noch kein Licht. Es gibt einen klaren Unterschied zwischen Gesundheit und dem Erzeugen von Licht beziehungsweise dem Herstellen von Beziehungen.

Sie brauchen gesunde Nahrung und einen gesunden Körper, um Licht zu erzeugen, um sich auf andere Menschen zuzubewegen. Aber wenn Sie Ihr Gehirn nicht einsetzen, um Beziehungen herzustellen, können Sie so gesund sein, wie Sie wollen – es wird kein Licht geben. Sie können sehr gesunde Menschen finden, die keinerlei Bewusstsein haben.

Besteht unser Ziel und Zweck im Leben darin, gesund zu sein, damit wir so alt wie möglich werden? Das wäre so, als wolle ein Apfel so lange wie möglich am Baum hängen bleiben. Das kann nicht der Sinn des Lebens sein. Das Wunder des Lebens ist Bewusstsein, und daher kann der Sinn des Lebens nur darin bestehen, Körper und Gehirn zu nutzen, um Licht zu erzeugen – um das Licht zu projizieren und den Spiegel voller Licht, das heißt voller Bewusstsein zu haben.

Was geschieht, wenn dieser Spiegel nicht Ihrer ist, auf den Sie Licht projizieren? In diesem Fall kommt das Licht zurück. Durch Ihr Bewusstsein erhöhen Sie das Bewusstsein aller Menschen. Je mehr Licht auf diesen Spiegel projiziert wird, desto mehr Bewusstsein entsteht. Jede Zunahme des Bewusstseins in Ihnen hat immer auch eine Auswirkung auf die ganze Welt, weil es eben nicht nur Ihr Bewusstsein ist. Viele Menschen glauben heutzutage, sie seien spirituell fortgeschrittener als andere. Sie verstehen nichts von Energie, von Bewusstsein. Das ist dann nur ein Machtspiel auf der spirituellen Ebene. Jedes winzige Licht, das auf den Spiegel projiziert wird, hat einen tiefgehenden Einfluss auf das Ganze. Gut möglich, dass Sie dafür niemals belohnt werden. Vielleicht sehen Sie nicht einmal, dass es geschieht. Aber Sie sind nicht hier, um Licht zu erzeugen, für das Sie dann belohnt werden! Sie sind hier, um Licht zu erzeugen, um bewusst zu sein.

Besonders schwer zu verstehen ist, dass, was das Bewusstsein betrifft, kein Prinzip von Ursache und Wirkung existiert. Auf der individuellen Ebene hat alles, was Sie tun, eine Folge – also Ursache und Wirkung. Aber jedes winzige Licht, das Sie auf den Spiegel projizieren, wird zurückgeworfen und hilft daher allen Menschen. Und der Spiegel ist immer voller Licht. Deshalb gibt es hier nicht Ursache und Wirkung.

Es gibt ein weiteres Wunder in diesem Wunder des Bewusstseins: Sie sind immer offen, liebevoll und voller Potenzial. Wenn Sie das Gefühl haben, dass Sie sich Ihres Potenzials nicht bewusst sind, dann, weil Sie nicht genug Licht produzieren. Sie können niemals mehr fühlen als das, was bereits da ist. Der Spiegel ist jetzt schon voller Licht. Warum können Sie als Kind so sehr für Ihre Mutter oder für Ihren Vater leiden? Weil alles bereits da ist. Sie können lernen, wie man Auto fährt, wie man spricht, wie man logisch ist, Sie können verschiedene Sprachen lernen, aber Sie können nicht lernen, was Sie bereits sind. Alles, was Sie tun können, ist, künftig mehr Licht zu produzieren; aber Sie brauchen nicht erst zu lernen, wie man das tut – es geschieht ganz natürlich.

Immer wenn Sie nach außen gehen, beispielsweise, wenn Sie ein Fußballspiel oder ein Tennisspiel anschauen gehen, immer dann, wenn Sie ein Konzert oder eine Theatervorstellung besuchen, intensiviert Ihr Körper das Licht, das auf den Spiegel projiziert werden kann. Wenn Sie müde sind, bedeutet dies, dass Ihr Licht reduziert ist, dass Ihr elektrochemischer Input sich verlangsamt.

Mein Sohn Fabian kommt manchmal von der Schule nach Hause und sagt: »Ich muss mich entspannen.« Dann setzt er sich vor den Fernseher, und man kann buchstäblich sehen, wie seine Aura wieder heller wird, einfach weil er sich bewegt und eine Beziehung zu einer äußeren Quelle herstellt. Der Zweck seines Gehirns hat sich erfüllt. Daher gibt es mehr Licht. Ihr Herz, das, »was Sie sind«, was Ihr ureigenes Wesen ausmacht, ist immer da. Der Spiegel ist immer voller Licht.

Hier haben wir nun ein anderes Problem. Am stärksten reduzieren Sie Bewusstsein, am stärksten drosseln Sie die Erzeugung des Lichts – das dann auf den Spiegel projiziert werden kann –, dadurch, dass Sie sich selbst verbergen. Ihre Fähigkeit, die Schönheit der Welt zu sehen, hängt vom Tageslicht ab; in der Dunkelheit sieht man weniger gut. Die moderne Biologie beweist, dass Ihr Gehirn ohne Sonnenlicht nicht funktioniert. Müssten Sie im Dunkeln leben, würden Sie krank, Ihr ganzes System würde zusammenbrechen, und Sie würden sterben.

Sich verbergen bedeutet, in der Dunkelheit leben – da, wo kein Licht ist. Wie können Sie Bewusstsein haben, wie kann Ihr Licht auf den Spiegel projiziert werden, wenn Sie – vielleicht wegen eines anderen Menschen – Ihr eigenes Licht verringern? Warum verbergen Sie sich? Was wollen Sie verbergen? Keine Diskussion darüber, warum das so ist, wird helfen, sondern wir müssen uns das »Wie« genau ansehen.

Angenommen, Sie haben ein Fahrrad mit einer Lampe, in der eine Dreißig-Watt-Birne steckt. Ein anderer hat ein Fahrrad, das nicht nur vorne, sondern auch hinten Lampen hat, und die Glühbirnen, die darin sind, haben hundert Watt; sie sind also viel stärker. Ihre normale Reaktion sollte nun darin bestehen, dass Sie dankbar dafür sind, jemanden mit mehr Licht zu finden, der Ihnen helfen kann; stattdessen vergleichen Sie sich mit den anderen, und aus dieser Reaktion entsteht der Drang, sich zu verstecken.

Wir verbergen uns, weil wir meinen, andere Menschen sollten uns anders sehen, als wir tatsächlich sind. Ist es wichtig, was andere Menschen von Ihnen denken? Ist es wichtig, wie andere auf Sie reagieren? Oder ist es wichtig, wie viel Bewusstsein Sie haben? Denn wenn Sie viel Bewusstsein haben, ist es Ihnen vollkommen egal, wie andere auf Sie reagieren. Wenn Sie weniger Bewusstsein haben, dann spielt es keine Rolle. Letzten Endes ist es ohne Belang, was jemand anderes über Sie denkt. Wichtig ist einzig und allein, dass Sie das Licht erzeugen, das auf den Spiegel projiziert werden kann.

Wenn jemand Sie mag, dann erzeugt das nicht Bewusstsein. Nicht die Liebe, die Sie bekommen, steigert Ihr Energiesystem, sondern die Liebe, die Sie teilen! Wenn der andere Mensch Sie liebt, ist es natürlich leichter für Sie, sich nicht zu verbergen, wodurch Sie mehr von Ihrem Potenzial einbringen können. Aber darum geht es nicht.

Sie können nur dann Erfüllung finden, wenn Ihr eigenes Licht projiziert wird. Schauen Sie sich irgendeine Religion an – hat sie die Welt besser gemacht? Wäre die Religion eine Medizin, würde sie verboten, weil die Nebenwirkungen stärker sind als ihr Nutzen. Sie hat überhaupt nicht geholfen. Nichtsdestotrotz glaubt jeder an irgendetwas.

Nehmen wir an, Sie glauben aus tiefstem Herzen an Gott. Hat das zur Folge gehabt, dass Gott mehr Licht auf Sie scheinen lässt? Nein. Weil Sie nur durch Ihr eigenes Licht Bewusstsein erzeugen können. Gott hat Ihnen die Fähigkeit gegeben, durch Ihren Körper Ihr eigenes Licht zu erzeugen. Sie können an Gott glauben, so viel Sie wollen – es wird deswegen nicht mehr Licht geben. Nur wenn Sie sich nach außen bewegen – nicht durch Gott, sondern durch Menschen –, werden Sie Licht haben und die Möglichkeit, es auf den Spiegel zu projizieren. Und dann haben Sie Bewusstsein.

Bewusstsein ist nicht Zeit. Bewusstsein kann nur Zeit wahrnehmen. Es gibt keine gegenwärtige Zeit. Wenn es eine Vergangenheit gibt – die ganz und gar in den Bereich des Geistes gehört –, wenn es eine Zukunft gibt – die ganz und gar eine Projektion der Erinnerung auf etwas ist, das sich vor Ihnen befindet –, dann gibt es offensichtlich auch keine Gegenwart. Zeit ist Zeit. Und wenn es keine gegenwärtige Zeit gibt, dann gibt es nichts, das Sie als »momentanes Geschehen« bezeichnen und beschreiben können. Sie können lediglich Bewusstsein beschreiben. Immer wenn Sie ein Gefühl von Zeit haben, bedeutet das, dass Sie nicht wirklich Bewusstsein sind – Sie sind sich der Zeit bewusst, aber Sie sind nicht wirklich Bewusstsein. Noch einmal, das Prinzip von Ursache und Wirkung funktioniert hier nicht, weil Sie in der Vergangenheit oder in der Zukunft oder in der Gegenwart immer Ursache und Wirkung haben. Und auf der Ebene des Bewusstseins gibt es nicht Ursache und Wirkung, nur Bewusstsein. Manchmal erleben Sie einen kurzen Augenblick lang nichts – Stille oder Bewusstsein.

Solange es einen Körper-Geist gibt, werden Sie jedoch immer in Beziehung sein; das bedeutet eine Bewegung, die vor und zurück erfolgt, nicht nur zwischen Menschen in der äußeren Welt, sondern auch zwischen Stille und Ihrer Zeit. Der Körper ist Zeit, er wird geboren und er stirbt. Sie können sogar beobachten, wie er älter wird. Ihre Körper-Zeit ist da, um Licht zu erzeugen. Daher können Sie nicht fortwährend in der Stille sein. Es ist eine Beziehung, eine Vorwärts- und Rückwärtsbewegung. Aber jedes Mal, wo Sie einen Moment vollkommener Besinnung, vollkommenen Bewusstseins haben, sollten Sie beobachten, was Stille ist – es ist die Abwesenheit des Bewusstseins, dass Sie sich einer Sache bewusst sind: Es ist einfach Bewusstsein. Immer wenn das geschieht, sind Sie innerlich ein wenig gewachsen. Wenn einzig Bewusstsein da ist, ist da ein winziges »Gebilde« von Ihnen, das nicht verloren gehen kann. Sich eines

Menschen, sich einer Idee bewusst zu sein – das kann verloren gehen, wenn Sie es nicht in Ihr Gedächtnis einbringen. Aber die Augenblicke, wo nur pures Bewusstsein da ist – das ist Ihr wirklicher Zustand.

Wenn alles Bewusstsein ist, das von Ihrem Licht auf den Spiegel reflektiert wird, dann sind Sie, wenn Sie sich einer reinen Quelle oder einer Präsenz bewusst sind, natürlich noch nicht Bewusstsein. Und wenn Sie in tiefe Meditation gehen und mit einem Mal von einem Gefühl überströmender Energie erfasst werden, dann wird diese Energie nicht von Ursache und Wirkung erzeugt. Es ist nur so, dass Sie Ihr Licht, das natürlicherweise da ist, nicht begrenzt haben – daher sind Sie selbst die Quelle, die Präsenz. Es gibt keine äußere Quelle oder Präsenz. Sie selbst sind das Potenzial.

Das Wort »Wahrheit« bedeutet im Grunde »Wurzel«. Die Wurzel ist immer dieselbe. Nichts Neues kann geschaffen werden, daher können Sie sich nicht ändern. Sie können nur mehr Licht oder weniger Licht sein. Sie können nur den Körper nutzen, um Licht zu erzeugen oder auch für andere Dinge.

Nichts kann sich ändern, alles ist schon da. Das einzige Mantra lautet: Nutze deinen Körper, um Licht zu erzeugen, das dann auf den Spiegel projiziert wird. Du brauchst nicht auf den Spiegel zu projizieren, das geschieht von allein. Und der Einsatz des Körpers, des Gehirns, um Licht zu erzeugen, bedeutet einfach, sich nicht zu verbergen, sondern sich in die Außenwelt hineinzubegeben. Jeder, der sein eigenes Licht produziert, ist erfüllendes Bewusstsein.

Was sonst wollen Sie in diesem Leben tun? Sich über Politik oder Religion streiten oder darüber, ob dieses Buch besser ist als jenes? All das erzeugt Dunkelheit. Etwas *sein* wollen führt zwangsläufig dazu, dass Sie sich verbergen, weil es immer jemanden gibt, der im Vergleich zu Ihnen ein wenig besser ist. Sich verbergen erzeugt Dunkelheit.

Der Spiegel steckt niemals im Gehirn; da können die Neurologen so lange suchen, wie sie wollen. Die gesamte Aktivierung des Gehirns erklärt nicht das Bewusstsein, das Wunder des Lebens. Sie erklärt lediglich, welche Teile der elektrochemischen Struktur aktiver sind. Der Spiegel ist außerhalb des Körpers. Daher unterscheiden wir zwischen Geist-Bewusstsein und außerkörperlichem Bewusstsein. Das Geist-Bewusstsein ist Teil einer winzigen Spiegelung des außerkörperlichen Bewusstseins. Das Wunder ist der Spiegel; das Bewusstsein ist außerhalb des Körpers.

Was geschieht, wenn Sie sterben? Für mich ist dies das größte Wunder von allen.

Wenn Sie mit verbundenen Augen in ein völlig dunkles Zimmer gebracht werden, fühlen Sie sich vielleicht unbehaglich, weil Sie nicht sehen können. Alles ist in Dunkelheit. Dann wird ein Feuer angezündet. Damit wird Ihre Energie angeregt, und Sie beginnen, sich zu entwickeln. In der Pubertät ist Ihr Licht am stärksten; daher ist es auch so ungeheuer wichtig, wie Sie mit Kindern dieses Alters umgehen. Alle zurückliegenden Erfahrungen, von Traumen bis zu grauenhaften Erlebnissen, die Sie in den ersten sieben Jahren Ihres Lebens gemacht haben, können irrelevant werden, wenn Ihr Licht im Körper ganz und gar aktiviert wird.

Das Zimmer repräsentiert den Spiegel. Das Feuer im Zimmer verleiht Ihnen die Möglichkeit zu sehen. Das ist Bewusstsein. Und nun lassen wir das Feuer langsam ausgehen, so, als sterbe Ihr Körper-Geist, der das Licht erzeugt. Jetzt geht das Licht aus. Was ist der Unterschied zwischen der Situation, als Sie in das dunkle Zimmer gebracht wurden und das Feuer Ihnen Licht spendete, und der jetzigen Situation, wo das Licht ausgegangen ist? Selbst wenn das Licht ausgeht, haben Sie eine Beziehung zu dem Zimmer hergestellt; es macht Ihnen also nichts aus. Sie werden sogar imstande sein, sich daran zu erinnern, was in dem Zimmer ist und wo es sich befindet. Sie brauchen das Feuer – das Licht – nicht, um sich wohl zu fühlen. Es ist das, was Sie jeden Abend tun, wenn Sie sich schlafen legen.

Genauso ist es mit dem Sterben. Sobald Sie eine Verbindung zum Bewusstsein hergestellt haben, benötigen Sie das Licht nicht mehr; Sie brauchen den Körper/das Gehirn nicht, um Licht zu erzeugen.

Zuerst sind Sie in dem Zimmer, und es gibt Licht. Sie haben Bewusstsein, und in gewissem Maße erzeugt dies Dualität. Sie nehmen den Raum wahr und bestimmte Dinge in ihm, und das erzeugt ein Wohlgefühl in Ihnen. Jetzt lassen Sie das Feuer ausgehen, und Sie fühlen sich noch immer wohl, aber Sie haben die Dualität aufgegeben, weil Sie nichts Bestimmtes mehr in dem Raum wahrnehmen – es gibt nur noch Atmosphäre. Das ist das letzte Stadium des Sterbens. Und dieses Stadium, diese Verfassung kann vor dem Tod erfolgen. Das nennt man Erleuchtung.

So wie Sie sind, sind Sie richtig

Im Folgenden lernen Sie, in welcher Weise Trauergefühle als Brücke von Getrenntheit zu Verbundenheit und von Dualität zu Nicht-Dualität wirken können. Das mag schwierig klingen, ist aber im Grunde ganz einfach: Sie überqueren die Brücke durch Liebe. Jeder Mensch liebt etwas, und sei es nur irgendeine Speise. Welche Gefühle Sie auch immer in Bezug auf Ihr eigenes Leben haben – Gefühle der Liebe, der Freude und des Glücks sind vollkommen unabhängig davon, wer Sie sind.

Ihre Fähigkeit, die Brücke zur Liebe zu überqueren, hat nichts mit intellektuellem Verstehen oder Wissen zu tun, nichts mit Konkurrenz, nichts mit Leistung. Das erklärt, warum Sie plötzlich ein Gefühl des Glücks empfinden können, wenn Sie auf dem Land spazieren gehen, oder warum Sie sich trotz all Ihrer Schwächen verlieben. Sie brauchen nichts anderes als das, was Sie bereits haben: Sie müssen diese Brücke von der Trauer zur Liebe überqueren. Warum ist dies so schwierig?

Das Einzige, womit wir wirklich fertig werden müssen, ist die Angst, nicht geliebt zu werden – die in Wirklichkeit Trauer ist, weil Sie dann keine Gelegenheit haben, Liebe auszudrücken und zu teilen und Ihr Potenzial oder Ihre Qualitäten zum Ausdruck zu bringen. Wenn Sie beabsichtigen, etwas aufzugeben, was Ihnen vertraut ist, empfinden Sie natürlicherweise Angst – das erste Anzeichen dafür, dass Sie wirklich innerlich wachsen, dass Sie sich von Ihren Glaubenssystemen und Ich-Vorstellungen entfernen. Vorstellungen von sich selbst aufzugeben, braucht Mut, weil damit die Hinbewegung auf das Unbekannte verbunden ist.

Die Angst annehmen

Kein Mensch weiß, wann er sterben wird, und wir wollen uns hier nicht mit dem physischen Tod beschäftigen. Hier geht es um Ihre Bereitschaft, sich auf einen Sterbeprozess einzulassen beziehungsweise den Prozess der Verwandlung zu durchlaufen. Das wird Ängste wecken, und wenn Sie sich davor fürchten, sind Sie auf dem Weg, Ihr Potenzial zu erfüllen, selbst wenn Sie vielleicht noch gar nicht wissen, wie sich das darstellen wird.

Verwandlung geschieht nicht aufgrund einer Anstrengung – sie vollzieht sich, wenn Sie die Angst annehmen und willkommen heißen, denn sie ist Zeichen dafür, dass Sie sich auf etwas Neues und Unbekanntes einlassen. Wenn es Ihrem Geist möglich ist, nicht mehr auf Angst zu reagieren, wird sie plötzlich verschwinden – und übrig bleibt Gewahrsein. Dann werden Sie feststellen, dass Sie am Rande der Brücke dessen stehen, was man als »bedingungsloses Gewahrsein« bezeichnen könnte – Sie konzentrieren sich nicht auf etwas Bestimmtes, sondern erleben reine Wahrnehmung.

Was geschieht, wenn Sie einfach nur beobachten, wie Sie jetzt sind? Mit einem Mal sind Sie vollkommen in Verbindung mit sich selbst – kein Informationsinput, keine Anregung, nur Stille. Vielleicht denken Sie, da könne doch etwas nicht stimmen; aber auch wenn Sie Ihren Denkprozess nicht reaktivieren, wird noch immer Gewahrsein bestehen. Wahrnehmung ist einfach Stille, und Stille ist die Abwesenheit von Angst – ein Zeichen, dass Sie nicht länger an Wissen, Erfahrungen und Geschichte gebunden sind.

Vielleicht fühlen Sie zum ersten Mal, dass Sie nicht getrennt von den anderen, dass Sie vielmehr wie alle anderen sind. Alle Ihre Gefühle sind ein natürliches Ergebnis des Menschseins. Ihre persönliche Geschichte mag das Gesamtbild ein wenig verändern, aber die universellen Gefühle von Schuld, Aggression, Eifersucht, ständigem Vergleichen mit anderen, Selbstmitleid, Zweifel, Schuldzuweisung und Verpflichtung gehören allesamt zum Menschsein dazu.

Befreiung bedeutet, zu erkennen, dass Sie nicht auf Ihre persönliche Geschichte beschränkt sind – nicht etwa, dass Sie diese universellen Gefühle nicht mehr haben.

Das ist Wahrnehmung, Gewahrsein: die Fähigkeit zu sehen, dass alles, was mit Ihnen passiert, jeden Tag auch Millionen anderen Menschen geschieht – unabhängig von Gesellschaft oder Kultur. Sind Sie imstande, das zu sehen, beginnen Sie die Atmosphäre der Trauer zu fühlen, die durch all das hervorgerufen wird.

Die Atmosphäre der Trauer

Die Art der Trauer, die durch Wahrnehmung hervorgerufen wird, ist nicht Selbstmitleid, Gram oder Kummer. Im Zustand der Wahrnehmung, wo Geschichte und Wissen irrelevant sind, begreifen Sie, dass Trauer uns alle vereint – was uns das Gefühl vermittelt, dass wir miteinander verbunden sind.

Um sich wahrhaft lebendig zu fühlen, müssen Sie fürsorglich sein. Wenn Sie in einem Zustand des Gewahrseins sind, werden Sie die Art der Trauer empfinden, die Sie buchstäblich in Stille verharren, für einen anderen Menschen fühlen lässt – und das ist Mitgefühl. Dabei ist es nicht notwendig, etwas zu *tun* – es belässt Sie in einem Zustand, in dem Sie ganz und gar *da* sind, ohne etwas zu tun. Es ist, wie die chinesischen Meister es nannten, *wu wei* – Handeln durch Nicht-Handeln. Dann kann Trauer zu Freude werden, einfach darüber, dass man existiert. Die langsamen Gefühle von Liebe, Freude, Mitgefühl und Glückseligkeit entstehen aus dem Nichts, weil Glück keinen Grund hat und nicht in der Zeit strukturiert ist.

Glück ist der Prozess, bei dem man aus sich selbst »herausfällt«, bei dem man aus der Vergangenheit und aus der Gewohnheit »herausfällt«, seine Angst auf das Unbekannte, auf die Zukunft zu projizieren. In Wahrheit haben Sie Angst davor, Ihre Vergangenheit ganz und gar hinter sich zu lassen, und etwas in die Zukunft zu projizieren ist Illusion. Zwischen Ihrer Vergangenheit und Ihrer Zukunft ist das Dazwischen des Nichtwissens. Sie können sich für das Unbekannte öffnen, indem Sie Ihre Schwächen als eine Form der Stärke sehen und dazu nutzen, sich für Ihre Qualitäten zu öffnen. Betrachten Sie alles, was da ist, gleichermaßen: Stärken, Qualitäten und Schwächen. Wenn Sie die Schönheit in sich selbst sehen können, werden Sie sie auch in anderen Menschen sehen. Sie werden Mitgefühl empfinden.

Wie können Sie diesen Vorgang bei sich fördern? Es gibt sechs Schritte, die Ihnen dabei helfen können. Aber hüten Sie sich davor, sich krampfhaft daran festzuhalten, sonst sind Sie nicht in der Lage, Dinge, die neu und unbekannt sind, überhaupt zu registrieren.

1. *Lernen Sie, zu vergessen.* Damit ist gemeint, dass Sie Ihre Vergangenheit und Ihre Geschichte vergessen sollen. Seien Sie bereit, Dinge jeden Tag neu zu sehen, zu fühlen und zu hören. Es geht hierbei auch um Vergebung.
2. *Lernen Sie, wahrzunehmen.* Allein schon durch Wahrnehmung werden Sie sich der Dinge bewusst werden; die Situation oder das Verhalten erscheinen dann in einem neuen Licht. Das hat nichts mit Konzentration zu tun.

   Lernen Sie, auf Angst nicht zu reagieren, sondern einfach nur zu beobachten. Hier geht es darum, in Stille – oder in die Abwesenheit dessen, was Ihnen bekannt ist – überzugehen und zu erleben, was neu ist.

3. *Leben Sie in Beziehungen.* Machen Sie soziale Kontakte zu etwas, das Vorrang hat. Eine Primärbeziehung ist nicht unbedingt notwendig, ganz gleich, was Ihre Konditionierung Ihnen suggeriert. Aber wenn Sie keine guten Freunde haben, dann stimmt etwas nicht.
4. *Versuchen Sie, innerlich Frieden zu haben.* Indem Sie einfach beobachten, was geschieht – ohne sich mit etwas zu identifizieren, ohne sich zu rechtfertigen, die Dinge persönlich zu nehmen oder zu reagieren –, werden Sie nach und nach inneren Frieden finden.
5. *Reagieren Sie nicht.* Keine Reaktion zu haben, bedeutet, inneren Frieden zu haben. Beides geht Hand in Hand. Das heißt nicht, dass Sie nicht Ihre eigenen Grenzen setzen oder Ihren eigenen Standpunkt haben sollen. Es ist vielmehr eine Frage der Ausgewogenheit – es geht darum, in einer ausgewogenen Art und Weise mittels langsamer Gefühle zu reagieren.
6. *Seien Sie demütig.* Manchmal ermöglicht uns eine ganz bestimmte Situation, zu erkennen, wie unbedeutend wir im Grunde sind, und dies wiederum gibt uns die Gelegenheit, Demut zu lernen. Sie haben keinen Einfluss auf das Wetter – aber Sie haben ein gewaltiges Potenzial. Sie können entscheiden, wie Sie Ihr Leben führen wollen, und dafür müssen Sie die Kunst lernen, sich nicht selbst zu verteidigen. Das bedeutet: sich nicht festklammern, nicht blockieren, nicht streiten, nicht Süchten nachgeben, sich nicht rechtfertigen, keine Ablenkungen für sich und andere suchen. Wenn man sich nicht verteidigt, so aktiviert das den Energiekörper, und je weniger Sie in Verteidigungshaltung sind, desto mehr Liebe ist vorhanden. Es mag sinnvoll erscheinen, sich selbst, sein Heim, sein Land und seine Werte zu verteidigen; aber diese Dinge sind flüchtig und vergänglich. Einzig die Seele ist es wert, verteidigt zu werden, doch paradoxerweise können Sie dies am besten tun, indem Sie lernen, sich nicht zu verteidigen. Wenn Sie sich nicht verteidigen, kann Ihr ganzes Wesen sich entspannen und das Herz öffnen, und Sie werden imstande sein, mehr Liebe und Mitgefühl zu leben. Letztlich ist dies die einzige langfristige Strategie, die Sie benötigen – nicht nur, um zu überleben, sondern auch, um Ihre Qualitäten zum Ausdruck zu bringen und das Potenzial auszuschöpfen, mit dem Sie geboren sind. Dann erkennen Sie auch Ihre Einzigartigkeit.

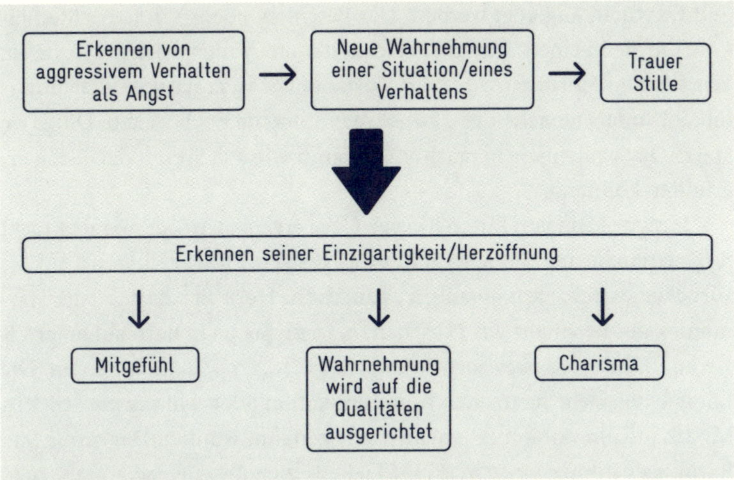

Zusammenfassung

- Sie können Freude, Liebe und Glück empfinden, egal, was Sie über sich selbst und Ihr Leben denken.
- Furcht zu haben bedeutet, auf der richtigen Spur zu sein.
- Was Ihnen geschieht, geschieht auch allen anderen Menschen.
- Gestatten Sie Ihren Gefühlen der Trauer, zu Stille zu werden und Ihre Seelenqualitäten zu aktivieren.

Das Wesen der Liebe

Das Einzige, das in Ihrem Inneren, um Sie herum und außerhalb Ihrer selbst existiert, ist Liebe. Wenn Sie im Zustand der Liebe sind, erzeugen Sie eine Menge Licht. Dieser Zustand ist Erleuchtung. Erleuchtung und Liebe sind derselbe Seinszustand. Er kommt und geht, weil der Körper-Geist ständig Energie projizieren muss, um Licht zu erzeugen. Die Seele wird oft irrtümlicherweise mit dem Begriff vom Ich als eigenständiger Einheit in Verbindung gebracht. Wenn Sie sterben, gibt es keine Seele, die wiedergeboren wird, nur die völlige Freisetzung von Liebe. Daher müssen Sie zwei Illusionen konfrontieren: dass Erleuchtung auf einem persönlichen Weg erreicht werden muss und dass die Seele ein persönliches Gebilde ist.

Liebe ist vollkommen unpersönlich, aber Liebe auf physischer Ebene bedeutet, dass die sogenannten Wohlfühlhormone Dopamin, Serotonin und Oxytocin angeregt werden. Das geschieht ebenso in tiefer Meditation, die Sie in einen Zustand versetzt, der die Atmosphäre der Liebe ist. Wie können Hormone diese Art Zustand auslösen, dass Sie sich anders fühlen, anders aussehen und benehmen? Sind da noch weitere Dinge im Spiel? Das wollen wir herausfinden, damit wir das Wesen der Liebe ergründen können.

Je mehr Licht von Ihrem Körper-Geist erzeugt wird, desto mehr Licht projizieren Sie auf den Spiegel des Bewusstseins. Das Licht wird auf Sie zurückgeworfen, Sie empfangen es durch Ihr Herz. Ein Zustand der Harmonie oder Resonanz wird geschaffen, wenn Sie Licht nach außen projizieren und für das, was zurückgeworfen wird, empfänglich werden. Die Energie der Liebe kann auch Kommunikation oder – in der christlichen Mystik – Kommunion (Gemeinschaft) genannt werden. Der große Sufi Rumi sagte immer, wenn man eine Liebesbeziehung eingehe, so habe man sich in Gott verliebt und werde von Gott geliebt. Zu lieben oder geliebt zu werden, ist eine Form der Kommunikation, ein Austausch von Energie.

Je mehr Sie in der Stille sein können, desto mehr strahlt vom Spiegel des Bewussteins auf Sie zurück. Im Grunde sind Sie selbst ebenfalls ein Spiegel. Im Alten Testament lesen wir, dass Gott die Menschen nach seinem eigenen Bilde schuf. Das ist der Spiegel, der den Spiegel spiegelt. Es ist die Natur der Liebe. Stille ist der Spiegel, der leer ist: Es gibt keine Bilder, keine Gedanken, keine Ansichten, keine Überzeugungen. Vielleicht glauben Sie an Jesus oder Mohammed, aber für die Liebe ist das ein Hindernis. Glauben trübt den Spiegel. Der Spiegel muss ganz und gar leer sein, damit er reflektieren kann.

Wenn also Ihr Licht auf den Spiegel geworfen und das Licht von dort zurückgeworfen wird und wenn Ihr Spiegel vollkommen leer ist, dann tritt Stille ein. Eine Widerspiegelung auf den anderen Spiegel ist ein totaler Energieaustausch. Immer da, wo *Flow* ist, werden Sie es als die Empfindung wahrnehmen, die man Liebe nennt.

Wenn Sie im Dissens sind, verringern Sie den Energiefluss. Sie blockieren die Liebe, egal, ob Ihr Dissens gerechtfertigt ist oder nicht. Den beiden Spiegeln ist es gleichgültig, wer Recht und wer Unrecht hat – sie funktionieren je nachdem, ob Leere besteht oder nicht. Der äußere Spiegel, das Bewusstsein, ist immer voller Licht, bringt immer Licht in die Welt.

Wenn Sie die Natur der Liebe erleben, wird alles einfach – nicht, weil Sie lieben, sondern weil Sie einen *Flow* hergestellt haben. Der *Flow* vermittelt Ihnen die Empfindung der Liebe. *Flow* bedeutet, dass es absolut keinen Widerstand gegen sich selbst und gegen außen gibt. Mit dem Wesen der Liebe ist überdies verbunden, dass sie kein intellektuelles Verstehen und keine Anstrengung verlangt. Immer wenn Sie das Gefühl haben, Sie müssten eine Anstrengung unternehmen, so bedeutet dies, dass Sie nicht wirklich spiegeln. Ihre Aufmerksamkeit richtet sich dann auf den Geist, nicht auf das Herz. Das Wesen der Liebe bedingt also, dass das Spiegeln diese Bewegung der Liebe ist. Dafür müssen Sie sich nicht irgendeiner bestimmten Sache bewusst sein. Liebe und Bewusstsein sind dasselbe; daher gibt es kein Empfinden von Trennung in mich, dich, Gott und Erleuchtung mehr. *Flow*, Kommunikation bedeutet, dass es kein Gefühl von Unterschied gibt.

Um das besser zu verstehen, stellen Sie sich einmal vor, wie es ist, wenn Sie Musik hören. Sie vergleichen sich nicht mit Musik, daher können Sie im *Flow* sein; Sie können die Musik nutzen, um Ihre Energie anzuregen. Sie verschmelzen mit der Musik. Plötzlich sind Sie nicht länger ein Problem. Egal, ob Sie gut, falsch, anständig sind – immer wenn die Energie vom Spiegel zurückgeworfen wird, fühlen Sie sich als Teil von etwas Größerem, und Sie selbst als »Problem« gibt es nicht mehr. Um es mit den Worten des Zenmeisters zu sagen: Das Ego muss verschmelzen. Am abstrakten Ich oder Ego ist nichts falsch, aber es kann niemals die Reflektion vom Spiegel des Bewusstseins spiegeln, die empfangen und durch Ihren Spiegel – der Ihr Herz ist – nach außen zurückprojiziert werden muss.

Ihr Herz ist nichts Persönliches. Wenn Sie in der persönlichen Ebene stecken bleiben, werden Sie Schmerzen im Bauch oder im Rücken haben. Wenn Sie zu viel denken, werden Sie Schmerzen im Nacken und im Kopf haben.

Wenn das Herz aktiv ist, bewegt sich die Energie in Bauch und Kopf sozusagen zur Ebene des Herzens hin und verschmilzt dort mit ihm. Das ganze Thema »Ich« existiert dann nicht mehr – nicht etwa, weil Sie etwas Bestimmtes getan haben, sondern einfach, weil Sie aufgehört haben, sich anzustrengen. Jetzt ist Ihr Herz, der Spiegel Ihrer selbst, völlig frei, um die Reflexion zu empfangen und sie auf den Spiegel des Bewusstseins zurückzuwerfen.

Immer wenn Sie etwas aus Liebe tun, dann ist das nicht wirklich Liebe – es ist eine Vorstellung von der Liebe. Das Gehirn kann jedes Gefühl, jedes Empfinden von Glückseligkeit erzeugen. Das Problem ist: Was das Gehirn produziert, kann für eine Zeitlang schön sein, aber es verschwindet schnell. Was das Herz empfängt und zurückwirft, kann niemals verloren gehen. Je mehr Raum Sie jemandem geben – was bedeutet, dass Sie nicht im Dissens mit dem sind, was zwischen Ihnen beiden geschieht oder auch nicht geschieht, das heißt, dass Sie in Ihrer Verbindung zu diesem Menschen nicht *handeln,* nichts *tun* –, desto mehr wird die Empfindung, der Zustand der Liebe bestehen.

Betrachten Sie das Wesen der Liebe, so ist es kein großes Geheimnis, wie man dahin gelangen kann, selbst dieser Liebeszustand zu sein. Wenn das Wesen der Liebe absolute Passivität ist – was bedeutet: empfangen statt handeln –, dann geht es dabei ums *Nicht-Handeln.* Aber das heißt keinesfalls, dass Sie den ganzen Tag untätig im Bett liegen und nicht mehr richtig leben. Im Zen nennt man es Handeln und Nicht-Handeln. Wenn Sie beispielsweise gehen, dann sind nicht Sie es, der geht, sondern Sie lassen Ihre Energie für Sie gehen, wie das Tai Chi es lehrt. Immer wenn Sie aufhören zu handeln, schaffen Sie Raum, der es ermöglicht, zu empfangen. Der andere Mensch wird diesen Raum als Empfindung der Liebe wahrnehmen.

Es erfordert Mut zu sehen, dass das Wesen der Liebe diese ungeheuere Passivität ist. Wenn Liebe passiv ist, dann kann Liebe nichts *lösen.* Sie müssen sie empfangen, Sie müssen diese Energie nutzen. Liebe selbst kann das nicht tun. Liebe hat keinen freien Willen, und sobald sie da ist, wo ist dann Ihr Wille? Wenn Sie das Wesen der Liebe erleben, dann werden Sie zwangsläufig im *Flow* reagieren, mit dem Empfinden, Raum zu haben, und ohne im Dissens zu sein. Sie haben nicht den Willen zu entscheiden, wie Sie mit der Liebe umgehen.

In jeder Beziehung ist es nicht Ihre Aktivität, die Liebe erzeugt, sondern es ist das Raumgeben – was bedeutet, dass Sie ganz und gar empfänglich sind, beobachten und es dem jeweiligen Menschen überlassen, Ihnen das entgegenzubringen, was er will. Inmitten dieses gewaltigen Gefühls, dieses *Flows* vom Herzen der Liebe ist absolute Stille. Die Stille ist jener leere Spiegel. Stille ist das, was Sie am leichtesten bekommen. Sie hat nichts damit zu tun, ob Sie denken oder nicht. Verwechseln Sie wahre Stille nicht mit Denken – Sie können in völliger Stille sein und dabei über die dümmste Sache nachdenken.

Stille hat nichts mit der Abwesenheit von Gefühlen der Aggression oder der Angst oder damit zu tun, ob es Empfindungen im Körper gibt oder nicht. Stille bedeutet einfach, dass Sie nicht auf das reagieren, was in Ihnen und um Sie herum geschieht. Meditation ist nur eine Methode, die Kunst des Nichtreagierens bewusst zu kultivieren, sodass der Spiegel nicht getrübt wird – bis Ihr ganzer Körper-Geist mühelos in der Lage ist, nicht zu reagieren. Sobald dieser *Flow* da ist, besteht keinerlei Notwendigkeit mehr zu meditieren. Liebe ist bedingungslos, daher werden keine Forderungen an Sie gestellt – außer jene, die Sie sich selbst aufzwingen.

Das Wesen der Liebe ist das Ende der Dualität, das Ende der Trennung. Schmerz und Verlangen führen Sie niemals zur Liebe, weil sie Trennung erzeugen und damit Konflikt. Wenn Sie irgendetwas tun, um Liebe zu bekommen, so wird das niemals funktionieren – aufgrund der Dualität, die eine Spaltung in der Bewegung der Liebe darstellt.

Also liegt das Wesen der Liebe im Beenden von Dualität. Ohne Trennung, ohne »du« und »ich«, können Sie nicht darüber entscheiden, ob Sie den Schmerz und das Leiden anderer Menschen fühlen wollen oder nicht. Jede Mutter weiß: Noch ehe ihr Kind sich weh tut, fühlt sie selbst den Schmerz in ihrem Körper oder in ihrem Energiesystem. Sie können sich nicht abtrennen, sobald Sie passiv werden, und in dieser Passivität liegt der *Flow,* der Fluss der Kommunikation – oder Gemeinschaft.

Sobald dieser *Flow* da ist – den wir Liebe nennen –, können Sie für den anderen Menschen fühlen und leiden, aber dieses Leiden ist fortwährend von Licht umgeben und durchdrungen, daher verletzt es Sie nicht. Es ist, als lege man seine Hand in ein Feuer, aber weil fortwährend Licht erzeugt wird, kühlt dieses Licht die Hand, die gleichzeitig brennt. Zum Beispiel sehen Sie jemanden, der Schmerz leidet, und Sie handeln ihm gegenüber nun nicht aus einem Schuldgefühl heraus. Sie empfangen lediglich seine Energie durch den Herzspiegel, und Sie fühlen mit ihm. Vielleicht weinen Sie mit diesem Menschen. Und was geschieht dann? Auf persönlicher Ebene besteht kein Leiden, und die Trauer befreit. Sie empfinden danach sogar noch mehr Liebe. Das erzeugt eine riesige Menge Energie in Ihrem Körper-Geist.

Wenn Ihr Körper-Geist energiegeladen ist, produzieren Sie mehr Licht, das auf den Spiegel des Bewusstseins projiziert und von dort zurückgeworfen wird. Und wenn Ihr Herz oder Ihr Spiegel ganz und gar rein ist, dann liegt in der Gemeinschaft eine ständige Erneuerung von Energie. Deshalb haben Menschen, die lieben, eine ungeheuere Energie. Ein depressiver Mensch ist nicht jemand, der nicht geliebt wird – er ist jemand, der seinen eigenen Spiegel verborgen hat; daher hat er absolut keine Energie. Ohne diese Kommunikation von *Flow* zwischen dem Spiegel des Bewusstseins, der zurückreflektiert, können Sie keine Energie haben. Und je mehr Sie sich in diesem Zustand der Liebe befinden, ohne zu reagieren und ohne etwas tun zu wollen, desto mehr wird diese Stille, dieser Spiegel, aktiv.

Wenn es um Liebe geht, müssen wir miteinander umgehen, als sei jeder von uns ein Baby. Sie lehnen das Baby nicht ab, wenn es Ihnen nicht zeigt, wie sehr es Sie liebt, weil Sie das von einem Baby gar nicht erwarten. Sie sind einfach da – passiv, bereit, es festzuhalten, wenn es hinfallen sollte. So betrachtet, ist die Natur der Liebe in ihrer Macht absolut sanft und ruhig. Das bedeutet, dass es keine Forderung gibt. Wenn Sie beispielsweise jemanden umarmen und dieser Mensch nicht mehr will, lassen Sie ihn los, ohne zu fragen, warum.

Jeder behutsame Schritt hin zu jemand anderem oder zu sich selbst reinigt den Spiegel des Herzens, macht ihn aufnahmebereiter und erhöht den Fluss der Kommunikation oder Gemeinschaft. Sie können Liebe nicht sehen, aber Sie können ihre Schwingung hören und fühlen. Diese kommt nicht als stürmischer Wind daher. Sie ist wie eine leichte Brise. Sie tritt nicht als starkes Licht auf, das Sie blendet; sie wirkt wie sanftes, mildes Tageslicht.

Die Natur der Liebe ist wie ein Nichts (englisch: *no-thing*, »kein Ding»). Sie ist immer da – Sie atmen sie ein, Sie nehmen sie wahr, Sie fühlen oder hören sie, aber Sie sehen sie nicht wirklich. Liebe existiert, wenn Sie in diesem *Flow*, im Fluss mit dem Universum, mit dem Spiegel des Bewusstseins sind. Das Wort *nichts* hat zwei Bedeutungen: Erstens sind Sie eine Schwingung, kein Ding. Liebe ist keine Form. Und sie ist nichts, was Sie wirklich beschreiben könnten.

Über das Wesen der Liebe zu sprechen, ist zwecklos, wenn Sie sie nicht gekostet haben. Ich kann zwar die Natur der Liebe in dem Sinne beschreiben, wie sie sich, energetisch betrachtet, darstellt, aber nicht den eigentlichen Zustand. Das können nur Sie selbst mit Ihrem eigenen Wesen erfahren. Liebe macht sprachlos. Sie erkennen, dass Ihr Geist sie niemals erfassen kann.

Wo nichts ist, da gibt es auch nichts zu tun. In diesem Sinne ist Gott ein Nichts. Und diese Mischung aus Stille, Liebe und Glück, die *Samadhi* genannt wird, ist ständig in Ihnen und um Sie herum; anderenfalls wären Sie nicht imstande, ein Gefühl, ein Bewusstsein davon zu bekommen. Je weniger Sie tun, desto mehr sind Sie bereit, diesen *Samadhi-Zustand* durch Ihr System und um Sie herum fließen zu lassen. Das ist für mich das Wesen der Liebe.

Direkte Wahrnehmung lernen

Sie können nur dann eine Perspektive für Ihr Leben und Ihre Zukunft schaffen, wenn Sie Ihre Qualitäten zum Ausdruck bringen. Ihre Qualitäten können nicht gelernt werden, noch können Sie sich damit identifizieren. Sie stammen nicht aus Ihrer Vergangenheit, noch werden sie irgendwann in Ihrer Zukunft auftauchen. Sie sind ein Teil Ihrer Seele oder Ihres Energiekörpers und werden durch Ihren Charakter symbolisiert, der unveränderbar ist.

Sie können niemals genau wissen, wie Ihre Qualitäten sich darstellen, wie sie sich zeigen werden. Alles, was Sie tun können, ist, zu lernen, wie Sie mit ihnen in Verbindung sein können. Direkte Wahrnehmung hilft Ihnen dabei.

Da Sie hauptsächlich in Assoziationen denken, sind Sie gewöhnlich nicht imstande, zwischen dem Akt des gegenwärtigen Handelns und dem des darüber Nachdenkens zu unterscheiden. Dieser Prozess hemmt Ihre Qualitäten und Ihre Fähigkeit, in Verbindung mit den langsamen Gefühlen zu sein – das Medium, mit dessen Hilfe die Qualitäten »transportiert« werden. Als Teil Ihrer Seele oder Ihres Kerns drücken Ihre Qualitäten sich durch langsame Gefühle wie Liebe, Freude, Glück, Trauer und Mitgefühl aus. Immer wenn Sie langsamen Gefühlen widerstehen, können diese nicht zum Ausdruck kommen – und das führt automatisch zu Trauer.

Trauer und Wahrnehmung

Je mehr Sie Ihre Gefühle unterdrücken, desto mehr Trauer wird bestehen. Sie können nur lernen, direkt zu beobachten, was in Ihrem Inneren geschieht, wenn Sie eine Verbindung zur Trauer herstellen. Wenn Ihre Qualitäten überschattet sind, werden sie sich in Probleme verwandeln, da sie damit versuchen, Sie wachzurütteln. Die Lösung liegt darin, lernen zu erkennen, wie Sie mit den Dingen umgehen. Die Art, wie Sie mit Problemen oder Widrigkeiten in Ihrem Leben umgehen, ist Ihr persönlicher Stil, mit Ihren Qualitäten in Verbindung zu treten. Unterdrücken Sie Ihre

Gefühle an diesem Punkt, werden die Qualitäten verschleiert, und Sie erzeugen mehr Trauer.

Ihre Fähigkeit, in dem langsamen Gefühl der Trauer zu verharren, ist nur ohne Identifikation möglich. Sie müssen der Trauer gestatten, sich zu manifestieren, ohne sie als Selbstmitleid zu personalisieren. Wenn Sie einfach beobachten, was da ist, können Sie Ihrer Qualitäten niemals ganz sicher sein. Sie können sich niemals irgendeiner Sache sicher sein, da der Geist vermutlich nicht alles gleichzeitig sehen kann. Deshalb erzeugt er mit Hilfe von Erklärungen die Illusion der Sicherheit.

Wenn Sie beispielsweise Musik hören, hören Sie ein Orchester, das aus vielen Instrumenten besteht. Stellen Sie sich Ihre Qualitäten als ein Orchester vor, mit einer Geige, einem Klavier, einem Cello, einer Trommel und einer Trompete. Die Instrumente stellen die verschiedenen Qualitäten dar, die Sie besitzen. Sie alle spielen dasselbe Musikstück, und Ihr Geist neigt dazu, von einem zum anderen zu springen; aber wenn Sie die Musik als Ganzes hören, wissen Sie nicht genau, welches Instrument dominant ist. Es ist die Atmosphäre der Musik, auf die es am meisten ankommt. Der Schlüssel liegt darin, Achtsamkeit für die gesamte Komposition zu entwickeln, und dies kann nur durch langsame Gefühle geschehen.

Die Qualität Ihrer Wahrnehmung hängt von Ihrem Gewahrsein ab. Es gibt keine Grenze zwischen bewusst und unbewusst, nur Ebenen, wo der bewusste Geist weniger achtsam ist, weil Ihr Geist durch das Denken Hemmnisse, wie sie durch Glaubenssysteme entstehen, erzeugt. Ihre Gedanken haben einen Einfluss auf das, was Sie sehen wollen. Sie sind nicht nur davon beeinflusst, wie Sie etwas sehen, sondern auch davon, wie bewusst Sie sich der Dinge sind. Und weil Sie dazu neigen, sich auf das zu konzentrieren, was falsch ist, anstatt auf das, was richtig ist – das heißt, auf Ihre Schwächen statt auf Ihre Stärken –, schränken Sie Ihre Perspektive ein.

Trauen Sie Ihrer Beobachtung

Wenn Sie direkte Wahrnehmung lernen, hilft es Ihnen nicht, an einen bestimmten Weg zu glauben oder sich auf eine bestimmte Information oder Lehre zu stützen. Respektieren Sie die Meinung eines jeden Menschen, aber verlassen Sie sich nur auf Ihre eigene Beobachtung. Nutzen Sie möglichst viele Informationen, aber seien Sie sich bewusst, dass es vor allem wichtig ist, den Vorgang selbst zu beobachten und sich Ihre Beobachtung gegebenenfalls von einer Informationsquelle bestätigen zu lassen.

Beobachtung ist immer etwas Revolutionäres. Es kann befriedigend sein, seine Gedanken an eine bereits etablierte Meinung anzupassen, aber das hat nichts mit Transformation zu tun, mit Hingabe oder mit dem, was oft als »Loslassen« bezeichnet wird. Hingabe bedeutet, dass man seine Meinungen nur auf das stützt, was man sehen, fühlen und denken kann, indem man sich selbst beobachtet. Wie ein guter Wissenschaftler sollten Sie sich nur auf die direkte Beobachtung verlassen, die Sie selbst gemacht haben, und lernen, Fragen zu stellen, die auf dem beruhen, was Sie beobachten, anstatt auf bestimmten Theorien oder Philosophien.

Damit dies möglich ist, muss Ihr Geist so wach sein, dass er auf das konzentriert bleiben kann, was geschieht – nicht, was um Sie herum oder was mit anderen geschieht, sondern was in Ihnen selbst geschieht. Allein das ist wertvoll, selbst wenn es der Beobachtung und Information eines anderen Menschen widerspricht. Die Kunst der Wandlung erfordert Mut und Authentizität, was bedeutet, dass man bei seiner eigenen Wahrnehmung bleibt, selbst wenn sie falsch zu sein scheint. Trauen Sie Ihrer eigenen Beobachtung, denn Ihr Weg und Ihre Wandlung hängen davon ab, dass Sie Ihrer Beobachtung folgen.

Fühlen und Sein

Sie sollten den Unterschied zwischen Fühlen und Sein verstehen und erleben. Wenn langsame Gefühle der Liebe, der Trauer oder des Mitgefühls sich mit Ihrer Seelenenergie vermischen, findet eine Kommunikation statt, und Sie geraten in einen bestimmten Seinszustand. Ein Seinszustand bedeutet, dass Sie einfach Liebe *sind* – Sie fühlen nicht Liebe, daher werden Sie kein Bewusstsein davon haben. Sobald Sie gewahr sind, dass Sie Liebe fühlen, besteht eine Trennung zwischen dem Im-Zustand-der-Liebe-Sein und Ihrer Wahrnehmung des Gefühls. Nehmen Sie sich etwas Zeit, um darüber nachzudenken, und trauen Sie Ihrer direkten Beobachtung – es gibt nichts, wonach Sie streben müssen, kein Erfolg und auch kein Misserfolg.

Dieser Seinszustand bedeutet das Ende der Trennung zwischen Bewusstsein und dem, was sich des Bewusstseins bewusst ist. Sie begreifen, dass alles, was Sie denken, fühlen oder tun, eine Welle des Bewusstseins ist. Sie begreifen, dass Ihr Ego – oder Ihr getrenntes Selbst – existiert, um dem eigentlichen Wesen Ihrer Seele Ausdruck zu verleihen; denn damit kann sie zum Bewusstsein der Welt beitragen. Ihr ganzes Wesen soll in den Dienst Ihrer Seele gestellt werden und in der Lage sein, sowohl in Verbindung mit Ihrem Energiekörper zu stehen als auch mit dem getrennten Selbst.

Von dieser Perspektive aus betrachtet, bedeutet das Ende der Trennung, dass Sie anfangen, mit anderen Menschen auf eine neue Weise zu interagieren – ein Vorgang, den Sie anfangs erst einmal auch nur bei sich selbst beobachten können, und zwar, indem Sie direkte Wahrnehmung üben.

Zusammenfassung

- Direkte Wahrnehmung setzt Ihr Potenzial frei.
- Das Ausdrücken Ihrer Qualitäten erzeugt Ihre zukünftige Perspektive.
- Trauen Sie nur Ihrer eigenen Beobachtung.
- Erkunden Sie für sich selbst den Unterschied zwischen Fühlen und Sein.

Erweitern Sie Ihr Bewusstsein

Sie haben gesehen, dass direkte Wahrnehmung nur dann erfolgen kann, wenn Sie nicht versuchen, das, was geschieht, zu beschreiben. Nehmen Sie einfach zur Kenntnis, was da ist, und ermöglichen Sie, dass es durch Sie hindurchfließt – das heißt, lassen Sie diesen Prozess zu. Wenn Sie sich selbst beobachten, sollten Sie daran denken, dass Aggression immer ein Symptom der Angst und Angst ein Symptom der Trauer ist. Trauer, eines der langsamen Gefühle, bringt Stille mit sich und eine Verbindung zu Ihrem Potenzial.

Der Raum für Potenzial

Wir alle haben die Fähigkeit, unser Bewusstsein zu erweitern – jenseits dessen, was mit den gewöhnlichen Sinnen des Geistes und des Körpers gedacht, gefühlt und gehört werden kann. Zwischen dem Körper-Geist und dem Energiekörper, der eine Atmosphäre ist, besteht Raum. Innerhalb dieses Raums ist Ihr Potenzial. In der Atmosphäre, die zwischen Herz und der Kehle lokalisiert ist, sind Ihr Energiekörper und Ihre Qualitäten (bzw. Ihr Seelenbewusstsein). Sie können Ihre Qualitätsaura und Ihren Energiekörper beobachten, weil beide tief mit Ihrem physischen Körper verbunden sind.

Wenn Sie Ihre Gedanken und Gefühle beobachten, werden Sie zu einem Zeugen, der beobachtet, was in Ihrem Geist geschieht (indem Sie Ihr Gehirnbewusstsein nutzen). Darüber hinaus gibt es eine Anzahl von Wahrnehmungen, die in eine andere Dimension des Bewusstseins führen, in der Sie nicht denken. Können Sie in einem Zustand des Nicht-Denkens bleiben, so trägt dies dazu bei, dass langsame Gefühle und die Atmosphäre der Seele gegenwärtig sind und Sie in einen Zustand der Stille eintreten.

Sobald Sie aufhören zu beschreiben, spüren Sie etwas, das den Gefühlen ähnelt, die aus der Mitte der Stille entstehen. Aggression entsteht aus dem Denken, und Trauer entsteht aus der Abwesenheit von Denken, Fühlen und Bewegung. Dieser Vorgang steht in Wechselbeziehung zu anderen Vorgängen – jedes Gefühl kann einen Gedanken erzeugen, und die

Wurzel des Fühlens ist das Denken. Ist kein Denken da, so existiert auch die Zeit nicht. Abwesenheit von Zeit kommt einem Augenblick der Stille gleich. Aus der Stille erwächst die Bewegung der Liebe, und Liebe ist eine Bewegung hin zu etwas Neuem.

Raum erzeugt Energie

Wenn Sie lernen, wie Bewusstsein funktioniert, sollten Sie sich nur auf diesen Prozess konzentrieren, nicht auf den Inhalt. Beobachten Sie einfach, ohne einzugreifen, und denken Sie später über das nach, was Sie beobachtet haben. Sie werden feststellen, dass Sie die meiste Zeit denken und auf Ergebnisse hoffen.

Vielleicht denken Sie, dass eine Veränderung nur dann eintritt, wenn Sie genug Wissen haben. Tatsächlich funktioniert dieser Prozess andersherum – es geschehen Veränderungen, und dann folgt das Verstehen.

Man kann beobachten, dass das Gehirnbewusstsein eine langsamere Schwingungsenergie hat als der Herzbereich. Was immer Sie erleben – in dem Augenblick, wo Sie es registrieren, sind mindestens eine halbe Sekunde zwischen dem tatsächlichen Erlebnis und Ihrer Wahrnehmung vergangen. Wenn Sie also fühlen, dass Ihre Energie sich bewegt, und versuchen, sie zu beschreiben, anstatt einfach mit ihr zu sein, wird der Energiefluss unterbrochen, und Sie haben Dualität.

Zwischen Ihrem physischen Körper und Ihrem Energiekörper ist Raum, in dem sich Ihr Potenzial entfalten kann. Ihre Qualitätsaura ist kein Gegenstand, der sich irgendwo in Ihrem Energiefeld befindet – sie ist eher so etwas wie eine Atmosphäre, die Sie um sich herum erzeugen. Jeder von uns hat eine ganz bestimmte Atmosphäre, die mit seinem Temperament oder Charakter zusammenhängt. Stellen Sie eine Beziehung zwischen Ihrem Gehirn und Ihren Qualitäten her, dann erzeugen Sie Energie: Raum erzeugt Energie.

Um sich auf etwas Neues zuzubewegen, brauchen Sie Raum – Raum für einen Prozess, den Sie durchlaufen, um zu sterben oder etwas entstehen zu lassen. Um bereit zu werden für das, was wirklich geschieht – das heißt für den Prozess der direkten Wahrnehmung –, müssen Sie Ihre Energie in den Raum hineinbewegen, der sich vor Ihrem Körper befindet; dabei dürfen Sie nichts erwarten, beschreiben oder interpretieren.

Wenn Sie direkte Wahrnehmung gelernt haben, werden Sie es sich zur Gewohnheit machen, zu beobachten, und zwar auf eine Weise, die zeitlos ist – ein Prozess, in dem Sie sich von Ihrer Vergangenheit verabschieden und für das, was geschieht, Offenheit entwickeln. Ein Thema, das wir in allen spirituellen Traditionen finden, ist, während des Lebens das Sterben zu lernen. Das bedeutet ganz einfach, dass Sie anfangen, Ihr Leben anders zu begreifen – als Mittel, ihrer Seele Ausdruck zu verleihen. Alles, was sich Ihnen darbietet, können Sie nutzen, indem Sie es bewusst wahrnehmen und dann zu einer transformativen Kraft werden lassen. Der Prozess des Werdens und Vergehens ist die Atmosphäre des Energiekörpers oder der Qualitätsaura, die fortwährende Veränderung der Dinge.

Der zeitlose Beobachter

Das Einzige, was Sie mit Bestimmtheit wissen, ist, dass Sie eines Tages sterben werden; und wenn Sie während Ihres Lebens lernen können zu sterben, wird dies zwei Folgen haben: Sie werden den Prozess Ihres faktischen körperlichen Todes erleichtern, und Sie werden zu Ihren Lebzeiten Ihren Qualitäten freien Lauf lassen.

Damit dies möglich wird, müssen Sie lernen, Ihre Aufmerksamkeit von Ihrem Körper wegzulenken, weg vom Denken und Fühlen, damit Sie imstande sind, mit Ihrem Energiekörper, mit Ihrer Qualitätsaura und der Seele in Verbindung zu treten. Sie müssen die Dinge nicht erklären oder beschreiben können – es genügt, sie zu beobachten. Das heißt nicht, dass Sie sich gänzlich von Ihrem Körper- und Gehirnbewusstsein trennen müssen. Es bedeutet, dass Sie Ihrem Bewusstsein und Ihrer Aufmerksamkeit gestatten, sich über Ihre körperliche Form hinaus zu erweitern, sodass Sie sich weniger mit Ihrem Geist und Ihrem Körper identifizieren. Es geht darum, Ihren Körper in Kontakt mit Ihrer Seelenenergie zu bringen – letztendlich geht es darum, sich auf Ganzheit zuzubewegen, und nicht, sich vom Körper zu »trennen« oder ihn hinter sich zu lassen. Wenn Sie eine Erweiterung des Bewusstseins erlebt haben, werden Sie künftig auf eine Weise sehen und fühlen, die weniger festgelegt und dafür flexibler ist. Alte Strukturen und Einstellungen lösen sich allmählich auf. Öffnung des Bewusstseins bedeutet immer den Tod dessen, was eine Identifikation mit sich selbst erzeugt hat.

Der Sterbeprozess hängt von der Entstehung neuer Dinge ab – Tod geschieht nicht ohne einen parallel dazu verlaufenden Entstehungsprozess, und Beobachtung ist der Schlüssel zu den Prozessen von Geburt und Tod. Wann immer Sie etwas zum Ausdruck bringen, was mit dem Sterben zu tun hat, bringen Sie Entstehung, Geburt zum Ausdruck – beide Prozesse können nicht voneinander getrennt werden; und um das zu verstehen, müssen Sie es aus der Perspektive des Beobachters betrachten. Der zeitlose Beobachter ist immer mit Ihnen – hier und jetzt, im Raum und in der Atmosphäre, die ständig vorhanden ist und die gelebt werden will.

Zusammenfassung

- Ohne Beschreibung werden die Dinge viel leichter.
- Lenken Sie Ihre Aufmerksamkeit weg von Ihrem Körper und hin zu dem Bereich zwischen Ihrem Herzen und der Kehle, damit Sie mit Ihrer Seelenatmosphäre in Verbindung treten können.
- Rufen Sie sich ins Gedächtnis, dass Ihr physischer Körper und Ihr Energiekörper nicht voneinander zu trennen sind.
- Denken Sie daran, dass Sie sich selbst Raum geben müssen, um Ihr Bewusstsein zu erweitern.

Von der Trauer zur Stille

Stille ist die Abwesenheit von Angst. Es ist unmöglich, im Zustand der Stille zu sein, wenn Sie auf Ihre Gefühle der Angst reagieren, indem Sie sich in die Vergangenheit oder in die Zukunft flüchten.

Angst ist das Zeichen, das Ihnen signalisiert, dass sich etwas Neues anbahnt. Wenn Sie sich an die drei Schlüssel für die innere Freiheit – Verantwortungsgefühl, Verständnis und Vertrauen – erinnern, wird Ihnen dies helfen, das Unbekannte zu konfrontieren, anstatt vor dem wegzulaufen, was in Ihrem Leben auf Sie zukommt.

Können Sie bei Ihren Gefühlen der Angst bleiben und begreifen, dass Sie Teil des Ganzen sind, dann verliert Ihre persönliche Geschichte an Wichtigkeit. Sie entdecken, dass Sie durch die Angst hindurch – die an sich ein Symptom der Trauer ist – und in die Atmosphäre der Trauer gehen können.

Die Freiheit der Trauer

Trauer auf der unpersönlichen Ebene führt Sie zu Fürsorglichkeit und Mitgefühl – es ist eine Art Liebe, die sich nicht auf irgendetwas Besonderes richtet. Vielmehr geht es darum, von einer Atmosphäre berührt zu werden, die nichts mit Ihnen persönlich, mit Ihren Problemen oder Ihrer Geschichte zu tun hat.

Genau in dem Augenblick, wo diese Bewegung der Trauer erfolgt, werden Sie, falls Sie bei ihr bleiben können, ohne sie auf Sie persönlich zurückzuführen, entdecken, dass sie sich nicht in Angst und Aggression zurückverwandelt. Wenn Sie dies erfahren, schaffen Sie sich enorme Freiheit, und darin steckt Lebenskraft.

Sie haben in dem Augenblick Zugang zur Lebenskraft – die eine Kombination aus Weisheit und Mitgefühl ist –, wo Sie aufhören, sich auf Ihre Geschichte zu konzentrieren. Können Sie sich von der Identifikation mit sich selbst befreien, müssen Sie nicht mehr reagieren.

Die Gewohnheit, mit Selbstverteidigung zu reagieren, ist etwas Trügerisches. Sie glauben vielleicht, Sie müssten Grenzen schaffen und Ihren persönlichen Raum schützen. Doch zu erkennen, dass Sie nicht getrennt sind, bedeutet nicht, dass Sie Ihren Raum aufgeben. Tatsächlich ist der Raum wichtig, damit Sie Ihr Gefühl des Getrenntseins aufgeben und beginnen können, eine Atmosphäre zu schaffen, in der Sie wirklich imstande sind, sich in einen anderen Menschen einzufühlen. Nur so können Sie Mitgefühl empfinden und damit die Situation eines anderen wirklich verstehen.

Der Kern der Trauer

Wenn Sie irgendetwas ergründen wollen, müssen Sie Schicht um Schicht abschälen und dabei bewusst und präzise vorgehen, bis Sie zum Kern vordringen. Und wenn Sie sich an diesen Freilegungsprozess machen, sollten Sie wissen, dass das, was nicht offenkundig ist, häufig der wertvollste Teil des ganzen Bildes ist. Wenn Sie klar sehen können, was da ist, werden Sie oft mit dem konfrontiert, das keine Form hat – und an diesem Punkt innehalten.

Stellen Sie sich vor, Sie stehen auf der einen Seite einer Brücke. Was immer Sie fühlen, lassen Sie es sein, wie es ist. Auf der anderen Seite der Brücke ist die Landschaft der Liebe, das Paradies, die Atmosphäre der Liebe. Aber etwas hält Sie davon ab, die Brücke zu überqueren. Sie stehen einfach da, unfähig, hinüberzugehen, und Sie können sehen, dass auf der anderen Seite Liebe ist. Es gibt nichts, was Sie tun können.

Vielleicht sind Sie wütend und dann ängstlich, da Sie am Ende begreifen, dass Wissen, Errungenschaften, Handlungen, ja sogar Ihre Gefühle der Angst und Wut nichts ändern. Wenn Ihnen bewusst ist, dass Sie absolut keine Möglichkeit haben, über die Brücke von Trauer zu Liebe zu gehen, dann begreifen Sie, dass all Ihre Ansichten und all Ihr Wissen Sie daran hindern, die Brücke zu überqueren. Sie entdecken, dass es nicht hilft, wenn Sie versuchen, Ihre Gedanken und Gefühle loszulassen, da dies ein Prozess des Handelns ist. Nichts, was Sie haben, wird Ihnen helfen.

Dann kommt die Trauer, und ehe Sie es wissen, sind Sie auf der anderen Seite der Brücke. Sie sind nicht hinübergegangen. Sie haben sich keine cleveren Strategien ausgedacht, wie man drüber kommt. Vielmehr ist es diese plötzliche Abwesenheit von Handeln, das die ungeheuere Menge der Trauerenergie erzeugt. Diese Trauer ist als Atmosphäre vorhanden, wird aber nicht als Trauer identifiziert. Wenn der Geist die Atmosphäre schnell in eine Beschreibung verwandelt, beispielsweise wenn jemand gestorben ist, dann wird sie als Trauer identifiziert und kann die Situation nicht verwandeln.

Das ist ein klassisches Paradox – das Überqueren der Brücke geschieht, wenn Sie etwas tun, ohne sich damit bewusst zu identifizieren. Es heißt nicht, dass Sie jegliches Handeln einstellen, sich zurücklehnen und denken: »Ich brauche nichts zu tun, und dann werde ich erleuchtet (oder alles wird wunderbar).« Es ist ein Entwicklungsprozess, in dem Sie nicht wirklich sagen können, Sie seien angekommen.

Inmitten der Stille

Wenn obiger Prozess eine genaue Beschreibung dessen ist, wie die Dinge sind, dann wird Trauer zu Stille. In der Atmosphäre der Trauer, die zu Stille geworden ist, werden Sie sich nicht länger traurig fühlen. Sie werden eine Art Leere fühlen, die nicht leer ist, sondern voll von allem – Anfängen, Möglichkeiten, einer neuen Energie des Mitgefühls, die sich nicht auf etwas oder jemand Bestimmtes richtet.

So können Trauer und Stille Ihr Ego und Ihren Geist verwandeln. In diesem Prozess ändert sich ein Teil Ihres Gehirns. Ihr Ego verschwindet nicht, Ihr Geist arbeitet noch; aber Ihr Ego beginnt anders zu funktionieren. Das hängt damit zusammen, dass Sie die Brücke zur Liebe überquert haben. Liebe ist die Manifestation dieses Prozesses. Zuerst haben Sie Trauer und Stille und danach die Wirkung, die dies auf Ihren Geist hat; dann wird gelebte Liebe folgen. Liebe ist das Ergebnis, nicht die Ursache.

Das Überqueren der Brücke vollzieht sich in Ihnen vielleicht nur für einen Augenblick und wird dann wieder verschwinden. Vielleicht fühlen Sie sich mit allem in Verbindung und in Frieden – und merken dann, dass Ihr Geist zu denselben alten Mustern zurückkehrt. Vergessen Sie nicht: Wenn Sie anfangen zu beschreiben, dass Sie nicht mehr ängstlich sind und das Gefühl haben, auf der richtigen Spur zu sein, wird Sie dies augenblicklich aus dem Zustand der Stille herausbringen.

Wenn Sie ganz und gar präsent sind, nehmen Sie nicht einmal die Trauer, die Stille und das Mitgefühl wahr. Sie nehmen überhaupt nicht wahr, dass Sie die Brücke überqueren. Aber Ihr Geist wird immer nach Wegen Ausschau halten, um Trauer zu erreichen. Er wird immer nach Anhaltspunkten suchen, ob er auf der richtigen Spur ist. Daher ist es schwierig, einfach in einem Zustand der Trauer zu bleiben, die Brücke zu überqueren, ohne dessen gewahr zu sein. Um wirklich zu verstehen, was das bedeutet, müssen Sie erleben, dass sich Ihre Grenzen erweitern.

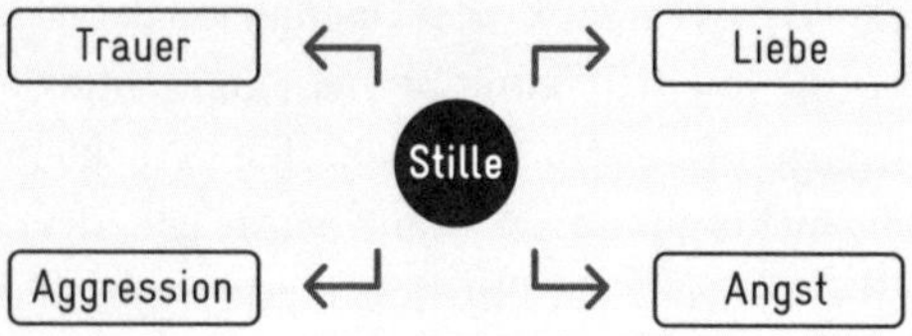

Sich berühren lassen

Sie können nur dann berührt werden, wenn Sie sich nicht verteidigen gegen das, was Sie für eine Bedrohung Ihrer Identität, Ihrer Überzeugungen und Meinungen halten. Sie meinen, so seien Sie eben. Wenn Sie Ihr Ego verteidigen, so trägt das nicht dazu bei, irgendetwas zu wandeln – stattdessen wird es nur stärker, ja, es erscheint Ihnen noch wichtiger, Ihre Grenzen zu verteidigen. Wenn Sie Ihre Verteidigungsmechanismen fallen lassen können, werden Sie sich weniger gestresst fühlen. Vielleicht fühlen Sie sich auch deswegen besser, weil Ihre Energie durch die erhöhten Serotoninmengen im Gehirn angeregt wird.

Es ist nicht möglich, sich berühren zu lassen, wenn man von Angst aufgefressen wird. Wenn Sie ängstlich sind, können Sie nicht berührt werden – vielleicht versuchen Sie es sogar zu vermeiden, körperlich berührt zu werden.

Der Geist empfindet es als schwierig, berührt zu werden, weil keine Wahl besteht – denn Sie haben dann keine Kontrolle mehr. Natürlich ist es manchmal notwendig für Sie, die Kontrolle zu behalten – beispielsweise die Freiheit zu haben, einen Raum zu verlassen, in dem viel Lärm ist. Ihr Körper ist darauf angewiesen, dass Sie sich um ihn kümmern, was bedeutet, dass Sie die Wahl haben müssen, auf welche Weise Sie dies tun. Ihr Geist benötigt die Illusion der Wahl, um seine Stabilität zu bewahren. Doch auf einer tieferen Ebene, wo es um Glauben geht, gibt es keine Wahl. Vielleicht merken Sie, dass Sie von jemandem berührt werden, von dem Sie zuletzt erwartet hätten, dass er Sie auf diese Weise rührt; es kann jemand sein, der schön oder hässlich aussieht, und es kann Ihnen in jeder Situation passieren.

Berührt werden hat nichts mit Logik, Auffassungen von richtig oder falsch, Sympathie oder Antipathie zu tun. Desgleichen hat auch Trauer keine Regeln. Es wird hilfreich sein, wenn Sie sich von Inhalt, Geschichte und Interpretation lösen können, sodass nur der Prozess des Beobachtens bleibt. Wenn Sie sich berührt fühlen, gelangen Sie zum Wesen, zur Natur der Trauer, und innerhalb der Trauer betreten Sie die Sphäre von Stille und Liebe.

Zusammenfassung

- Trauer verleiht Ihnen mehr Energie, wenn Sie sie nicht personalisieren.
- Beobachten Sie, was vorhanden ist, um zu sehen, was weniger offenkundig ist.
- Eine Stärkung Ihres Ego begrenzt Ihre Wahlmöglichkeiten.
- Es gibt keine Wahl, wenn es darum geht, spirituell berührt zu werden.

Stellen Sie sich auf Freiheit ein

Stellen Sie sich einen Fluss vor, in dem das Wasser Ihre wahre Natur – oder Ihre Qualitäten – verkörpert. In Ihrer wahren Natur zu sein bedeutet, dass Sie im Einklang mit dem Fluss des Lebens, mit Liebe und befreiter Energie leben. Und jetzt stellen Sie sich ein Erdbeben vor, das die Schaffung von Form und Zeit repräsentiert. Für Sie ist dies die Geburt von Geist und Körper.

Wenn das Erdbeben beginnt – oder anders ausgedrückt, wenn Ihre Persönlichkeit Gestalt annimmt und Sie Ihre eigene Identität herausbilden –, so hemmt dies das Fließen des Flusses. Dieser – oder die Energie – wird blockiert, aber er versucht weiterhin, sich einen Weg zu bahnen, indem er entweder um das Hindernis herum oder durch es hindurch geht; stets versucht der Fluss, seinen Weg zurück zur Quelle zu finden. Er wird es so lange versuchen, bis ein Fließen wiederhergestellt ist. Und da Wasser weicher als das ist, wovon es blockiert wird, wird das Wasser – mit anderen Worten, der Fluss des Lebens –, am Ende immer triumphieren.

Ihre Qualitäten sind wie das Wasser. Ob sie einen Weg um ein Hindernis herum oder durch es hindurch finden – Ihre Qualitäten werden immer versuchen, sich Ausdruck zu verleihen. Wenn dies geschieht, werden Sie nicht mehr die Art Bewusstsein haben, die um das Ich und Mein zentriert ist; vielmehr erleben Sie, was es bedeutet, Teil des Flusses des Lebens zu sein. Das heißt, sich auf Freiheit einstellen. Und das tun Sie, indem Sie sich selbst gestatten, Ihre wahre Natur zu entfalten, die Liebe ist. Wie der Fluss fließt auch die Liebe. Evolution ist ein anderes Wort für Liebe. Wenn Sie Teil der Bewegung oder der Evolution werden wollen, müssen Sie Ihren Geist erweitern.

Liebe werden

Indem Sie das zu Entfaltung bringen, was Sie in sich haben, werden Sie Ihre Rolle in der Evolution erfüllen, so wie jede Blume nicht nur blüht, um ihre eigene Bestimmung zu erfüllen, sondern auch, um eine Rolle im größeren Kreislauf der Natur zu spielen. Wie kann Ihr Geist frei genug werden, damit dies möglich ist?

Liebe entfaltet sich mit Hilfe des Gehirns, das als Mittler oder Bindeglied fungiert. Damit Wandlung geschehen kann, muss Ihr Geist sich seiner wahren Natur bewusst sein. Das ist Ihr Evolutionsprozess. So wie ein Samen einen Baum in sich trägt, muss Ihr Geist sich vom Ich-mich-mein entfernen, um sich zu dem zu entwickeln, was in Ihrem Potenzial – oder Ihren Qualitäten – enthalten ist.

Es gibt viele Arten, wie Ihr Potenzial sich entfalten kann. Sie müssen anfangen selbst zu denken und die Dinge selbst untersuchen, das heißt Sie müssen beobachten. Betrachten Sie beispielsweise, dass es Beschränkungen und Erwartungen erzeugt, wenn Sie sich an eine bestimmte Erfahrung und ein Gefühl klammern.

Im Fluss der Liebe zu sein bedeutet, dass Sie aufhören, sich Ihrer selbst bewusst zu sein – und zwar was Ihre Geschichte, Ihre Sympathien und Antipathien, Ihre Persönlichkeit und Ihre Individualität betrifft. Wenn Sie im Fluss sind, fühlen Sie sich vielleicht gut, obwohl es dafür keinen besonderen Grund gibt. Sie haben ein Gefühl der Leichtigkeit und haben Seelenfrieden. In diesem Zustand sind Sie der Energiefluss, und daher fühlen Sie sich gar nicht unbedingt glücklich – ein Glücksgefühl würde bedeuten, dass Sie sich Ihres Glücklichseins bewusst sind. Und sobald der Geist ins Spiel kommt, sind Sie wieder in einem Zustand der Dualität. Die Energie würde umgelenkt in das Bewusstsein, glücklich zu sein.

Der Fluss oder *Flow* des Sichgutfühlens hält so lange an, wie Sie den Versuch unterlassen, ihn zu benennen. Dieses *Im-Fluss-Sein* wird zu einem Seinszustand, der nur von jemand anderem erlebt werden kann. Sie selbst werden nicht wahrnehmen, wie liebevoll Sie sind, doch andere finden Ihr Verhalten herzlich. Ihr Geist will sich Ihrer Qualitäten bewusst sein, aber Ihre Qualitäten treten nur dann zutage, wenn Sie ihrer nicht gewahr sind. Das bedeutet, Sie sind Ihre Qualitäten geworden, Sie sind die Atmosphäre, die die Energie der Liebe ist.

Die Energie der Stille

Ein Prozess ohne Beschreibung kann nicht in der Zeit strukturiert sein. Sie sind einfach im Fluss, Ihr Körper und Ihr Geist sind offen für den Fluss der Energie und der Qualitäten. Sie sind im Zustand der Stille. Wahrnehmung ohne Beschreibung erzeugt natürlicherweise Stille. An diesem Punkt kommt Ihr Gehirnbewusstsein ins Spiel – beispielsweise, indem es versucht, die Stille zu beschreiben. Ihr Geist macht sich Sorgen, dass etwas falsch sein könnte, weil Ihr Ich oder Ego nicht länger damit beschäftigt ist, etwas geschehen zu lassen.

Wenn Sie fortwährend versuchen, sich selbst oder Ihre Beziehungen zu verbessern – wie können Sie da in der Stille sein? Wenn Sie sich ständig fragen, welche Ihrer Qualitäten gerade vorhanden sein mögen – wie kann da Stille herrschen? Das ist natürlich ein Paradox. Sie müssen Ihre Qualitäten kennen, aber Sie können nicht kontrollieren, wann oder wie sie zum Ausdruck kommen werden. Sie können es nur durch die Art und Weise wissen, wie andere Menschen auf Sie reagieren.

Beobachten ohne Reaktion – die Abwesenheit von assoziativem Denken – kreiert Stille. Sie ist die Sprache der Ganzheit. Wenn Sie aufhören, nach dem Grund eines Problems zu fragen und sich stattdessen einfach anschauen, wie Dinge geschehen, werden Sie merken, dass sich der Inhalt Ihrer Gedanken ändert. Sie müssen den Inhalt nicht kennen. Wenn Sie sich auf die Bewegung – oder den Vorgang – konzentrieren, werden Sie entdecken, dass die Quelle des Denkens das Bewusstsein ist. Gedanken sind die Blüten des Bewusstseins. Und jedes Gefühl entsteht aus einem Gedanken. Indem Sie also die Quelle des Denkens finden, werden Sie Stille finden.

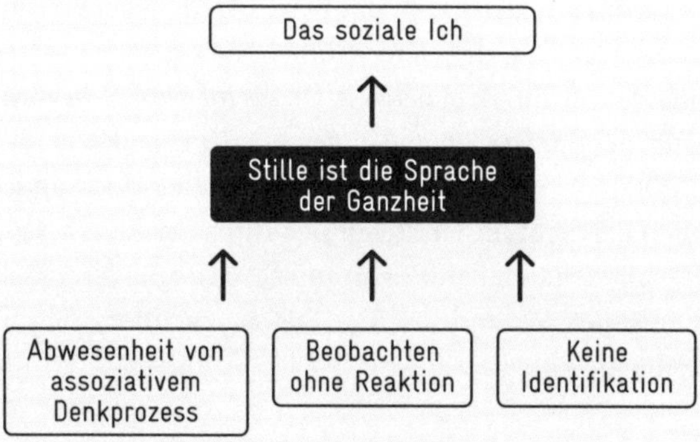

Mit der Herzenergie in Verbindung treten

Lernt man, wie man durch das Herzzentrum weg von der Gehirnaktivität und hin zum erweiterten Bewusstsein kommt, wird man Raum, Freiheit und Entspannung erleben. Wenn der Energiefluss zwischen dem Herz-Geist und dem Herz-außerkörperlichen Bewusstsein wiederhergestellt ist, so ermöglicht dies eine umfassende Änderung der Sichtweise sowie Entfaltung.

Das physische Herz ist für das Leben unerlässlich; es pumpt Blut durch den ganzen Körper und erzeugt damit Energie. Es produziert Hormone, die das Gehirn beeinflussen. Wenn Sie einen Gedanken, ein Gefühl oder eine Empfindung verfolgen, dann gibt es immer einen Impuls und darauf eine Reaktion. Zwischen dem Impuls und der Reaktion besteht ein Raum der Leere oder Stille.

Wenn Sie anfangen, diesen Raum zu beobachten, dann wird Ihr Immunsystem innerhalb von fünf Minuten, in denen Sie sich dieser Beobachtung hingeben, um zwanzig Prozent stärker. Ihre körperliche Vitalität nimmt zu, und der Serotoninspiegel erhöht sich. Während Sie beobachten, wird der Raum größer, und Sie können tiefe Entspannung erleben. Sie können mit Herzenergie, Mitgefühl und dem Raum der Liebe in Berührung kommen.

Herzenergieatmung – Übung

Die folgende Übung machen Sie am besten in entspanntem Zustand, ruhend und mit geschlossenen Augen. Mit etwas Praxis können Sie sie auch in »normalem Zustand« des Alltagsbewusstseins anwenden. Gehen Sie mit Ihrem Bewusstsein in den Bereich zirka zwanzig bis dreißig Zentimeter vor Ihrem physischen Herz. Lassen Sie dort das Bewusstsein entstehen, dass Sie da atmen. Machen Sie die Herzenergieatmung für ein paar Minuten.

Sie entspannt und zentriert, aktiviert Ihre Herzenergie und öffnet.

Das Herz nähren

Wenn Ihre Herzenergie sich ändert, beeinflusst dies die Gehirnaktivität. Der nächste Schritt besteht darin, diese neue Energie in Beziehungen einzubringen, die Sie zu anderen und zu sich selbst haben.

In dem Maß, wie Sie da Energie hineinfließen lassen, wird sich Ihr Alltag wandeln. Auch wenn Sie sich selbst von Ihrem Herzen »abgeschnitten« haben, weil Sie verletzt worden sind, ist diese kraftvolle Energie, mit der Sie geboren wurden, trotzdem da.

Sie werden die Herzenergie aktivieren und nähren müssen, damit sie Sie auf einer körperlichen, emotionalen und spirituellen Ebene durchdringen kann. Das wird Ihnen helfen, Ihr Bewusstsein zu erweitern.

Denken Sie daran, dass dieser Vorgang nur nach und nach erfolgen wird, wenn Sie sich davon verabschieden, dass Sie etwas ändern wollen. Denken ist eine bewusste Anstrengung und trägt nicht dazu bei, dass der Energiefluss zum Herzen dringt. Nur wenn Sie aufhören, das, was geschieht, zu interpretieren, kann die Energie durchs Herz fließen und Frieden und Freiheit bringen.

Wenn Sie im Zustand vollkommener Beobachtung sind, dann haben Sie eine Beziehung geschaffen, und auf diese Weise wird Energie verwandelt. Immer wenn Sie etwas beobachten, haben Sie einen Einfluss darauf. Durch das Herstellen von Beziehungen geschieht Transformation. Wenn Sie sich einfach gestatten, zu beobachten und in Beziehung zu sein, so erfordert dies keine Anstrengung, kein Wissen oder Verstehen. Durch Beobachtung und Beziehung im Fluss *(flow)* sein, bedeutet das Ende von Konzepten und Gedanken, das Ende der Sicherheit zu wissen, wie die Dinge ausgehen werden, während Sie durch Ihren Alltag gehen.

Zusammenfassung

- In der Stille sein bedeutet in der vollkommenen Unsicherheit sein, ohne Reaktion, im Zustand des Nichtwissens und in der völligen Beobachtung.
- Beobachten ist die Abwesenheit vom Denken, das etwas erreichen, ändern, Unsicherheit vermeiden will.
- Stille und Leere in Bewegung werden zu Liebe.

Beziehungen knüpfen

Der Zweck des Gehirns besteht darin, Beziehungen zu knüpfen. Ohne Gehirn wären Sie unfähig, dieses Buch zu lesen, eine Beziehung zu den Worten zu finden, die hier stehen. Die gesamte Neurowissenschaft kann auf die Frage reduziert werden: Welchen Zweck hat das Gehirn? Es gibt verschiedene Zentren und Teile des Gehirns. Mit dem analytischen Prozess ist verbunden, dass man etwas in seiner begrenzten Form sieht und gleichzeitig – nicht davor oder danach – das ganze Bild wahrnimmt. So ist beispielsweise das Zentrum, das dafür sorgt, dass das Sehen mit den Augen verbunden ist, ein Teil des ganzen Bildes; das heißt, es zeigt, wie das ganze Gehirn arbeitet. Durch Hören sind Sie in der Lage, sich mit anderen zu verbinden. Dann sind noch die Teile des Gehirns, die mit Ihren Körperempfindungen verbunden sind usw. Ihr Körper ist nicht da, um Schmerz wahrzunehmen, sondern um Beziehungen zu knüpfen, um durch Berührungen Verbindungen herzustellen, sich mit jemandem gut zu fühlen oder auch nicht. Wenn Sie essen, sind Zentren in Ihrem Gehirn, die für das Schmecken verantwortlich sind – das heißt, sie stellen eine Verbindung zu der Nahrung her.

Der Zweck des ganzen Gehirns besteht also darin, Beziehungen zu knüpfen. Die neuesten Ergebnisse der Neurologie zeigen, dass Sie immer dann, wenn Sie sich mit der Außenwelt verbinden, die Produktion des Hormons Oxytocin, des sogenannten Liebeshormons, steigern. Das Wichtige ist das Ergebnis dieser erhöhten Produktion, nicht die erhöhte Produktion selbst. Das Gehirn zeigt, dass Oxytocin in den Mandelkern fließt und das emotionale Zentrum beruhigt. Immer wenn Sie aggressiv oder ängstlich sind, ist die Chance, Beziehungen zu knüpfen, eingeschränkt, weil Sie einzig Ihre Emotionen wahrnehmen. Oxytocin kann nur dadurch aktiviert werden, dass Sie Beziehungen eingehen.

Psychologie und Spiritualität basieren auf der Illusion, es gebe ein unabhängiges Selbst. Das Gehirn ist niemals unabhängig, es interagiert immer mit der Außenwelt. Wir wissen heute, dass Gene durch die Art und Weise beeinflusst werden können, wie wir uns in der Welt verhalten. Gene sind nicht nur Schicksal. In dem Augenblick, wo Sie jemand anderen beurteilen, schränken Sie den Zweck Ihres Gehirns ein. Denn mit dem Urteilen ist verbunden, dass Sie eine Distanz zwischen sich und den anderen schaffen.

Wenn Sie sich selbst daran hindern, zu anderen Menschen Verbindung aufzunehmen, so erzeugt dies eine Art spirituelle Anorexie – es ist, als faste man auf der Beziehungsebene. Meistens sind wir isoliert, selbst wenn wir in einer Gruppe oder mit anderen Menschen zusammen sind. Isolation kommt daher, dass man versucht, anders zu sein. Anderssein kommt aus dem Urteilen. Das führt zu Depression, somatischen Reaktionen und Krankheiten. Das Gehirn reagiert, indem es zu entfliehen sucht.

Wenn Sie nicht auf das Ich fokussiert sind, dann besteht Nirwana oder ein Überfluss an Oxytocin. Das bedeutet nicht, dass Sie mit einem Mal im Paradies leben. Es ist lediglich ein Energieprozess, in dem man sich nach außen bewegt, in dem man dem Zweck des Lebens Rechnung trägt. Das Ganze ist eine Bewegung der Anziehung.

Nicht der Geist hat das Gehirn geschaffen, es ist die Natur. Sie können es Gott nennen, aber im Grunde genommen ist es ein Evolutionsprozess, bei dem man sich aus sich selbst herausbewegt, hin zu anderen, hin zur Beziehung.

Ich stimme mit Darwin überein, wonach es einen Evolutionsprozess der Auslese gibt. Niemand wird das bestreiten. Ich stimme mit Darwin überein, wonach jedes Lebewesen – von den Tieren bis zu den Menschen – aus derselben Struktur ist. Selbst ein Molekül hat in seiner genetischen Struktur dieselbe hormonelle Bewegung – das Bewusstsein, das darüber entscheidet, ob die Form des Lebens ein Mensch, ein Hund, ein Baum oder was auch immer werden wird. Aber ganz und gar nicht stimme ich mit Darwin überein, wonach diese Auslese oder Evolution auf Stärke und Konkurrenz basiert, bei der der Stärkste überlebt.

Die Bewegung des Lebens, der Zweck des Gehirns, ist Zusammenarbeit, Solidarität und Mitgefühl. Physiologisch betrachtet, gehört Mitgefühl zu den Spiegelneuronen, die uns die Fähigkeit verleihen, uns in andere Menschen einzufühlen, Empathie zu empfinden. Ihre Spiegelneuronen haben nichts mit Spiritualität zu tun. Von Anfang an gibt es Miteinander und Empathie, aber auch Leiden.

Nehmen wir beispielsweise an, Sie fühlen sich aus irgendeinem Grund ein wenig deprimiert und schließen sich daher einer Gruppe von glücklichen, offenen, lachenden Menschen an, die alle in guter Stimmung sind. Aufgrund Ihrer Spiegelneuronen, Ihrer Fähigkeit, andere zu verstehen, mit ihnen in Beziehung zu treten, wird Ihre Stimmung sich ändern, und Sie werden sich ein wenig heiterer fühlen.

Bewusst sein bedeutet, imstande sein, zwischen sich und der Außenwelt zu unterscheiden. Mit vier Jahren beginnen Sie das, was geschieht, bewusst zu interpretieren, und können sogar zu einer Schlussfolgerung kommen. Ihre Spiegelneuronen sind ganz und gar aktiv, Sie sind aufgeweckt und mitfühlend. Wenn Ihr Vater betrunken ist und Sie verprügelt – was geschieht dann mit Ihrem Mitgefühl, Ihrer angeborenen Bestimmung, Verbindungen einzugehen? Sie empfinden den körperlichen Schmerz wegen der Prügel, aber er wird weniger peinigend als das seelische Leiden sein. Da Ihre Spiegelneuronen aktiv sind, haben Sie Mitgefühl mit ihm. Sie leiden seelisch – nicht, weil er Ihnen körperliche Gewalt antut, sondern wegen dem, was in seinem Inneren vor sich geht, wegen seines Elends. Ihr ganzes Gehirn ringt darum, ihm zu helfen, das heißt, eine Beziehung zu ihm herzustellen.

Wenn die Bestimmung des Gehirns darin besteht, Beziehungen zu knüpfen, so kann sich Freiheit nur dann einstellen, wenn es zu diesem

Zweck verwendet wird. Mitgefühl ist die einzige Energie, die Bewegung und Freiheit erzeugt. Die Tatsache, dass Sie sich selbst kennen und hier und da ein wenig ändern, erzeugt keine neue Energie. Neue Energie entsteht, indem man Raum schafft; und Raum kann man nur erzeugen, wenn man eine Bewegung nach außen macht, ohne zu urteilen.

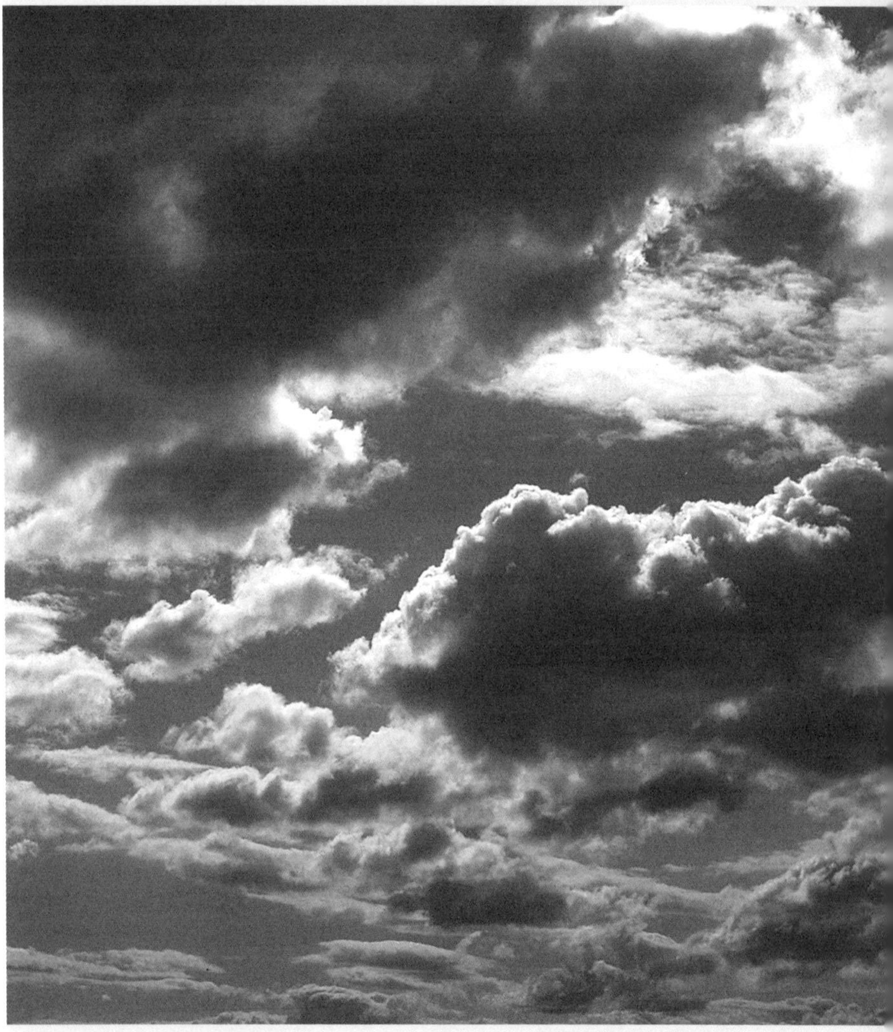

Die Intelligenz des Herzens

Die Kunst zu leben

Nicht wissen

Unser denkender Geist kann das Wesentliche nie verstehen – die einzigartige Qualität die uns zu dem macht, was wir sind.

Tief in unserem Herzen wissen wir, dass wir im Grunde genommen nichts wissen. Wir wissen, dass immer dann, wenn es um Beziehungen, um wahre Kommunikation geht, Wissen nichts bedeutet.

Alle unsere Kämpfe gegeneinander sind eine Art und Weise, dieser Wahrheit aus dem Weg zu gehen. Egal, wie viel Sie glauben, zu wissen – Sie können nicht das ganze Bild sehen.

Wahres Wissen heißt nicht wissen. Das Christentum, der Islam und der Buddhismus lehren uns diese Wahrheit. Sie können zwanzig Jahre lang studieren, Ihre Ziele erreichen, ein Dharmalehrer werden – was Sie aber wirklich lernen müssen ist: Wissen heißt nicht wissen. Helfen Ihnen all diese Kenntnisse, Lebensqualität zu erlangen? Um gut mit Gefühlen umgehen zu können, um in Verbindung mit Gott, mit Allah, mit Jehova, mit dem essenziellen Tao zu sein – wie auch immer Sie es nennen?

Wenn Sie etwas wissen, geht das Grundprinzip verloren. Je mehr Sie wissen, desto mehr halten Sie an der Vergangenheit fest. Je mehr Sie in der Illusion leben: »Wenn ich etwas verstehe, bekomme ich Liebe«, desto weniger werden Sie imstande sein, zu lieben. Sie werden die Liebe verlieren, weil der Geist niemals das Wesentliche begreifen kann. Wissen gibt Ihnen keine Liebe.

Buddha selbst sagte: »Traut nicht dem, was ich sage, findet es selbst heraus. Ihr werdet die Lehren nur missverstehen.« Auch wenn Sie die Rituale des Islams studieren, so bringt Sie das nicht in Kontakt mit Allah. Auch wenn Sie in sämtlichen Schriften der Bibel bewandert sind, macht Sie das nicht heilig. Ganz im Gegenteil: All das erzeugt nur die Illusion, Sie wüssten etwas.

Wissen ist das Ende von Beziehungen. In dem Augenblick, wo Sie jemandem begegnen und meinen, diesen Menschen zu kennen, haben Sie die Beziehung zu ihm verloren. Angenommen, Sie haben vor einem Jahr eine dreißigjährige Frau getroffen, die Ihnen erzählt hat, es ginge ihr schlecht, weil sie keine Liebesbeziehung habe und das Gefühl habe, nichts in ihrem Leben sei ihr jemals gelungen. Und nun treffen Sie sie wieder. Wenn Sie sich auf das stützen, woran Sie sich aus der Vergangenheit erinnern, wird Ihnen entgehen, wie sie jetzt ist. In der Zwischenzeit hat sie vielleicht den Mann ihres Lebens gefunden und ist glücklich …

Die Vergangenheit ist ein leerer Raum. Wenn er mit Wissen angefüllt ist, hindert er einen daran, die Dinge so zu sehen, wie sie wirklich sind; er wird zu einer Hürde für Beziehungen und zu einem Hemmnis für die Liebe. Tief in unserem Inneren sind wir uns dessen auch bewusst. Ein Säugling muss nicht klug sein, um lieben zu können. Ein fünfzigjähriger Mensch muss nicht heilige Schriften an der Universität studiert haben, um lieben zu können.

Können Sie sich vorstellen, was es für den Geist bedeutet, wenn er begreift, dass all diese Anstrengungen, Wissen zu erwerben, zu studieren und zu verstehen, im Grunde völlige Energieverschwendung sind? Stellen Sie sich einen sechzigjährigen buddhistischen Mönch vor, der vierzig Jahre lang meditiert hat, dreißig Jahre lang in einem Kloster gelebt hat, in dieser Welt alles aufgegeben hat, um sein Leben spirituellen Übungen zu widmen, der buddhistische Texte studiert und die Buddha-Natur kultiviert hat. Nehmen wir an, er sitzt in seinem Kloster und Krishna taucht vor ihm auf, schaut ihn mitfühlend an und sagt: »Dharma kennen heißt, nicht wissen. Nicht wissen heißt, das Wesentliche wissen.«

Was wird der arme Kerl nun tun? Er bekommt zu hören: »Wenn du den Dharma kennst, dann hast du überhaupt nichts verstanden. Aber wenn du nichts verstehst, weißt du das Wesentliche.«

Vierzig Jahre Meditation, alles aufgegeben für den Dharma (Lehre Buddhas) – und dann kommt jemand daher und sagt: »Das Wesentliche kann man nicht wissen, man kann es nur fühlen.« Es kann nur dann da sein, wenn Raum da ist. Die Vergangenheit ist wie ein leerer Raum. Wenn Sie etwas wissen, geht das Grundprinzip verloren. Solange Sie am Dharma festhalten – so erhaben das auch sein mag –, leben Sie auf eingeschränkte Weise. Sie leben in der Zeit. Was bedeutet, dass das, was jetzt geschieht, auf dem basiert, was in der Vergangenheit geschehen ist.

Was also ist zu tun? Tief in unserem Inneren wissen wir, dass wir andere Menschen nicht durch Wissen erreichen können. Tief in unserem Inneren sehen wir, dass das, was wir sind, nicht durch intellektuelles Wissen zu erfassen ist.

Was wird der Mönch also mit den Worten des Krishna anfangen? Wenn er keinen Widerstand leistet, wird er sofort erleuchtet sein, aber wahrscheinlicher ist, dass er Widerstand leistet: »Vierzig Jahre meines Lebens habe ich den Lehren des Dharma gewidmet. Alle Meister, mit denen ich gearbeitet habe, haben zu mir gesagt: Du musst dies wissen, du musst jenes tun, du musst diese Art der Meditation praktizieren und so weiter. Ich habe jeden Tag studiert und Übungen gemacht. Und jetzt sagst du mir, dass all das zwecklos ist?«

Also wird Krishna vor diesem armen Mönch stehen und sagen: »In diesen vierzig Jahren hast du etwas angehäuft, das nicht du bist. Du magst all dieses Wissen angehäuft haben und die vielen Weisheiten, die andere Menschen dich lehrten, in dich aufgenommen haben. Aber das bist nicht du. Das, was du angehäuft hast, hat eine Mauer um dich herum gebildet. Die einzige Energie, die die Mauer einreißen kann, ist Liebe, die in erster Linie Stille, das Ende der Vergangenheit und die Rückkehr zum leeren Raum benötigt.«

Jesus sagt dasselbe über das Christentum. Er sagt: »In den Himmel zu kommen, ist sehr schwer. Nur die Letzten, die nicht das geringste Wissen haben, werden durch seine Pforten gehen.« Sie können nur ins Paradies kommen, wenn Sie ganz Sie selbst sind. Die Vergangenheit, alles Wissen, selbst die wertvollsten Wahrheiten, die von anderen gelehrt werden, sind nicht Sie selbst.

Wenn Sie Zahnmedizin studiert haben, identifizieren Sie sich dann mit sich oder mit dem Wissen der Zahnheilkunde? Natürlich identifizieren Sie sich mit dem Wissen, den fachlichen Kenntnissen, den Eigenschaften, dem Potenzial, das Sie als Zahnarzt haben – aber das sind nicht Sie.

Der Mönch wird verzweifelt sein. Krishna hat ihm vierzig Jahre seines Lebens genommen. Hier wäre eine große Chance für Erleuchtung, aber nur in einem Tausendstel aller Fälle wird jemand sie ergreifen. Wir alle würden Krishnas Angebot widerstehen. Clever, wie wir sind, würden wir sagen: Ah, wir leisten keinen Widerstand. Wir haben irgendwo gelernt, dass es nicht gut ist, Widerstand zu leisten, zu reagieren; das ist Wissen, das ist die Wahrheit. Aber das ist keine Handlung, die aus uns selbst kommt; sie kommt aus dem Wissen, dass es nicht gut ist, Widerstand zu leisten.

Was wird der arme Mönch in seinem Widerstand tun? Er wird verzweifelt versuchen, das zu tun, was wir alle zu tun versuchen: das abstrakte Ich aufbauen. Ja, es ist wahr, ich bin nicht ich selbst, ich bin ein riesiger Berg von Gerümpel aus der Vergangenheit. Ich entfliehe ihm, indem ich das abstrakte Ich aufbaue. Und die Methoden sind auf der ganzen Welt dieselben. Natürlich haben Menschen, die den Dharma vierzig Jahre lang studiert haben, genug Kenntnisse, um sagen zu können: »Ich werde nicht wütend, weil ich weiß, dass Aggression nicht gut ist.« Aber das ist nicht die Wahrheit, es ist nur das Wissen, das sie sich selbst auferlegt haben.

Eine andere altbewährte Form des Widerstands besteht darin, dass man sich verteidigt, zu vermeiden sucht, sich geringer, kleiner als andere Menschen zu fühlen. Eine weitere ist Kritik. Das abstrakte Ich hat ein paar einfache Methoden parat, um sich selbst aufzubauen. Dann gibt es da noch den Groll, das ständige Denken an eine andere Person: was er oder sie falsch gemacht hat, was er oder sie gesagt hat und so weiter. Dann ist da noch das Festhalten an der Vergangenheit. Der Geist denkt: Wenn da jemand ist, der meine gesamte Vergangenheit wegnimmt, dann muss ich an der Vergangenheit festhalten; ansonsten werde ich im Jetzt sein, und dann bin ich verloren. Eine weitere Form ist das Pochen darauf, Recht zu haben. Zu behaupten, der andere habe Unrecht, ist eine weitere typische Bewegung des abstrakten Ich. Zeigen Sie, dass Sie Recht haben. Je subtiler die Argumente sind, desto größer die Chance, sie zu schlagen. Und wenn das nicht funktioniert – dann hassen Sie sie. Lehnen Sie sie zudem auch ab. Und wenn das nicht funktioniert, lehnen Sie sich selbst ab.

Ob Sie jemand anderen kritisieren oder sich selbst – beide Verhaltensweisen bauen das abstrakte Ich auf. Es mag den Anschein haben, das abstrakte Ich werde schwächer, doch stattdessen wird es stärker. Vielleicht haben Sie nicht viel Selbstbewusstsein, und dies baut das abstrakte Ich auf. Was bedeutet es, wenig Selbstbewusstsein zu haben? Es bedeutet, ganz und gar an sich selbst zu kleben, zu glauben, dies und jenes sei nicht gut. Ob Sie sagen »Ich bin der/die Größte« oder »Ich bin der/die Ärmste«, kommt dabei auf dasselbe heraus – Sie bilden eine Mauer um sich herum. Wenn Sie sagen »Ich bin der/die Ärmste« und dann erklären, warum das so ist, heißt das, dass Sie Wissen durch Erinnerungen anhäufen. Und Sie verlieren den leeren Raum. Die Wirklichkeit des Lebens, die höchsten Prinzipien, können nicht erklärt werden.

Wenn Sie tief in Ihrem Inneren Teil des höchsten Prinzips sind, ist klar, dass Sie sich nicht selbst erklären können. Und der Geist ist erpicht auf eine Erklärung. Es spielt keine Rolle, ob es eine Erklärung dafür ist, dass jemand Sie kritisiert hat oder warum Sie nicht genügend Selbstbewusstsein haben. Solange Sie erklären, rechtfertigen Sie und sorgen dafür, dass das abstrakte Ich lebendig bleibt. »Heute war ich ziemlich schlecht gestimmt, daher klappte es mit der Meditation nicht so gut.«

Sie können andere oder sich selbst nur kritisieren und über Dinge sprechen, die bereits geschehen sind, das heißt, die sich in der Vergangenheit zugetragen haben. Auf diese Weise versäumen Sie es, Ihr Leben zu leben. Die Vergangenheit ist nicht mehr das Leben. Die Vergangenheit ist künstlich.

Sagen wir, Sie sprechen mit Ihrem Freund darüber, was ein anderer Freund am Vortag gesagt oder getan hat. Wenn die Vergangenheit wie ein leerer Raum ist, dann füllen Sie den Raum, das heißt, vom energetischen Standpunkt aus betrachtet, nehmen Sie Energie in Anspruch, die genutzt werden könnte, um zu leben, und die Sie stattdessen in die Vergangenheit lenken. Wenn Sie eine Sekunde lang darüber nachgedacht haben, haben Sie bereits Ihre Energie blockiert, die Sie viel intelligenter hätten anwenden können. Sie handeln mit blockierter Energie und bilden eine Mauer um sich herum. Das abstrakte Ich kann das essenzielle Du nicht begreifen. Das höchste Prinzip kann nicht erklärt werden. Es ist weder frei noch gebunden. Das bedeutet, Sie können nicht einmal Freiheit erreichen. Wen wollen Sie befreien?

Sie können sich einzig von dieser Mauer aus blockierter Energie befreien. Es gibt weder das Gefängnis noch Freiheit. In dem Augenblick, wo Sie denken: »Ah, ich habe Freiheit erlangt«, haben Sie Wissen geschaffen – das heißt wiederum: Sie haben Energie blockiert. Vielleicht können Sie die Mauer niederreißen, aber in dem Augenblick, wo Sie denken, Sie hätten die Mauer niedergerissen, haben Sie sie erneut aufgebaut.

Also wird Krishna den Mönch fragen: »Was war dein innerer Antrieb während dieser vierzig Jahre?« Und der Mönch wird antworten: »Erleuchtung, *Samadhi,* Nirwana, Freiheit.« Es ist Ihr denkender Geist – Ihr Wissen – der denkt, er müsse Freiheit schaffen. Das gehört zum Wissen. Aber die Freiheit des Soseins – lebendig und auf alles eingestellt, ist immer vor Ihnen. Sie ist immer da. Wir müssen unsere Zeit nicht damit verschwenden, den Dharma zu studieren und Meditation zu üben, in der Absicht, mehr Wissen zu erwerben, um die sogenannte Erleuchtung zu erlangen.

Seien Sie einmal aufrichtig – was würden Sie tun, wenn Sie nicht wenigstens ein psychisches Problem hätten? Sind Sie sicher, dass Sie dann glücklich wären? Das würde bedeuten, dass niemand für Sie ein Problem darstellt. Mit allem, was da ist, wären Sie absolut im Reinen. Stellen Sie sich vor, wie das wäre. Würden Sie sich dann wirklich wohl fühlen?

Ist es möglich, ein abstraktes Ich zu haben, ohne ein Problem? Wenn es kein Problem gibt, dann besteht absolut keine Notwendigkeit für Nachforschungen. Sie würden zu allem Ja sagen, was ist. Sind Sie dazu wirklich bereit?

Stille und Form

Stille bedeutet, dass es keine Reaktion gibt: Warum sollte ich auf einen Gedanken reagieren, wenn ich nicht der Gedanke bin? Warum soll ich auf eine Körperempfindung reagieren, wenn ich nicht diese Körperempfindung bin? Warum sollte ich auf ein Gefühl reagieren, wenn ich nicht dieses Gefühl bin? Es bedeutet: keine Identifizierung.

Ich benötige Wahrnehmung, um mich identifizieren zu können, und Bewusstsein, um mir einer Sache bewusst zu sein. Die Dinge, deren ich mir bewusst sein kann, haben nicht unbedingt etwas mit mir zu tun.

Warum sollte ich etwas begehren, wo es doch die Abwesenheit von Stille ist? Wenn alles, was ich wünsche, die Vergangenheit – also nicht lebendig – ist, was hat es dann für einen Sinn? Wenn Stille nur Stille ist, wenn es keine Wahrnehmung der Stille gibt, dann kann ich diese Stille mit Wahrnehmung nicht erreichen. Mit Wahrnehmung kann ich ein Klima erzeugen. Je weniger ich reagiere, desto mehr nehme ich wahr, dass, wenn ein Gedanke da ist, nicht ich dieser Gedanke bin, dass nicht ich dieses Gefühl bin usw. Die Wahrscheinlichkeit, dass Stille eintreten kann, wird dann größer. Stille bedeutet Raum und damit die Abwesenheit von Form.

Mein Körper ist eine Form, mein Gedanke ist eine Form, mein Gefühl ist eine Form. Bewusstsein kann nur bewusst sein in Bezug auf Form. Wie wird Form erzeugt? Durch Widerstehen und Ablehnen. In der Stille gibt es keine Form, es gibt keinen Widerstand, keine Ablehnung.

Warum sollte ich verletzt sein, wenn einem anderen Menschen meine Gedanken nicht gefallen? Die Schönheit der Stille besteht darin, dass Sie nur dann erkennen können, dass Sie in der Stille waren, nachdem Sie aus diesem Zustand wieder herausgetreten sind. Aber während des Prozesses selbst können Sie das nicht wahrnehmen. Sie können einen Zustand nicht erklären. Sie können erst im Nachhinein darüber sprechen. Stille ist wie Ja sagen.

Der Geist will nicht Ja sagen. Der Geist will sagen: Ich bin dieser Gedanke, und wenn du nicht mit meinem Gedanken übereinstimmst, dann geraten wir aneinander. Wenn du stärker bist, dann ist das für mich ein

Problem. – Es ist dieses »Ich bin nicht gut genug«, »Du bist dumm«, »Du hast nicht verstanden« usw. Dieses Nein, diese Ablehnung erzeugt die Illusion, Körper, Gedanken und Gefühl seien eine Einheit. Aber mit dem Ja erfolgt keine Reaktion, keine Identifikation, keine Erklärung. Mit dem Ja tritt Stille ein.

Daher: Binden Sie sich nicht an Gedanken. Erzeugen Sie nicht die Illusion, Sie selbst seien die Gedanken. Sie können etwas nicht wahrnehmen, wenn Sie sich damit identifizieren. All das, was Sie wahrnehmen, sind nicht Sie selbst. Tief in Ihrem Inneren wissen Sie das – es ist im eigentlichen Sinne kein Wissen, sondern ein Teil der Essenz, das Sie sind. Und weil Sie das wissen, aber aus irgendeinem Grund nicht damit fertig werden, versuchen Sie, das abstrakte Ich aufzubauen.

Versuchen Sie, den einfachen Mechanismus des abstrakten Ich zu sehen: Klatsch, Groll, Negativität, die Einstellung gegen jemanden, das Sichabgelehntfühlen, Kritik usw. All das zusammen bildet die Form, die »Ich« ist. Wenn ich das sehen kann und wenn ich diesen Identifizierungsprozess beenden kann, muss ich dies auch tun.

Solange ich mich in der Kette befinde, in der das abstrakte Ich dominiert, kann ich nicht in Kontakt mit der Basis sein, was ich bin. Und der Geist will nicht an diese Basis gehen. Er will stolz auf sein Denken sein und sagen: Ich bin das Gefühl, der Gedanke usw. Die Basis ist sehr einfach: Sie können nicht das sein, was Sie wahrnehmen. Was Sie in Ihrer Tiefe sind, ist jenseits der Wahrnehmung.

Befreien Sie sich selbst

Der Geist ist – seiner Natur gemäß – ständig im Konflikt. Konflikt braucht immer einen Gegenstand vor sich: Opposition oder Widerrede. Der Mensch, Ihr Gegenüber, ist Ihr Feind, wenn er sich in seinem Verhalten nicht nach Ihren eigenen Vorlieben oder Überzeugungen richtet. Es entspricht der Natur des Geistes, auf jemand anderen das zu projizieren, was Sie nicht in sich selbst anerkennen können. Das führt dazu, dass Sie denken, immer sei jemand anderes für das verantwortlich, was Sie sind: Ihr Bruder, Ihre Mutter, Ihr Lehrer usw. Doch das stimmt nicht, das ist eine Illusion. Freiheit bedeutet, diese Illusion zu überwinden und zu sehen, dass absolut niemand verantwortlich dafür ist, wie Sie sich fühlen.

Je mehr sich ein Mensch entsprechend unseren Erwartungen verhält, desto mehr mögen wir ihn. Aber was hat das mit diesem Menschen zu tun? Wir erzeugen unsere Vorlieben und Abneigungen in unserem Geist. Sie müssen Ihr Gegenüber bzw. den Menschen, der vor Ihnen ist, als leeren Raum sehen. Was wird der Geist tun, wenn da ein leerer Raum ist? Er kann ihn nicht bekämpfen oder kritisieren. Er kann nicht darüber nachdenken, warum jemand sich auf eine bestimmte Weise verhält. Der leere Raum vor Ihnen bringt Sie direkt zu Ihrer eigenen Quelle zurück.

Die Psychologie hat ein riesiges Fiasko angerichtet, da sie davon ausgeht, dass Sie heute so sind, wie Sie sind, weil bestimmte Dinge in Ihrer Kindheit geschehen sind. Wo ist in all dem Ihr eigenes Wesen? Diese Auffassung macht Sie zu einer Marionette, und Ihr Leben wird von der Situation und der Familienstruktur beherrscht, in die Sie hineingeboren wurden. Was hat das mit Freiheit zu tun? Was hat das mit dem zu tun, wie Sie wirklich sind?

Ich will nicht behaupten, wenn Sie als Kind geschlagen und vernachlässigt wurden, habe dies keinerlei Einfluss auf Ihre Seele, Ihr Wesen, Ihre Gefühle und Ihre Gedanken. Doch die Frage lautet: Ist dieser Einfluss wirklich so groß, wie Sie meinen?

Weisheit – die über den Intellekt, das Wissen hinausgeht – kann nicht überprüft werden. Vielleicht kam Ihnen das, was Sie in Ihrer Kindheit erlebt haben, furchtbar vor, aber zumindest haben Sie dadurch Ihre eigene Weisheit gewonnen.

Haben Sie den Mut, diese Weisheit in die Welt einzubringen? Oder betrachten Sie Ihr Gegenüber und fragen sich, ob er Sie mag oder nicht, mit Ihnen ein- und derselben Meinung ist oder nicht. In dem Augenblick, wo Sie beginnen, sich auf den Menschen, der Ihnen gegenüber steht, zu konzentrieren, zweifeln Sie Ihre ureigene Weisheit an. Versuchen Sie nicht, Ihre ureigene Weisheit zu ergründen. Leben Sie sie – unabhängig von anderen.

Gibt es ein Kind, das nicht seine eigene Weisheit hat? Wenn ein Junge in seiner Kindheit vernachlässigt war und später, mit sechzehn Jahren ein Auto stiehlt, tut er das dann, weil er vernachlässigt wurde? Oder ist es vielmehr ein verzweifelter Versuch, mit seiner Weisheit in die Welt hinauszugehen? Ist Stehlen nicht lediglich ein Akt der Verzweiflung?

Jede Aggression ist nichts anderes als Schmerz, und Sie versuchen, ihm zu entgehen. Jede Aggression ist Angst. Aber die Substanz selbst, der Kern, das Zentrum ist leer. Es ist sinnlos, jemanden nach dem, was er sagt, zu beurteilen. Stattdessen sollte man ihn nach dem, was er tut, beurteilen. Aber wenn er nicht in Liebe handelt, dann sollte man ihn nicht im Sinne eines Urteils bewerten, sondern erkennen, dass er verzweifelt sein muss, weil er nicht imstande ist, aus Liebe heraus zu handeln.

Kinder, die in ihrer Kindheit viel gelitten haben, besitzen oft mehr Weisheit als jene, um die man sich gut gekümmert hat. Das Leiden hat sie schon sehr früh aufgeweckt. Vielleicht haben sie keinen Weg gefunden, aus Liebe heraus zu handeln, aber sie hätten ihn auch nicht gefunden, wenn sie eine gute Kindheit gehabt hätten. Wiederum ist nicht dies das Problem. Eine gute oder schlechte Kindheit ist nicht der Punkt. Keinem von uns fällt es leicht, den Weg zur Liebe zu finden. Im Gegenteil – es ist schwierig. Sie müssen sich selbst aus dem Gefängnis der Psychologie befreien, die uns darauf konditioniert, an die Täuschung zu glauben, jemand sei dafür verantwortlich, wie Sie jetzt sind.

Weder Gott noch Ihr Ehemann sind für Ihr Leben verantwortlich. Nur Sie selbst! Aber Ihr Geist will all diese Verantwortung nicht übernehmen; er will nicht sehen, dass es für jeden Menschen schwierig ist, sich in Raum und Liebe hineinzubegeben. Es ist die Aufgabe des Geistes, Sie von der Liebe abzuhalten. Wir sind gefangen aufgrund all der Konzepte, an die wir uns klammern, anstatt auf die Weisheit, auf das Wesentliche zu schauen.

Gedanken entstehen und vergehen wieder. Fortwährend werden Gefühle und Gedanken geboren und sterben wieder. Sie sind nicht ewig. Ein Gedanke führt zu einer Assoziation anderer Gedanken. Es ist eine unaufhörliche Kettenreaktion von Ursache und Wirkung. Sobald diese Kettenreaktion begonnen hat, gibt es keinen Unterschied zwischen einem Gedanken und einem anderen. Der Prozess ist immer der gleiche. Ein Gedanke entsteht, und da er stirbt, erzeugt er durch Assoziation sofort einen anderen. Der Gedankenfluss wird nicht gestoppt. Erfolgt keine Assoziation von einem Gedanken zum anderen, unterbricht sich der vorausgehende Gedanke selbst. Dann ist der denkende Geist so erschreckt, dass wir sofort einen anderen Gedanken erzeugen, der in Assoziation mit dem steht, der soeben stirbt – wir klammern uns also zuerst an den einen Gedanken und dann sofort an den nächsten. Wenn der Gedanke stirbt und da nichts ist – was tut mein Geist dann? Er erzeugt die Illusion, dass da tatsächlich etwas vor mir ist, und sagt: Das, was da vor mir ist, kann nur bewältigt werden, wenn Gedanken nicht sterben. Der Geist ist entsetzt, wenn ein Gedanke stirbt, weil dies bedeutet, dass der Geist selbst stirbt.

Wenn da nichts vor Ihnen ist, wenn Weisheit nicht ergründet werden kann, wenn die Substanz selbst leer ist – welchen Zweck hat dann das

Denken? Nun, ohne Denken gibt es kein Leben. Was immer hier auf Erden von Menschen geschaffen wurde, entstand durch die Kraft des Denkens. Wenn Sie von einem Ort zum anderen gehen wollen, brauchen Sie Gedankenkraft. Aber benötigt eine Beziehung gedankliche Kraft? Oder ist es nicht vielmehr die gedankliche Kraft selbst, die eine Beziehung tötet? Meines – deines; du hast das getan – du hast jenes nicht getan … Wenn Weisheit in Denken umgesetzt wird, entsteht ein Konflikt. Auf einer Ebene können wir gedankliche Kraft effizient einsetzen, und auf einer anderen Ebene ist gedankliche Kraft nutzlos.

Es gibt unterschiedliche Ebenen der Wahrnehmung. Zuerst müssen Sie den Gedankenprozess sehen und lernen, Ihr Denken zu beherrschen. Aber wie können Sie das Denken beherrschen, wenn Sie an all die Konzepte glauben? Sie wissen nicht einmal, ob sie wahr sind oder nicht.

Das Einzige, an das Sie wirklich glauben können, ist Ihre eigene innere Weisheit. Ein Beispiel: Wenn Sie an das buddhistische Konzept des *Bodhisattva* glauben, wenn Ihrer Weisheit zufolge Ursache und Wirkung Leiden erzeugen, wie wollen Sie – falls es wirklich Ihrer Weisheit entspricht – darauf reagieren? Sie werden Ihre gesamte Energie darauf verwenden, anderen Menschen zu helfen, aus diesem Elend herauszukommen. Das Handeln zählt – nicht Wissen und Beschreibung. Ihre Weisheit ist tausendmal wertvoller als jede andere Weisheit – einfach, weil Sie danach handeln. Die Weisheit der anderen bringt Sie dazu, träge zu werden und zu glauben, was Sie hören. Glauben bedeutet, dass Sie Ihre eigene Weisheit hintanstellen.

Wenn Sie auf einer bestimmten Ebene, wo Denken entsteht und stirbt (Denken ist niemals ewig), das Assoziieren beenden können, unterbricht der vorausgehende Gedanke sich selbst. Dann sind Sie natürlicherweise im Zustand der Stille.

Denken lebt in der Vergangenheit. Aus der Vergangenheit heraus kann Denken die Illusion von etwas projizieren, das vor Ihnen ist – und das Zukunft genannt wird. Aber Ihr ureigenes Wesen kann nicht in der Vergangenheit, der Gegenwart oder der Zukunft sein. Ihr ureigenes Wesen ist nicht in der Zeit verankert. Die Gegenwart gehört in den Bereich der Zeit, sie ist eine Lücke oder Brücke zwischen der Vergangenheit und der Zukunft. Aber das Wesentliche, wo nichts ist, gehört keiner Zeit an.

Nur was lebendig ist, kann außerhalb der Zeit und ohne Geist, ohne Denken sein. In dem Augenblick, wo Sie Liebe als lebendige Energie empfinden, gibt es kein Konzept und keine Idee, keine Form, die sagt:

»Das ist Liebe.« Die Substanz an sich ist leer. Aber der Geist hypnotisiert sich ständig selbst, indem er das in Gedanken beschreibt, was im Wesentlichen lebendige Energie ist. Beispielsweise denkt er: »Ich liebe jetzt«, »Ich bete jetzt«, »Ich bin in diesem oder jenem Zustand.« Er versucht fortwährend, das Sein durch Beschreibung zu erfassen und es in Form zu verwandeln. Freiheit bedeutet, dass es absolut keine Möglichkeit gibt, etwas anhand einer Form zu betrachten. Die Substanz selbst ist leer. Kein Geist, kein Buddha. Empfindsame Wesen sind ohne Geist. Sie offenbaren sich aus dem Nicht-Geist heraus.

Vielleicht sagen Sie jetzt: Aber ich kann mich meines Geistes nicht entledigen. »Empfindsame Wesen sind ohne Geist« heißt nicht, dass wir aufhören, unseren Geist zu benutzen. Es geht darum, unseren Geist auf intelligente Weise zu verwenden, wie eine Art Mikroskop, um zu prüfen, ob unser Verhalten auf unserer eigenen Weisheit beruht oder nur angesammeltes Wissen ist, das aus Büchern und von irgendwelchen Lehrern stammt.

Es geht darum, den Geist zu nutzen, um den Projektionen Einhalt zu gebieten, die ihn von der Freiheit abhalten. Projektionen des Geistes bedeuten schlichtweg, dass man an etwas glaubt, an ein Konzept wie Liebe, Gebet, Meditation, das nicht unserer eigenen Weisheit entspringt.

Es ist nichts Verkehrtes am Geist. Sie sollten die Kraft des Denkens nutzen, um Ihr Leben zu führen, aber Sie sollten sie ebenso dazu nutzen, um alle Konzepte zu zerstören. Werden Sie nicht träge, und sagen Sie nicht: »Nun gut, ich glaube jetzt ein bisschen an dies oder jenes, *weil* es mir gerade so passt.« Freiheit besteht dann, wenn Sie nicht an irgendetwas glauben, das nicht Ihnen selbst entstammt. Achtzig Prozent unseres täglichen Lebens basieren auf nicht hinterfragten Glaubensstrukturen, auf Gewohnheiten – und haben nichts mit unserem wahren Wesen zu tun.

Es ist leichter, mit dem Finger auf andere zu zeigen, beispielsweise auf einen Muslim, der sein Denksystem aggressiv verteidigt, ohne ihn auch nur einmal gefragt zu haben: »Was bedeutet das eigentlich?« Sobald Sie von Ihrer eigenen Weisheit ausgehen, ist es unmöglich, mit jemand anderem zu kämpfen. Dann erkennen Sie, dass, selbst wenn die Weisheit des anderen im Widerspruch zu Ihrer steht, nichts falsch daran ist. Im Gegenteil: Das ist gut so, weil Sie von Ihrer eigenen Weisheit ausgehen müssen. Es sind die Glaubenssysteme, die Konzepte, die Kriege und Konflikte hervorrufen. Sie sind Ersatz für unser Unvermögen, aus unserer inneren Weisheit heraus zu leben. Was wäre wohl mit Jesus geschehen, wäre er nicht für seine eigene Weisheit eingetreten? Das Leben beruht auf dieser Substanz, die leer ist. In diesem Sinne bedeutet leer auch: Keine oberflächlichen, hohlen Konzepte und Überzeugungen, die fraglos akzeptiert werden.

Schaffen Sie sich Ihre eigene Religion, ohne eine Organisation zu bilden. Einer anderen Religion folgen heißt, sich selbst verleugnen. Leben Sie Ihre eigene Substanz der Leere und Weisheit – und Sie werden zu einem religiösen Menschen. Dann offenbaren Sie sich aus dem Nicht-Geist heraus. In diesem Sinne werden Sie authentisch.

Was hat es für einen Sinn, über Dinge zu sprechen, die nicht wirklich in Ihnen selbst sind? Es ist nicht weiter schwierig, fortwährend das zu wiederholen, was in der Bibel steht. Vielmehr ist es schwierig zu erkennen, was Ihrer *eigenen* Ansicht nach in der Bibel steht. Aber lohnt das Leben nicht nur, wenn es sich aus dem Nicht-Geist heraus offenbart? Kann es bei einer Manifestation aus dem Nicht-Geist heraus Aggression oder Angst geben? Nein, das ist unmöglich!

Wie Ihre Weisheit auch aussehen mag – wenn Sie sie leben, wird sie Sie immer auf direktem Weg zur Liebe führen. Jenseits des Geistes gibt es nichts als Liebe. Aber diese Liebe ist leer. In der Vergangenheit, in der Gegenwart und in der Zukunft gibt es nichts – keinen Geist, keinen Buddha. Vor der Liebe – wenn sie nicht nur ein Konzept ist – ist Stille, nichts. Der Nicht-Geist und die Offenbarung aus dem Nicht-Geist heraus bedeuten nicht zwangsläufig überströmende Liebe. Zuerst einmal bedeuten sie Stille. Das heißt, alles, was immer vor Ihnen ist, ist zu einem leeren Raum geworden. Es ist niemand vor Ihnen, mit dem Sie kämpfen könnten.

Natürliche Weisheit erleuchtet sich selbst. Gier, Erfolg, Erleuchtung sind nicht notwendig. Erleuchtung ist ein Konzept, ein Glaubenssystem, keine Handlung.

Gedanken und Gefühle

Gedanken an sich sind Wunder. Sie geben uns die Möglichkeit zu beschreiben und zu erklären, was nicht nur durch Gefühle ausgedrückt werden kann. Im Kindesalter ist das Erste, dessen Sie sich bewusst werden, dass Sie Gefühle haben. Sie *denken* ein Gefühl nicht – Sie sind einfach in einem Zustand der Schwingung, des Empfindens. Zuerst hat Ihr Körper, hat Ihr Bewusstsein nur drei Möglichkeiten: weinen, weil Sie Hunger oder Durst haben oder sich unbehaglich fühlen; weinen, weil Sie trauern, das heißt aufgrund mentaler Schmerzen; und lachen, auf- und niederhüpfen als Ausdruck innerer Freudengefühle.

Aber bald merken Sie, dass andere Leute scheinbar Mühe haben, zu erkennen, ob Sie aus Trauer, aus Freude, aus Schmerz, aus Hilflosigkeit oder aus Frustration weinen. Und das ist der Moment in jedermanns Kindheit, wo das Gehirn, der Geist beginnt, Beschreibungen zu verwenden, um das Gefühl auszudrücken. Gedanken entstehen aus Gefühlen, und der Energie der Schwingung wird ein Name gegeben. Und wenn etwas benannt werden kann, ist es eine Beschreibung. Es ist nicht länger das Gefühl der Freude, Frustration oder Trauer.

Wenn Sie ein Foto von einem Sonnenuntergang machen und es jemandem zeigen, der ihn nicht gesehen hat, versteht er vermutlich, wovon Sie sprechen, aber der Sonnenuntergang auf dem Foto ist nicht die Energie des Sonnenuntergangs. Wie auch immer Sie ein Gefühl beschreiben – ein Teil der Energie ist damit dahin. Sie vertreten vielleicht die Auffassung, dass Sie durch eine Beschreibung – und Denken ist immer eine Beschreibung – Ihre Gefühle kommunizieren können. Denken kann sehr genau sein; und am Denken an sich ist nichts Verkehrtes. Wenn wir etwas verstehen wollen, denken wir darüber nach. Aber Denken ist nichts Reales. Ein Gedanke ist eine Beschreibung, die dem Wirklichen folgt.

Ein Gedanke kann sehr schnell und machtvoll sein. Wenn sich meine Energie der Abneigung gegen jemanden richtet, so verletzt es diesen Menschen mehr, wenn ich diese Abneigung ausdrücke oder beschreibe, als äußerlich nicht zu reagieren. Und wenn ich sage »Du bist wundervoll«, selbst wenn ich das nicht wirklich meine, so scheint der andere einen Wert zu bekommen, den ich ihm im Grunde gar nicht zumesse. Auf diese Weise beginnt der Geist zu glauben, dass Denken, Ausdruck und Beschreibung wichtiger sind als die Energie selbst.

Jeden Tag sehen Millionen von Menschen fern und meinen, das, was sie da sehen, sei die Realität. Aber eine Seifenoper oder ein Film über den Krieg haben keine Energie – sie sind Denken, das in Bildern ausgedrückt wird. Sie würden nicht mit Vergnügen einen Thriller anschauen, in dem in der nächsten Minute jemand umgebracht wird, wenn Sie sich wirklich in einer solchen Lage befänden und die Energie der Situation spürten. Mit der Zeit wird das Geistbewusstsein davon überzeugt, dass Denken und Beschreibung wichtiger sind als Energie. Wenn Sie zu jemandem sagen, dass Sie ihn lieben, fühlen Sie dann die Energie der Liebe, oder ist es nur die Beschreibung davon? Können Sie sehen, wie verwirrend all das wird?

Der Geist sagt: Denken bringt Klarheit, aber hinsichtlich der Energie und des Fühlens trifft das Gegenteil zu. Wenn Sie es mit dem Fühlen zu tun haben, kann Denken die Klarheit beeinträchtigen. Wir wollen, dass die Dinge entweder schwarz oder weiß sind …

Aber die Energie des Fühlens folgt nicht dem denkenden Geist. Sie können ein bestimmtes Gefühl haben – das ist Energie –, und können versuchen, es mit Ihren Gedanken abzutöten, weil Sie meinen, Sie sollten es nicht haben. In der Psychologie nennt man so etwas Verdrängung. Verdrängung heißt, dass Sie diese Energie nicht wirklich töten können – Sie können sie eine Weile unter Kontrolle halten, aber eines Tages wird die Energie stärker sein als Ihre Gedanken.

Je länger wir nur durch das Denken leben, desto gefährlicher wird die Energie. Und wenn schließlich Stille eintritt, gerät der konditionierte Geist außer Fassung. Im Raum der Stille verlieren wir die Fähigkeit zu beschreiben, weil es keinen Gegenstand, keine Form vor uns gibt und wir uns verloren fühlen.

Es ist äußerst wichtig, dass wir das Wort *Spirit* verstehen – den heiligen *Spirit,* den schamanischen *Spirit,* den *Spirit* der Welt. *Spirit* ist der leere Raum, in dem Form geschieht. Jeder von uns stellt eine Form mit einer gewissen Schwingung dar, und diese Schwingung ist nur möglich, weil Raum vorhanden ist. Schwingung bedeutet eine Bewegung, eine Bewegung braucht Raum, und der Spirit ist dieser Raum. Daher hat *Spirit* niemals eine Form.

Wiederum sagt der Geist: »Nein, das Denken erzeugt Klarheit.« Doch das bedeutet, dass der Zugang zum Raum eingeschränkt ist. Was tut der Geist, wenn er sieht, dass Denken Unklarheit und Verwirrung über den *Spirit* bringt – den Raum, in dem Form sich entwickeln kann?

Der Geist sagt: »Ich will versuchen, diese Aktivität des Geistes, des Denkens zu beenden.« Und das ist genau der Punkt, wo die Dinge falsch laufen. Wenn der Geist das Denken beenden möchte, wird er noch sprunghafter.

Zuerst ist da Energie, die Emotion, Gefühl ist. Zum Kommunizieren verwenden wir die Sprache, um diese Empfindungen, Emotionen und Gefühle zu beschreiben. Wenn Sie sehen, dass Denken Unklarheit bringt, sagen Sie: »Gut, also werde ich versuchen, die Dinge nicht mehr zu beschreiben.« Doch immer wenn Sie Ihrem Gehirn einen Befehl geben, kommt dieser Befehl vom Denken. Aber jetzt ist das Denken in zwei geteilt – in das Denken, das Ihrem Gehirn sagt: »Ich werde versuchen, nicht mehr zu denken« und das Denken, das versucht, zu erfassen, ob Sie nun nicht mehr denken. Auf diese Weise wird das Denken unbeständig und sprunghaft.

Jede absichtliche oder bewusste Bewegung, die Sie mit Ihrem Körper machen, wird durch einen Gedanken angeregt. Nehmen wir an, Sie haben die Absicht, aufzustehen. Sie sagen sich: Ich werde jetzt aufstehen. Im Unterschied dazu das Kleinkind – es sagt nicht: »Ich stehe auf.« Ein Kleinkind fühlt den Drang, die Energie der Bewegung, und bewegt sich, aber es denkt nicht bewusst: »Ich bewege mich aus diesem oder jenem Grund.«

Die Bewegung der Energie befindet sich auf der Ebene der Emotion. E-*motion* – etwas in Bewegung bringen – ist unabhängig von dem Befehl oder der Absicht eines Gedankens. Sie können nicht befehlen, dass ein Gefühl, eine Energie in Bewegung gesetzt wird.

Sie können nicht sagen: »Jetzt fühle ich gleich Aggression« oder »Jetzt fühle ich gleich Liebe«, so wie Sie sagen »Jetzt will ich gleich aufstehen«.

Das Gehirn macht keinen Unterschied zwischen Wirklichkeit und Illusion; daher ist es möglich, ein Bild zu betrachten und sofort darauf mit Wut oder Angst zu reagieren. Aber wenn Sie ein festes Bild von der Liebe im Kopf haben, werden Sie deswegen noch nicht imstande sein, Liebe zu »erzeugen«. Langsame Gefühle werden niemals durch das Denken beeinflusst. Ansonsten würden alle Menschen ständig im Zustand der Glückseligkeit sein, denn alle wollen Liebe.

Raum, Energie, Gefühle sind unabhängig vom Denken. Beschreibung begrenzt die Bewegung der Energie, des Raums. Die Auffassung, wonach Sie Energie durch Denken kontrollieren können, ist absurd. Energie bewegt sich durch Fühlen. Darum ist im modernen Sport die mentale Arbeit so wichtig geworden. Mentale Arbeit bedeutet beispielsweise für einen Golfspieler, dass er in dem Augenblick, wo er den Ball schlägt, von seinem Denken völlig losgelöst ist – ansonsten würde die Bewegung falsch laufen.

Wenn Sie etwas verstehen, indem Sie darüber nachdenken, und dann versuchen, das, was Sie durch das Denken verstanden haben, zu ändern, so wird es nicht funktionieren. Wenn Sie das Gefühl haben, Sie seien nicht liebevoll, können Sie Ihrem Gefühl dadurch, dass Sie darüber nachdenken, eine Beschreibung geben – nämlich: Ich bin nicht liebevoll. Doch dann erfahren Sie, dass Sie nur dann erleuchtet werden, wenn Sie liebevoll sind. Also denken Sie: Gut, jetzt muss ich liebevoll sein. Aber die

Energie, Ihr Gefühl ändert sich deswegen nicht, und Ihr Geist wird nur noch unbeständiger.

Nehmen wir einmal an, Sie hätten große Lust, nach Afrika zu reisen, aber Sie haben kein Geld oder keine Zeit dafür. Ich gebe Ihnen ein Buch mit schönen Bildern von Afrika. Vielleicht gefällt Ihnen das Buch, aber es ist nicht Afrika. Vielleicht nutzen Sie Ihre Fantasie, um anhand dieses Buches einen guten Eindruck von Afrika zu bekommen, aber das Bild in Ihrem Geist ist nicht die Energie Afrikas. Sie werden nicht danach zu anderen Menschen sagen: »Ich war in Afrika«, und wenn diese Sie fragen, wann Sie dort gewesen seien, erwidern: »Ich war zu Hause und haben mir ein Buch darüber angeschaut.« Aber genauso funktioniert Denken. Ich bin dies, ich bin das – du bist dies, du bist das. Das alles hat nichts mit der Wirklichkeit zu tun. Befehlen Sie dem Geist, die Denkaktivität zu beenden, und er wird nur noch unbeständiger werden.

Die Illusion nimmt ihren Anfang, weil wir Energie kommunizieren wollen, und es ist das Wunder des Denkens, dass wir dies tun können. Wenn Sie von Afrika zurückkommen, können Sie durch das Denken beschreiben, was Sie erlebt haben. Sie können den Menschen, mit dem Sie gerade kommunizieren, nicht nach Afrika mitnehmen. Sie können nicht sagen: Schau, das ist Afrika. Wenn Sie also das, was Sie als Energie erlebt haben, durch Denken nutzen können, dann ist das wunderbar – denn das ist die Aufgabe des Denkens. Aber wir funktionieren genau umgekehrt.

Zuerst findet der Energieprozess statt und dann das Denken. Sagen wir, Sie lesen ein Buch und sehen sich dann den Film an, der davon produziert wurde. Vielleicht sind Sie enttäuscht von dem Film. Oder jemand sagt zu Ihnen: »Das ist ein großartiger Film, den musst du sehen«, und Sie sind enttäuscht, wenn Sie ihn dann anschauen. Hätte der Betreffende Ihnen nichts erzählt, hätten Sie nichts Bestimmtes erwartet, und Ihre eigene Energie wäre lebendig und aufnahmebereit gewesen. Jetzt ist Ihre Energie durch die Erwartung eingeschränkt. Erwartung ist immer Denken. Wenn Sie eine unmittelbare Erfahrung gemacht haben, werden Sie immer frustriert sein, wenn Sie versuchen, sie hinterher zu beschreiben.

Letztendlich leben wir in einem Denkprozess, ohne sicher zu sein, ob das, was wir ausdrücken, wirklich Teil der Erfahrung ist oder nur Illusion. Versuchen Sie nicht, mit Hilfe des Denkens aus dem Denken herauszutreten. Beschreibungen bringen Sie vom Leben weg. Beschreiben Sie sich selbst – und Sie werden zu einem künstlichen Wesen, das nicht länger lebendig ist.

Denken ist schön, aber es ist nicht das Leben. Denken ist machtvoll, aber es hat nichts mit *Spirit,* mit Raum zu tun. Sie können Beschreibungen von der Welt, vom Leben, von der Liebe, vom Universum, von Buddha, Mohammed und Allah finden. Aber diese Beschreibungen werden nie lebendig sein. Ein Gedanke ist wie ein Buch – selbst wenn es sich um die schönste Beschreibung einer Liebesgeschichte handelt, ist es nicht die Liebesgeschichte als lebendige Energie. Es ist schön, eine Liebesgeschichte zu lesen, aber verwechseln Sie die Beschreibung nicht mit dem Leben selbst.

Wenn wir die großen Gestalten aus der Religion betrachten – Buddha, Mohammed, Jesus, Krishna –, so würden sie heute auf die Erde heruntersehen und denken: Ihr seid verrückt mit euren Beschreibungen des Korans, der Bibel und so weiter. Welche Beschreibung ihr auch immer nehmt, am Ende gibt es nur eine Tür. Die Tür ist für jeden Menschen genau dieselbe – ob ihr Christen oder Muslime oder Hindus oder Buddhisten seid.

Der Geist beschreibt eine Tür als etwas, durch das Sie schreiten, um hinein- oder hinauszugehen. Aber es gibt weder ein Hinein noch ein Hinaus. Jesus hat gesagt: Mein Vater und ich sind eins. Das heißt: genau dasselbe. Sie sind die Tür. Es gibt keine Tür, die zu erreichen ist. Die Tür kann in keiner Beschreibung gefunden werden. Wenn es eine Tür zum Christentum gäbe, müssten Sie diese Tür finden. Das ist wie die Suche nach dem Heiligen Gral. Der Heilige Gral ist Ihre Herzenergie. Er kann nicht außerhalb gefunden werden. Die Tür sind Sie selbst. Sie gehen niemals hinein und wieder heraus. Sobald Sie mit Ihrer Energie – nicht mit Ihrem denkenden Geist – sehen, dass Sie selbst die Tür sind, brauchen Sie keine Anstrengung mehr zu unternehmen, um sich auf die Stille zuzubewegen.

Sobald Sie sehen, dass Sie die Tür sind, fallen Sie sozusagen in die Stille hinein, weil Sie jede Suche, jedes Bemühen, jedes Verstehen aufgeben. Sie ist einfach da. Sie ist *immer* vor Ihnen, um Sie herum; daher können Sie auf das vertrauen, was Sie selbst sehen. Das Wort *vertrauen* wird häufig mit *passiv glauben* assoziiert. Doch vertrauen bedeutet – energetisch betrachtet –, zu sehen, dass da überhaupt nichts ist, was Sie erreichen müssen, weil Sie selbst die Tür sind. Sie müssen nicht versuchen, still oder ruhig zu sein, und Sie müssen auch nicht versuchen zu verstehen. Sie sind einfach. Das ist *Spirit.* Der Raum ist einfach da. Und wer auch immer sich in diesen Raum hineinbewegen will – und Sie können sich nur in diesen Raum hineinbewegen, Energie kann sich nur bewegen, wenn Raum da ist –, ist willkommen. Es gibt weder gut noch schlecht.

Der Krieg, den Sie mit sich selbst führen, geschieht nie wegen des Gefühls, weil es nur Energie ist – er vollzieht sich in der Beschreibung, die Sie der Energie geben. Aus irgendeinem Grund beginnt die Energie sich zu bewegen. Vielleicht beschreiben Sie diese Energie als Wut und Aggression. Dann kommt: Wut ist schlecht. Das ist kein Gefühl, es ist eine Beschreibung. Und die Energie, die zu einer Bewegung in den Raum hinein hätte werden können, ist verloren; sie wird auf die Beschreibung beschränkt. Jeder Konflikt – in Ihrem Kopf oder mit einem anderen Menschen – ist eine Beschreibung, die darlegt, in welcher Weise Sie mit der Welt nicht auskommen.

Was geschieht mit dem Prozess der Aggression plus Beschreibung? Die Beschreibung bewegt die Energie nun in eine bestimmte Richtung, hin zu anderen Menschen. Nicht zum *Spirit* hin, nicht in den Raum, sondern hin zu einer Form. Ohne Beschreibung würde die Energie sich einfach als Vitalität bewegen und Sie heilen. Aber wenn sie durch Beschreibung auf etwas zubewegt wird, wenn ein Gedanke in Konflikt mit einem anderen gerät, wird diese Energie zerstörerisch.

Wenn es nur eine Tür gibt, wenn die Energie der Aggression oder der Angst – das heißt, die schnellen Gefühle – nicht durch Beschreibung zerstört wird, dann können sie sich nur zum Herzen hin bewegen. Sie können nur zu Trauer und Liebe werden. Wenn Aggression nicht durch Beschreibung gesteuert wird, sondern so belassen wird, wie sie ist, wird sie zu Mitgefühl. Wenn Angst nicht durch Beschreibung gesteuert wird, wird sie zu Fürsorglichkeit, zu Leiden für die Welt. Wenn es nur eine Tür gibt und wenn es weder ein Hinein noch ein Hinaus gibt, dann bewegt sich die gesamte Energie, die erzeugt wird – falls sie nicht durch Denken verringert wird –, zu einer höheren Bewusstseinsebene.

Niemand sagt zu Ihnen, Sie sollten nicht wütend werden, wenn Sie sehen, wie ein Mann oder eine Frau ihr Kind schlagen. Wenn Sie jedoch Ihre Wut durch Beschreibung gegen diese Menschen richten – als Rechtfertigung für Ihre Wut –, dann haben Sie den Input Ihrer Wut missverstanden. Betrachten Sie Ihre Wut wirklich näher, werden Sie sehen, dass Sie sich selbst häufig mit ständiger Kritik quälen und sich einreden, Sie müssten sich bessern.

Wie unterscheidet sich dies von der Mutter, die ihr Kind schlägt? Energie ist da, um Sie selbst zu bewegen, nicht andere. Energie ist da, um Ihnen bewusst zu machen, dass Sie die Tür sind. Und alle äußeren Quellen sind nur Spiegel, die Ihnen ermöglichen, sich mit dieser Energie zu bewegen.

In dem Augenblick, wo Sie beginnen zu beschreiben und sich rechtfertigen, haben Sie die Frau verurteilt und angefangen, das Spiel des Geistes zu spielen. Vielleicht denken Sie, dass Sie ganz anders sind. Sind Sie sicher, dass Sie sich in Ihrem Inneren nicht genauso benehmen wie diese Frau? Wie oft diktieren Sie sich, wie Sie sich benehmen sollten? Sie können von einer Frustration erfasst werden, aber in dem Augenblick, wo Sie die Rechtfertigung hineinbringen, entfernen Sie sich von sich selbst. »Es muss genau so sein und nicht anders.« Wie oft sind Sie wirklich bereit, alles offen zu lassen, ohne ein Urteil zu fällen?

Wie schnell sind wir wütend oder verletzt, wenn jemand nur ein klein wenig unsere Macht angreift? Vielleicht fühlen Sie sich mächtig, und dann sagt jemand zu Ihnen: »Ich glaube nicht wirklich an das, was Sie da sagen.« Was dann? Menschen sind nicht da, um be- und verurteilt zu werden. Sie sind da, um Sie daran zu erinnern, dass Sie beachten, was in Ihrem Inneren geschieht. Mit der Macht des Denkens werden Sie nie zu dieser Tür kommen.

Das Denken erzeugt die Illusion, es könne verschiedene Türen geben, und daher müssten Sie sich nur etwas Mühe geben, nach dem Motto »Wenn ich Glück habe, wenn ich Buddhist bin, werde ich erleuchtet werden«. Aber das ist genau das, was Sie davon abhalten wird, die Tür wahrzunehmen. Sie selbst sind die Tür.

Wenn Sie dies als Wirklichkeit wahrnehmen und nicht als einen Gedanken, so wird Ihr Geist ausgerichtet sein, ohne umherirrende Gedanken. Geben Sie sich nicht der Illusion hin, Sie könnten die Tür wahrnehmen, indem Sie darüber nachdenken oder indem Sie versuchen, sie zu beschreiben. Verwenden Sie Beschreibungen da, wo es notwendig ist, aber wenn es um Energie geht, sind sie nutzlos.

Noch einmal: Wegen des Denkens ändern Gefühle nicht ihre Richtung; Denken verlangsamt nur die Bewegung. Gefühle sind Vehikel des *Spirits,* und Denken ist, als ziehe man Sie aus dem Vehikel heraus. Ein ausgerichteter Geist impliziert, dass sogar das Denken Teil des Ganzen ist. Man kann nicht sagen, denken sei gut oder schlecht. In dem Augenblick, wo Sie sagen, denken ist schlecht, bringen Sie einen Gedanken hinein, der dieses Denken bekämpft. Sobald Sie das durchschauen, werden Ihre Gedanken aufhören umherzuirren.

Wenn Sie sehen, dass Denken nur als Beschreibung schön ist, und überdies begreifen, dass die Beschreibung niemals die Wahrheit ist, werden Ihre Gedanken ruhiger werden. All die unzähligen Ansichten und

Ideen werden sich an einem Ort zusammenfügen. Welches ist dieser eine Ort? *Spirit,* Raum, Liebe.

Im Konflikt mit etwas sein bedeutet, dass Sie in einem Widerspruch zwischen Ihnen und dem, was in Ihnen geschieht, gefangen sind. In Harmonie sein bedeutet, zu sehen, dass alle Beschreibungen eben nur Beschreibungen sind, nicht aber Energie – Sie registrieren sie zwar, reagieren aber nicht mehr darauf.

Erfasst Sie etwa ein Gefühl der Angst, gehen Sie in dem Denken nicht sofort von der Beschreibung aus und sagen nicht: Etwas muss gerade falsch laufen, weil ich ein Gefühl der Angst habe. Vielmehr betrachten Sie es und lassen es außer Acht, weil Sie den Unterschied zwischen der Beschreibung und der Energie sehen. Daraus entsteht Frieden.

Seien Sie froh, die Fähigkeit zu besitzen, durch Denken etwas zu beschreiben, weil es eine große Hilfe darstellt; aber erkennen Sie die Begrenztheit darin.

Zusammenfassung

- Wissen bringt Ihnen nicht Liebe; Wissen ist Nicht-Wissen.
- Was Sie in Ihrem wahren Wesen sind, kann nicht erklärt werden, nur gefühlt.
- Spiritualität heißt, über die Beschreibung hinausgehen zu unserer wahren Natur.
- Sie können nicht in das, was Sie selbst sind, hineingehen oder es wieder verlassen: Sie selbst sind die Tür.

Herzenergie

Unsere Konditionierung wieder zu verlernen, ist schwer und kann Jahre dauern, weil der konditionierte Geist nicht grundlegend geändert werden kann. Sie können den Inhalt ändern – psychologisch denken Sie dann vielleicht positiver über das, was Sie tun wollen und wie Ihr Leben sein sollte. Aber selbst wenn Sie Ihren Geist neu programmieren und sich selbst darin üben, trotz Ihrer Probleme ein guter Mensch zu sein, werden Sie damit nicht Ihre Herzebene erreichen.

Das Wunder der Herzenergie besteht darin, dass sie völlig unabhängig von jeglicher Konditionierung ist. Herzenergie ist immer frei. Sie ist nicht durch die Vergangenheit konditioniert. Sie kann nicht verloren gehen – ganz gleich, was Ihnen geschehen sein mag. Es gibt hier kein Gesetz von Ursache und Wirkung, das besagt: Wenn *dies* oder *das* geschehen ist, dann folgt automatisch *jenes*.

Wir müssen uns von der Auffassung verabschieden, der Geist müsse geändert werden. Der Geist ist der Geist. Geist und Natur sind dasselbe, aber sie treten nicht zwangsläufig in die Fußstapfen des jeweils anderen. Spiritualität wirkt mit dem Herzen, und das Herz hat nichts mit Zeit zu tun. Bedingungslose Liebe bedeutet: Was immer geschehen ist und geschehen wird, hat keinen Einfluss auf die Herzenergie.

Die Herzenergie ist grenzenlos. Sie kann vom Geist nicht erforscht werden. Und der Geist kann keine Entschuldigungen dafür anführen, dass er keine Herzenergie hat. Das ist eine der größten Täuschungen, denen wir uns hingeben – die Illusion, dass ich und mein Geist verwundet sind und ich zuerst geheilt werden muss, um mit der Herzenergie in Verbindung treten zu können. Wenn Sie sagen, dass Sie nicht verantwortlich für Ihre Herzenergie sind, dann projizieren Sie Ihre Herzenergie auf jemanden anderen. Sie geben all Ihr Potenzial, all Ihre Qualitäten weg, an eine äußere Quelle, und dann beklagen Sie sich, dass Sie nicht in Verbindung mit Ihren Qualitäten sind!

Wo ist Ihr Potenzial? Es ist immer nur in Ihnen selbst. Sie sind die Tür. Kein Psychologe, kein Lehrer, kein Guru wird diese Aufgabe für Sie übernehmen. Er oder sie kann nur mit dem Geist arbeiten, was letztlich eine sinnlose Zeitverschwendung ist. Der einzige Mensch, der die Herzenergie einbringen kann, sind immer nur Sie selbst. Wenn jemand anderes es tun könnte, hätten Sie nicht das Recht auf Freiheit.

Wenn Sie sich schlecht fühlen, gehen Sie vielleicht zu einem Psychologen, der zu Ihnen sagt: »Wir wollen Ihren Geist ein wenig ändern, sodass Sie positiver denken; dann werden Sie sich anders fühlen.« In diesem Fall tun Sie so, als wären Sie programmiert wie ein Computer, aber so ist es nun einmal nicht.

Freiheit bedeutet, nicht länger hinzunehmen, dass Ihr Geist Ihr Problem ist. Der Geist ist niemals das Problem. Das Problem besteht darin, dass Sie bereit sein müssen, Fragen zu stellen. Sie brauchen Mut, um aufzuhören, den Geist als Entschuldigung anzuführen. Ihr restliches Leben lang können Sie sagen: »Ich bin nicht liebevoll, weil meine Eltern, mein Exfreund mich betrogen haben.« Sie können aber auch sagen: »Darauf kommt es gar nicht an.«

Dass Sie leiden, bedeutet nicht, dass Sie ein schlechter Mensch sind. Sie waren von Anbeginn Ihres Lebens frei, und was immer Ihnen zugestoßen ist, kann Ihnen Ihre Freiheit nicht nehmen. Am Ende Ihres Lebens, wenn Ihr Körper und Ihr Geist schwach geworden sind – glauben Sie, dass Sie dann noch immer an der fixen Idee festhalten, dass jemand Sie nicht liebte? Warum sollen Sie warten, bis Sie sterben, um Ihre Herzenergie wachzurufen? Wollen Sie nicht jeden Tag sterben? Jeden Tag sterben, heißt grenzenlos sein.

Der Geist ist ein Mikroskop und fortwährend mit Kleinigkeiten beschäftigt. Der Geist kann niemals das Ganze erfassen. Der Geist erzeugt Zeit, aber er ist nicht wirklich imstande, eine längere Zeitperiode zu überschauen. Der Geist ist im Grunde nicht fähig, über mehr als ein paar Minuten hinauszusehen. Er ist unglaublich begrenzt. Natürlich können Sie sagen: »Begrenzt? Ich kann immerhin überblicken, was in zwei Wochen geschehen wird.« Sie können sogar so weit gehen, dass Sie sagen: Wenn ich jetzt fünfzig bin, kann ich ungefähr sehen, wie mein Leben sein wird, bis ich vielleicht mit siebzig Jahren sterbe. Aber was sind siebzig, achtzig, hundert Jahre in einem grenzenlosen Universum?

Wenn Sie Ihren Geist nicht irgendwo binden, wird er grenzenlose Helligkeit und Klarheit entfalten. Setzen Sie ihn einfach da ein, wo er hingehört: um Ihre Zähne zu putzen; um von einer Stelle zur anderen zu gehen; um lesen und schreiben zu lernen; um anhand einiger Bücher, die Sie gelesen zu haben, zu zeigen, wie klug Sie sind. Aber damit hat es sich.

Der Geist ist sehr begrenzt. Aber Sie verhalten sich so, als wenn der Geist die letzte Quelle wäre. Nun lautet die Frage: Folge ich dem Geist? Oder folge ich dem Herzen? Und der Teil in Ihnen, der entscheidet, wem Sie folgen, ist der Beobachter.

Der Beobachter

Der Geist ist mit dem Körper, den Gedanken und Gefühlen verbunden. Aber der Teil, der beobachtet, ist unabhängig. Sie wüssten nicht, dass Sie einen Geist besitzen, wäre da nicht ein Teil von Ihnen, der unabhängig vom Geist ist – ein Teil, der Ihren Körper beobachten kann.

Ihr Körper ist begrenzter als der Beobachter. Sie können Ihre Gedanken beobachten, also sind die Gedanken begrenzter als der Beobachter. Sie können Ihre Gefühle beobachten, daher sind die Gefühle begrenzter als der Beobachter. Und der Beobachter ist nicht der Geist. Der Beobachter ist das Grenzenlose. Der Beobachter ist die Herzenergie.

Um die Herzenergie zu bewahren, müssen Sie sich zuallererst mit der Einsicht vertraut machen, dass immer, wenn Körperempfindungen auftreten, Sie diese nur wahrnehmen können, weil es etwas gibt, das unabhängig davon ist. Immer wenn ein Gedanke auftritt, sind Sie mehr als nur der Gedanke – ansonsten könnten Sie den Gedanken nicht wahrnehmen. Und dasselbe gilt für die Gefühle.

Wenn Sie in Ihrer Kindheit schlecht behandelt wurden, beginnt Ihr Geist natürlich, Angst zu erzeugen – Sie haben das Gefühl, nicht geliebt zu werden. Sie müssen begreifen, dass Sie sich nur deswegen Ihres Elends bewusst sein können, weil der Beobachter unabhängig von all dem Elend ist. Es gibt keine Ausrede dafür, dass Sie in Ihrem Elend steckenbleiben. Fangen Sie lieber an, die Haltung des Beobachters einzunehmen. Die Atmosphäre des Beobachters, das Instrument des Beobachters ist die Herzenergie. Fangen Sie an zu sehen, dass trotz allem, was geschieht, die Herzenergie nicht abgetötet werden kann.

Haben Sie jemals mit Menschen gesprochen, die während des Zweiten Weltkriegs in Konzentrationslagern gefangen gehalten wurden, oder Juden, die dem Holocaust entkamen? Erst vor wenigen Monaten führte ich in Athen mit einer achtzigjährigen Frau ein langes Gespräch. Sie war als Kind drei Jahre lang in Auschwitz gewesen. Ich bat sie, über Angst zu sprechen. Was geschieht wirklich, wenn man sich in einer solchen Lage befindet, wenn der Begriff der Zeit nicht mehr existiert? Sie sagte, es gäbe dann auch keine Angst mehr. Sie erklärte, sie habe eines Tages eine Deutsche getroffen, und sie habe erkannt, dass sie niemals frei werden würde, falls sie sich weiterhin auf das fixiere, was ihr geschehen sei. Vergebung könnte man definieren als ständiges Erinnern daran, dass der Mensch mehr ist als der Geist.

Es gibt einen Teil von Ihnen, der ewig ist. Er ist immer vorhanden, auch wenn Ihr Geist in einer bestimmten Weise konditioniert ist. Wenn Sie darauf beharren, Ihr Geist sei der wichtigste Faktor, beschränken Sie sich selbst. Sie selbst, niemand anderes, schaffen Ihr eigenes Gefängnis.

Wenn die Herzenergie niemals zerstört werden kann, und wenn wir uns zweifelnd fragen, ob wir dem Herzen oder dem Geist folgen sollen, was ist dann mit dem Streben nach Erleuchtung? Die Vorstellung, etwas zu erreichen, gehört in den Bereich des Geistes. Der Geist denkt noch immer, es gäbe irgendwo eine Tür, durch die man hindurchgehen müsse. Wahre Erleuchtung ist Nicht-Erleuchtung; das bedeutet, dass Sie immer schon da sind. Wahre Erleuchtung ist die Erkenntnis, dass man nirgendwo hingehen kann oder muss, dass man selbst die Tür ist und dass es nichts zu erreichen gibt.

Wahre Erleuchtung ist Nicht-Erleuchtung, weil man begreift, dass der Geist ohne ein Problem, ohne einen Feind da sein kann; das Herz wird tun, was notwendig ist.

Leere

Wirkliche Leere ist nicht leer. Raum wird mit etwas gefüllt, Der Geist, der von seiner Natur her für das körperliche Überleben konzipiert ist, ist von Form, Gegenständen, Details geradezu besessen. Er kann nicht Fülle in der Leere sehen. Immer wenn Sie vom Standpunkt des Beobachters aus sehen, sehen Sie Leere. Dieser Raum, diese Leere fühlt sich voll an. Die Fülle ist die Atmosphäre der Liebe. Wahre Leere ist bis zum Überströmen mit der Atmosphäre der Liebe gefüllt.

Das bedeutet nicht, dass sie voller Liebesgefühl ist; dieses gilt immer einem bestimmten Gegenstand. Die Atmosphäre der Liebe ist eine Mischung aus Geist und Herzenergie und ist nicht auf etwas Bestimmtes gerichtet.

Sie schließt alles mit ein. Sie schließt den sogenannten schlechten Menschen und den guten Menschen mit ein – da der schlechte Mensch nur aufgrund des Geistes als schlechter Mensch wahrgenommen wird.

Der schlechte Mensch ist in dem Augenblick in die Leere der Liebe mit eingeschlossen, wo der Geist nicht darin ist. Der urteilende Geist – das urteilende Wesen – ist fort. Das ist die Leere, die aus der Grenzenlosigkeit kommt. Es ist nicht die Leere des Geistes, die sich einstellt, wenn Sie alle Ihre Gefühle abgeschirmt haben – das ist geistige Leere. Der Fluss der Liebe, die Atmosphäre der Liebe ist die wahre Leere, die nicht leer ist.

Wenn Sie das erkennen wollen, sollten Sie sich einmal mit gar nichts beschäftigen. Machen Sie Ihren Geist nirgendwo fest. Der Geist ist im Grund wie ein Hund mit einem Knochen, den er nicht loslassen will. Der Knochen kann sein: »Du hast Recht« oder »mein Beruf«, »mein Land« usw. Wir sind so dumm, dass wir uns mit dem identifizieren, was wir gelernt haben, und uns so benehmen, als wäre es das »Unsere«. Was Sie gelernt haben, ist niemals »Ihres« – es ist einfach nur etwas, das Sie gelernt haben. Wir werden in einem Land geboren, und wir benehmen uns so, als wäre es unser eigenes Land.

Die Frage ist: Warum ist es so schwierig, die Herzenergie zu bewahren? Herzenergie ist immer vorhanden. Wir können sie durch die einfache Verlagerung der Perspektive vom Geist zum Beobachter bewahren, aus der fortwährenden Erkenntnis heraus, dass alles, was ich beobachten kann, nicht *ich* sein kann. Es ist ein Teil von mir, aber es ist nicht ich. Und in diesem Zustand können Sie sehen, dass der konditionierte Geist kein Hindernis für die Herzenergie ist. Sie haben also keine Ausrede.

Das ist schwer. Aber das ist es, was Buddha mit Erleuchtung meinte, und was Jesus meinte, als er sagte, es sei schwierig, in den Himmel zu kommen, und man müsse dafür so unschuldig wie die Kinder werden. Das ist es, was Krishna meinte, als er sagte: »Folge deinem Herzen!« Können Sie in all Ihrer Unschuld, all Ihrer Nacktheit dastehen und sich nicht für manche Dinge entschuldigen, die Sie getan haben? Können Sie es unterlassen, sich dafür zu entschuldigen, dass Sie jemanden verletzt haben, dass Sie jemanden nicht verstehen wollten, dass Sie – Ihrem eigenen Urteil zufolge – in irgendeiner Situation versagt haben? Können Sie sehen, dass all diese Bewegungen lediglich den Geist nähren?

Am Tag des Jüngsten Gerichts (und der Tag des Jüngsten Gerichts ist in jeder Minute Ihres Lebens, wenn Sie aufrichtig sind) stehen Sie vor sich selbst und zeigen nicht auf jemand anderen. Sie blicken auf sich selbst – ohne Urteil, ohne Klagen, ohne Rechtfertigung. Sie sehen, dass Sie den Geist falsch gebrauchen, wenn Sie nicht aus dem Herzen heraus leben. Es hilft nicht, wenn Sie schummeln und sagen: Ich war ein schlechter Mensch, aber ich war es aufgrund meiner Vergangenheit. Der Geist liebt die Psychologie. Mit ihr wurde etwas entwickelt, das unabhängig von der Religion ist, die sagt: »Du bist Gott, benimm dich also wie Gott und erfinde keine Ausreden.« Die Psychologie hat uns die Möglichkeit gegeben zu sagen: »Ich wäre ja gerne wie Gott, wenn ich nicht so eine schlimme Kindheit gehabt hätte. Es tut mir leid, ich wäre gerne makellos und erleuchtet, wenn die Menschen mir nicht Hindernisse in den Weg gelegt hätten. Es ist nicht meine Schuld, dass ich nicht Gott bin. Es ist nicht meine Schuld, dass ich nicht erleuchtet bin.«

Darum geraten Religion und Psychologie ständig in Konflikt miteinander. Sie können nicht religiös sein und gleichzeitig Psychologe sein. Sie können ein »Mechaniker« des Geistes sein. Darum sagen manche Menschen in der modernen Neurologie und Psychiatrie: »Vergessen Sie doch den ganzen Psychologenkram. Wir wollen lieber das Material des Geistes mit einem Heilmittel, mit irgendwelchen Molekülen in Ordnung bringen, dann verschwindet das Problem.«

Der Geist will nicht grenzenlos sein. In dieser Grenzenlosigkeit hätte er alle Möglichkeiten. Wahre Erleuchtung – und damit meine ich Nicht-Erleuchtung – besteht, wenn der Geist vom Begrenzten ins Grenzenlose hineinspringt. Wir »sind« fortwährend alle diese Möglichkeiten, aber der Geist wird Ihnen suggerieren, Sie sollten sich selbst Grenzen auferlegen, um auf Nummer Sicher zu gehen. Der Geist will sich lieber elend fühlen, weil die Dinge falsch liefen, als die Herzenergie nutzen, um damit ins Grenzenlose zu springen.

Sie können sagen: Wenn ich meine Herzenergie nutze, werde ich niemals wissen, was wirklich geschehen wird, weil es dann unendlich viele Möglichkeiten gibt. Ja, Grenzenlosigkeit heißt immer: völlige Unsicherheit. In diesem Sinne ist die Herzenergie gefährlicher als der Geist. Sie tötet die Sicherheit. Hier gibt es keine Strukturen, denen Sie folgen könnten.

Grenzenlosigkeit bedeutet nicht, dass der Geist nicht mehr vorhanden ist, ansonsten könnten Sie auf der physischen Ebene nicht funktionieren. Machen wir ein Beispiel: Bei allem, was ich wahrnehmen kann, werde ich bereit sein zu sehen, dass dies nur ein Teil von mir ist. Ich bin mehr als das. Ich bewege mich in den Raum, in die Herzenergie hinein. Dann kommt jemand daher und sagt: »Du bist verrückt, du bist gegen das, was etabliert, was festgesetzt ist.« Und nehmen wir einmal an, dass dieser Mensch eine gewisse Macht hat, wodurch ich Gefahr laufe, isoliert und aus der Gesellschaft ausgestoßen zu werden.

Sind Sie bereit, in Unsicherheit zu leben? Ist es Ihnen wichtig, zum Mainstream zu gehören? Sind Sie, metaphorisch gesprochen, bereit, sich kreuzigen zu lassen? Vielleicht wird Ihnen auch nichts passieren, aber wissen können Sie das nicht.

Entweder Sie bewegen sich in die Herzenergie hinein, wo es keinen Schutz, keine Sicherheit gibt, oder Sie lassen sie außer Acht.

Spirituelle Angst

Das wahre Problem beim Bewahren der Herzenergie ist nicht die Notwendigkeit, fortwährende Achtsamkeit zu kultivieren. Der Raum ist ständig da, innen und außen und überall. Und dieser Raum, diese Leere ist voll von der Atmosphäre der Liebe.

Das wirkliche Problem ist die spirituelle Angst. Der Geist wird spirituelle Angst mit »den Verstand verlieren« gleichsetzen. Der Geist wird versuchen, Sie davon zu überzeugen, dass mit »den Verstand verlieren« der ganze Verstand (Geist) gemeint ist.

Religiöse Mystiker werden versuchen, Sie davon zu überzeugen, dass das, was verloren ist, nur der Geist ist, der auf der psychologisch-spirituellen Ebene genutzt wird. Warum ist der Geist imstande, Sie davon zu überzeugen, dass Sie Gefahr laufen, Ihren Verstand zu verlieren?

Ihre Persönlichkeit ist auf dem Geist aufgebaut. Ihre ganze Geschichte, Ihre Umgebung, Ihre Kultur, Ihre sozialen Interaktionen erzeugen die begrenzte Persönlichkeit. Die Seele, der Beobachter, welcher der Persönlichkeit gewahr ist, ist grenzenlos. Wenn Sie sich in die Herzenergie hineinbewegen, bricht die Persönlichkeit zusammen.

Eine Persönlichkeit ist zwar noch immer vorhanden, aber sie ist nicht länger das Zentrum der Lenkung. Die Herzenergie ist wichtiger als die Persönlichkeit. Befindet sich Ihr Zentrum in der Herzenergie, brauchen Sie Ihr Wissen oder Ihre Kultur nicht mehr zu verteidigen. In sozialen Interaktionen gibt es dann keine Notwendigkeit mehr, sich mit einem bestimmten Glauben, einer Nation oder einer Religion zu identifizieren. Die Persönlichkeit ist wie ein Schiff, das etwas trägt, aber sie wird zu etwas Vorübergehendem. Sie wird zum Vehikel für die Seele.

Keine Persönlichkeit hat jemals überlebt. Und – im spirituellen Sinne – es graut uns davor, diese Persönlichkeit zu verlieren. Um es mit den Worten spiritueller Lehrer zu sagen – Buddha, Jesus, Mohammed, Mahavira, Krishna: Die wahre Entität ist Ihre Seele.

Metaphorisch betrachtet, sind wir Menschen den Pflanzen und Blumen ziemlich ähnlich. Der erste Teil des Wachstumsprozesses besteht darin, Sauerstoff zu erzeugen. Der zweite Teil besteht darin, noch mehr Blumen zu erzeugen. Dann ist da noch der Prozess des Honigerzeugens. Der mystische Dichter Rumi verwendete das Symbol von Blumen und Honig, um auf die Kette des Lebens zu verweisen. Und jeder von uns ist Teil der Kette – durch diese Grenzenlosigkeit, durch die Herzenergie. Jeder hat Teil am Erzeugen des Lichts.

Aber eine Blume kann nur aus einem Samen heraus entstehen. Dazu muss der Samen sterben, dann wächst die Wurzel, dann der Stängel, und erst dann, wenn Blätter vorhanden sind, kann die Blume sich öffnen. Warum öffnet sich eine Blume?

Sie kann sich nicht öffnen, ohne zuvor den biologischen Prozess durchlaufen zu haben. Können Sie sehen, dass der Körper, der Geist wie ein Baum ist, der aber noch immer nicht blüht? Es ist Ihre Entscheidung, ob Sie blühen wollen oder nicht. Wenn Sie blühen, haben Sie plötzlich einen Einfluss auf das Universum. Wenn Sie lediglich als Baum oder als Blume bestehen wollen, ohne sie zum Blühen zu bringen, so ist das Ihre Entscheidung. Aber dann werden Sie eine begrenzte biologische Struktur bleiben.

Der Körper-Geist ist der Träger der Seele. Das Problem ist nicht der Körper-Geist. Im Hinduismus, im Buddhismus und auch in den frühen Zeiten der christlichen Klöster sagte man: »Vergesst, was ihr am Körper tragt. Tragt alle dieselbe Kleidung, bindet euch nicht an Dinge, die nicht wichtig sind.«

Wie viel Zeit verwenden wir auf unseren Körper? Wenn wir der Herzenergie genau so viel Zeit widmeten, wäre die Welt ein Paradies. Jogging, Pilates, Yoga, Sportarten verschiedenster Art, Wellness, Schönheitsprodukte – all diese Methoden, um dem Körper etwas Gutes zu tun, haben ihre Berechtigung, aber können sie etwas ausrichten, wenn Sie nicht gleichzeitig bereit sind zu blühen? Es ist wichtig, das »Fahrzeug«, den Körper-Geist so gut und so lange wie möglich in gesunder Verfassung zu halten.

Sie sind die Tür. Das bedeutet, dass sich Ihre Seele nur durch Ihren Körper-Geist offenbaren kann. Raum – oder Leere – ist nicht leer. Er ist voller Liebe. Was ist Liebe? Sie ist die grenzenlose, unbeschreibbare kreative Energie. Liebe erzeugt unablässig Formen und erzeugt damit unablässig wieder Liebe.

Können wir sehen, dass es das Vehikel gibt und dass es noch etwas darüber hinaus gibt? Können wir sehen, dass die Neurologie und die wissenschaftlich-rationale Betrachtungsweise des Geistes eine Täuschung ist? Wenn es Rezeptoren im Geist gibt, die Sie zu der Auffassung bringen, dass es Liebe und Gott und auch noch etwas anderes gibt, dann sind es nicht die Rezeptoren, die dies erzeugen. Die Rezeptoren sind da, weil Liebe existiert. Sie fungieren nur als Überträger ihrer Existenz. Das Gehirn erzeugt aus sich selbst heraus nichts. Es ist nur der Spiegel – es spiegelt, was da ist.

Da ist nichts, was erst entstehen muss. Es ist immer da! In dem Augenblick, wo Sie geboren werden, ist es da. Die Konditionierung des Geistes kann kein Hindernis für die Herzenergie sein. Herzenergie ist grenzenlos, leer, frei von Persönlichkeit, unbegrenzt in Zeit und Raum. Ihre Vergangenheit kann nicht etwas einsperren, das immer frei ist. Vergessen Sie Ihre Vergangenheit; vergessen Sie, was geschehen ist. Verschwenden Sie Ihre Lebenserfahrung nicht als Entschuldigung dafür, dass Sie nicht aus dem Herzen heraus leben.

Wenn Sie einen Fehler machen, sollten Sie sich nicht mehr dafür entschuldigen. Denn das führt zu Schuldgefühlen. Schuldgefühle führen zum (Ver)urteilen. Wenn Sie einen Fehler begangen haben (und mit Fehler meine ich, jemanden verletzt oder etwas falsch gemacht haben), sollten Sie einfach erkennen, dass Ihr Herz nicht dabei war; Sie sollten sehen, dass das Herz immer dabei sein kann, und dann wieder mit ihm in Verbindung treten.

Der Geist liebt es, Fehler zu machen, weil er sich dann noch mehr entschuldigen kann. Er muss niemals auf die Herzebene gehen, wenn er Schuldgefühle geltend machen kann. Schuldgefühle gehören zu den Energieprozessen, die am häufigsten als Entschuldigungen angeführt werden. Darum beharren alle Begründer von Religionen auch so sehr darauf, dass es vor Gott keine Schuld gibt. Niemand verurteilt Sie.

Wenn Sie sich selbst verurteilen, haben Sie keine Zeit für die Herzenergie. Schuldgefühle halten Sie im Körper-Geist fest. Wenn Sie mich geschlagen haben und hinterher zu mir sagen, dass es Ihnen leid tut – hilft mir das denn? Es hilft mir, wenn Sie in Ihr Herz hineingehen. In den Raum hinein. Freiheit ist immer da. Die Herzenergie kann nicht zerstört werden.

Sie können nirgendwo hingehen, nirgendwo bleiben. Es gibt eine entsprechende Bewegung in der Nicht-Bewegung. Das ist die Leere. Raum hat eine Schwingung, und gleichzeitig geht er nicht von einer Stelle zur anderen. Etwas, was von einer Stelle zur anderen geht, beinhaltet Zeit. Etwas, was nur Schwingung ist, ist zeitlos. Es hat eine Bewegung, und gleichzeitig hat es keine Bewegung. Sie bleiben, und zur gleichen Zeit gehen Sie. Sie gehen und gleichzeitig bleiben Sie.

Wenn Sie von hier nach Afrika gehen, nehmen Sie sich selbst mit. Sie können Ihren Geist neu ordnen, ihn auf die Kultur Afrikas einstellen, aber Ihre Seele ist noch immer dieselbe. Sie können aber auch an einem Ort bleiben – die Bewegung der Seele ist dennoch da.

Was immer Sie tun, am Ende werden Sie wieder an der Stelle sein, wo Sie begonnen haben. Sie können auch so lange bleiben, wie Sie wollen – Sie gehen noch immer, weil Sie selbst der gesamte Kreis sind.

Sie werden geboren. Der Zustand, in dem Sie sich befinden, wenn Sie geboren werden, ist genau derselbe wie der, wenn Sie sterben. Energetisch gesehen, existiert kein Unterschied. Dazwischen gibt es zahlreiche unterschiedliche Zustände. In dem Augenblick, wo Sie sterben, feiert jemand auf der anderen Seite Ihren Geburtstag. In dem Augenblick, wo Sie geboren werden, geht jemand zu einer Beerdigung, weil Sie gestorben sind. Das Leben ist ein Kreis. Ein Kreis ist immer das Ganze – Sie wissen nie, wo er begonnen und wo er geendet hat –, schließt immer das Ganze mit ein. Ein Kreis ist die einzige Form, die formlos ist.

Weisheit

Weisheit ist wichtig zum Erhalten der Herzenergie. Weisheit ist Stille – nicht etwas, das laut ausgesprochen wird. Weisheit ist nicht die Persönlichkeit, die etwas bekämpft oder etwas einbringt. Sie ist einfach Stille.

Es gibt zwei wunderschöne Geschichten aus Buddhas Zeit: Einer seiner Schüler fragte ihn: »Gibt es einen Gott?« Und Buddhas Antwort war Schweigen, Stille. Und: Ananda fragte ihn, was Erleuchtung sei. Buddha nahm eine Blume, hielt einfach nur diese Blume in der Hand, und Ananda wurde erleuchtet.

Wahre Weisheit kann niemals beschrieben werden. Wenn Sie den Mut haben, sich von den heiligen Schriften und den Beschreibungen zu lösen, besitzen Sie Weisheit. Das ist dann der Fall, wenn Sie den Kreis sehen und aufhören, herumzurätseln und zu fragen: Wo hat der Kreis begonnen? Dann gibt es nur noch Stille, aber Sie haben noch immer das ganze Bild.

Samadhi ist der Zustand der Stille, des Raums. In dieser Stille kann nichts anderes als Raum sein. Wahre Leere ist nicht leer. In diesem Raum ist immer die Atmosphäre der Liebe, das Licht von *Samadhi.* Das Licht von *Samadhi* scheint auf das Nirwana. In der Ausdrucksweise des Christentums würde Nirwana Seele genannt werden. Nirwana ist dieser grenzenlose Raum. Nirwana ist Ihr eigentliches Wesen. Der Körper-Geist ist plötzlich nicht mehr gegenwärtig.

Wenn der Beobachter nur den Raum und sonst nichts beobachtet, gibt es kein Gefühl, keine Körperempfindung und kein Denken mehr. Es gibt nur das absolute Einssein. Das Wort Einssein, wenn Sie den Kreis erneut betrachten, ist das Ende der Beschreibung. Daher bedeutet Einssein immer Stille.

Es gibt keine andere Form des Einsseins. Und diese Stille ist erhellt, daher sehen Sie das Leuchten von Nirwana, der Seele.

Wahrnehmung

Wenn es um Liebe geht, ist es nicht die Konditionierung des Geistes, die entscheidet. Ihr Geist mag rigide und besitzergreifend sein, aber Sie können die Herzenergie nie zum Stillstand bringen. Der kontrollierende Geist kann die Herzenergie verringern, aber ob sie reduziert ist oder nicht, ist eine Frage der eigenen Entscheidung, keine Frage der Konditionierung.

Sie können sich dafür entscheiden, sich selbst und die Welt in all ihrem Elend zu betrachten. Sie können sich aber auch dafür entscheiden, sich selbst und die Welt als Teil des Universums, als Teil Gottes zu betrachten. Nicht in dem Sinne, dass Sie Gott als einen Menschen wahrnehmen, sondern als Teil des Tao. Tao bedeutet – den Lehren des chinesischen Weisen Laotse zufolge – einfach Weg. Das heißt, in natürlicher Unschuld und in Harmonie mit anderen Menschen, mit dem Umfeld und mit sich selbst zu leben.

Es hat etwas Beruhigendes, sich mit dem Tao zu beschäftigen. Nicht beruhigend ist es hingegen, die Welt in all ihrem Elend anzusehen und Ihre Schwächen zu betrachten und zu sagen: »Ich will an ihnen arbeiten, damit sie sich vielleicht verändern und ich mich vielleicht bessere.« Liebe ist unabhängig von Schwächen. Die Herzenergie wird nicht besser oder stärker, weil Sie Schwäche in Stärke verwandeln.

Die Herzenergie ist da, unabhängig von allen Schwächen; daher ist es eine Zeit- und Energieverschwendung, die Schwächen zu betrachten, anstatt Gefallen am Tao zu finden. Das bedeutet nicht, dass Sie Ihre Schwächen nicht erkennen sollen. Aber es ist ein großer Unterschied zwischen etwas erkennen und etwas damit tun. In dem Augenblick, wo Sie anfangen, etwas damit zu tun, verlieren Sie Ihre Wahrnehmung.

Wahrnehmung heißt, dass Sie etwas betrachten – den Raum um Sie herum –, und eine Beziehung dazu herstellen. Eines Tages wird diese Beziehung einen Einfluss auf das haben, was sich zuträgt. Etwas damit tun bedeutet, dass Sie die Schwäche betrachten und dann versuchen, sie zu ändern – was wiederum bedeutet, dass Sie gegen diese Schwäche sind. Damit sind Sie in Konflikt mit sich selbst.

Ohne Raum ist keine wahre Beziehung möglich. Der Geist ändert sich vielleicht von gewalttätig zu gewaltfrei, aber Sie durchlaufen keine wirkliche Wandlung.

Immer wenn ein Problem auftritt, sei es klein oder groß, haben Sie die Wahl, es von einer negativen oder einer positiven Seite aus zu betrachten. Das Problem von einem negativen Standpunkt aus zu betrachten – das heißt, vom Standpunkt des Geistes aus –, ist niemals beruhigend. Es erzeugt Erregung und Hilflosigkeit und wirkt unlösbar.

In jeder Religion hat das Beten dieselbe Bedeutung; das heißt, immer, wenn ein Problem auftritt, zu sehen, dass dieses Problem nur durch eine höhere Quelle gelöst werden kann. Und diese höhere Quelle ist das Tao.

Die höhere Quelle ist: Sie sehen, dass Sie, wenn Sie das Problem beobachten können, sich von diesem Problem unterscheiden müssen. Die höhere Quelle ist Ihr eigenes Wesen, die Tür. Den Weg des Tao gehen erzeugt Seelenruhe und Entspannung. Wenn ein Problem zu einer Herausforderung, zu einer Art Kampfansage wird, kann es keine Entspannung geben. Ein Problem wird nur dann zu einer Herausforderung, wenn Sie es loswerden wollen. Und wenn Sie sich mit dem Problem identifizieren, sind Sie selbst das Problem.

Sie können ein Problem der Aggression nicht mit Aggression lösen und ein Problem der Angst nicht mit Angst. Lösung wird möglich, wenn Sie Raum erzeugen. Das bedeutet, dass Sie Abstand gewinnen und den Raum innerhalb des Problems und um das Problem herum betrachten. Sie sehen, dass Sie unabhängig von diesem Problem sind.

Probleme kann man nicht vermeiden. Die Welt ist nicht vollkommen. Daher lautet die Frage: Wie geht man mit einem Problem um?

Fangen Sie damit an, dass Sie zwischen sich – und Sie sind mehr als das Problem – und dem Problem selbst unterscheiden. Die Probleme, die Sie als Kind hatten, sind völlig unterschiedlich von denen, die Sie jetzt haben. Wenn Sie Probleme von einem negativen Standpunkt aus betrachten, was bedeutet, dass Sie sich mit dem Problem identifizieren, erzeugen Sie den Prozess der Zeit, der Zukunft, der Sorge. Der Geist braucht Sorge als Nahrung. Ihr Geist stellt sich unablässig vor, was schief gehen könnte, und fragt sich, warum die Dinge nicht so sind, wie Sie es gerne hätten.

Es ist genau dieses Sorgenmachen, dieser Wunsch, die Dinge gemäß Ihrem Verständnis von einer illusorischen Zukunft zu manipulieren, die diesen Prozess der Identifikation ausmacht. Er kann nur Elend hervorbringen.

Wir brauchen Seelenruhe

Wie genau stellt sich dieser Prozess der Beruhigung dar? Entspannt, ruhig zu werden, heißt: Je ruhiger Sie sind, desto weniger Anstrengung wenden Sie auf. Anstrengung heißt, für etwas kämpfen. Kämpfen – ganz gleich, ob es in Ihrem eigenen Kopf stattfindet, ob Sie mit sich selbst oder mit einer äußeren Quelle im Widerspruch stehen – bedeutet Konflikt.

Krieg, selbst wenn er gerechtfertigt ist, kann niemals Glück bringen. Je tiefer gehend der Prozess des Beruhigens ist, desto weniger Kampf findet statt.

Wenn dieser Zustand »Null« erreicht ist, sind Sie in der Stille. Gefallen am Tao finden – was bedeutet, sich weniger über Kleinigkeiten aufzuregen und das »große Bild« hinter allem zu sehen –, führt Sie in die Stille.

Was genau ist Stille? Wenn Sie meinen, Stille bestehe dann, wenn der Geist abwesend ist, so stimme ich Ihnen nicht zu. Ist der Geist abwesend, sind Sie tot. Sie könnten nicht in der Stille sein und danach aus diesem Zustand heraustreten und sagen: »Ich war in der Stille«, wenn der Geist nicht höhere Energie auf eine tiefere Energieebene übertragen würde. Also ist Stille nicht die Abwesenheit des Geistes.

Wie geht Stille verloren? Das Problem besteht darin, dass der Geist sich nicht in neutraler Weise bewegt; daher beinhaltet jeder Gedanke, der auftaucht, bereits eine (Be)wertung. »Gott ist gut« ist eine Wertung. Selbst wenn Sie sagen »Ich werde jetzt frühstücken gehen«, schließt dies eine Wertung mit ein. Sie mag lauten: »Ich muss frühstücken gehen, weil es gesund ist« oder »Ich gehe frühstücken, weil ich mich dabei mit Geschäftspartnern treffe«. Alle Gedanken tragen eine Wertung in sich.

Was ist der Prozess der Wertung? Es ist das Urteilen. Alle Religionen sagen uns, wir sollten nicht urteilen. Aber wenn Sie sich auf Gedanken stützen, befinden Sie sich in einem ständigen Kampf des Urteilens. Das Problem ist nicht das Denken. Das Problem ist die Wertung. In dem Augenblick, wo der Prozess der Wertung, des Urteilens stattfindet, ist die Stille dahin.

Wenn Sie ohne eine Bewegung des Urteilens denken könnten – was unmöglich ist –, wären Sie in völliger Stille. Jedes Urteil erzeugt eine Spaltung, einen Konflikt. Es spielt keine Rolle, ob Sie sagen: »Ich finde diesen Menschen schön.« Denn damit haben Sie ihn durch Ihre Wahrnehmung gespalten. Die Spaltung erfolgt zwischen dem Schönsein und Ihrer Wahrnehmung des Schönen. Damit ist das Einssein dahin.

Vom Standpunkt der Energie her betrachtet, kann man sagen: Ganz gleich, ob Ihre Wahrnehmung positiv oder negativ ist, der Prozess ist derselbe. Es ist keineswegs so, dass immer dann, wenn Sie jemanden als sympathisch beschreiben, keine Spaltung erzeugt würde, oder wenn Sie etwas als schlecht bewerten, eine Spaltung entstünde. Die Bewegung des Urteilens an sich heißt, einen Konflikt erzeugen.

Stille ist die Abwesenheit von Urteilen. Jedes Denken basiert auf einer Wertung und einem Urteil – und damit auf einer Spaltung der Ganzheit eines Menschen oder einer Sache. Spalten erzeugt Dualität. Dualität erzeugt Konflikt – also ist das Sichfesthalten an Gedanken keine Lösung des Problems. Da Sie ein Mensch sind, können Sie das Problem nicht durch Denken lösen, weil denken bereits urteilen heißt.

Gefallen am Tao finden bedeutet Stille. Das Tao ist eine Bewegung, ohne zu urteilen. Solange geurteilt wird, kann es niemals Stille geben.

Wirklichkeit ist die Abwesenheit von Urteilen. Wenn Sie in Verbindung mit der Natur sind, beispielsweise, wenn Sie einen Baum betrachten und die Wahrnehmung in Ihrem Kopf eine Erinnerung an einen ähnlichen Baum mit einschließt, den Sie in Ihrer Kindheit gesehen haben, sehen Sie nicht die Realität dieses jetzigen Baumes. Die Realität ist durch Ihre Erinnerung getrübt. Ihre Erinnerung ist Teil des Urteils. Wenn Sie hingegen den Baum wirklich spüren und in direkter Verbindung mit ihm sein wollen, sollten Sie kein Urteil fällen. Plötzlich haben Sie das Gefühl, dass der Baum und Sie eins sind. Beziehung ist nur auf der Ebene realisierbar, wo es so wenig Urteil wie möglich gibt. Liebe ist das Beenden des Urteilens. Darum können Denken und Liebe nicht zusammengehen.

Sie können jeden Menschen von Ihrer Wahrnehmung aus betrachten. Benimmt er sich nicht genau so, wie Sie es erwarten, erfolgt sofort Ihr Urteil: Er ist schlecht. Mit dieser Haltung werden Sie für den Rest Ihres Lebens im Elend isoliert sein. Sie können aber auch jemandem begegnen und ihn *nicht* entsprechend Ihrer Meinung, wie Menschen sein sollten, beurteilen – und plötzlich verbringen Sie gemeinsam eine gute Zeit.

Verlassen Sie sich auf nichts

Können Sie das Nichts beurteilen? Immer wenn Sie an Kleinigkeiten, an Details orientiert sind – Sie könnten auch sagen an Objekten, an Dingen –, werden Sie bewerten und urteilen. Wenn Sie sich auf das Nichts verlassen – auf das, was nicht beschrieben werden kann, das heißt, wenn Sie raumorientiert sind –, offenbaren sich die Dinge auf natürliche Weise. Schauen wir uns einmal diesen Prozess an.

Wenn Sie sich auf nichts verlassen, werden Sie zuerst einmal Unsicherheit erleben, weil der Geist und wir als Menschen es nicht gewohnt sind, mit dem Nichts umzugehen. Sich auf nichts verlassen bedeutet, sich auf Gott verlassen – doch nicht als eine Person, sondern als das Tao. Wenn Sie sich auf nichts verlassen, so begreifen Sie, dass Sie mehr sind als die Objekte. Im Christentum ist das der Glaube. In der Psychologie ist es Vertrauen. Im Buddhismus bedeutet es, die tiefgründige Natur von etwas zu sehen. Sich auf nichts verlassen, heißt religiös sein.

Der Geist sagt: Es ist unmöglich, sich an nichts, an keinem Objekt zu orientieren. Wenn Sie sich ins Nichts begeben, werden Sie zuerst einmal mit Unsicherheit konfrontiert. Das hat mit unserer Konditionierung zu tun, die objektorientiert ist. Können Sie diese Unsicherheit aushalten und kämpfen nicht dagegen an, ändert sich mit einem Mal etwas. Die Unsicherheit wird nicht zu Sicherheit, sie wird zu Freude.

Das Gegenteil von Sicherheit ist Freude. Wenn Sie Freude empfinden, kümmern Sie sich nicht um Sicherheit oder Unsicherheit. Sie fühlen sich wohl. Freude heißt, das Gefühl haben, man werde beschenkt. Freude erwächst niemals aus der eigenen Anstrengung. Im Christentum nennt man es Gnade. Es ist etwas, das einem geschieht. Beispielsweise, wenn jemand auf Sie zugeht und Sie aus heiterem Himmel umarmt. Das ist Freude. Wenn Sie zuvor eine große Anstrengung unternommen haben, um sicherzustellen, dass dieser Mensch Sie umarmen wird, stellt sich keine Freude ein. Dann stellt sich das Gefühl der Sicherheit ein. Aber Sicherheit erzeugt immer Angst – die Angst, sie wieder zu verlieren.

Freude ist außerhalb der Zeit. Daher gibt es keine Freude, die von Angst begleitet wird, Sie könnten sie verlieren – es ist eben einfach Freude! Wenn Sie sich auf nichts verlassen, stellt sich also zuerst Unsicherheit ein, danach aber nicht Sicherheit. Wenn Sie es als Sicherheit empfinden, haben Sie keine Wandlung erlebt.

Lebensgeschichten von Mystikern zeigen uns, dass es Frauen und Männer gab, die diesen Prozess des Aushaltens von Unsicherheit durchliefen. Wenn sie an dem Punkt waren, wo sie sich auf nichts verließen, gerieten sie in Ekstase; es kamen ihnen Freudentränen – weil sie mit einem Mal wirklich frei waren.

Die Energie bewegt sich von Unsicherheit zu etwas hin, das ganz und gar unabhängig von Sicherheit und Unsicherheit ist. Plötzlich lautet die Frage nicht mehr: Sicherheit oder Unsicherheit? Es gibt einfach nur Glückseligkeit. Sie haben sich in den Raum des Nichts begeben. Das Nichts ist die Verbindung mit dem Wesentlichen. Und immer wenn diese Verbindung existiert, gibt es das Problem von Sicherheit oder Unsicherheit nicht mehr.

Um sich unsicher zu fühlen, benötigen Sie zuerst einen Gedanken, und ein Gedanke ist der Prozess des Urteilens. Um sich sicher zu fühlen, benötigen Sie zuerst eine Wertung, das heißt einen Gedanken, und daher basiert Unsicherheit/Sicherheit gänzlich auf dem Urteilen. Urteile bringen immer Konflikte, Ambivalenz mit sich.

Einssein besteht dann, wenn Freude da ist. Wenn Sie morgens aufwachen und aus Freude darüber strahlen, dass Sie Ihr Leben weiterführen und mit Menschen zusammen sein können. Sicherheit besteht dann, wenn Sie morgens aufwachen und denken: Heute muss ich mich so und so benehmen, damit niemand gegen mich ist. Sicherheit wählen bedeutet, eine ungeheuere Menge an Energie verlieren.

In jedem Augenblick können Sie sich für den Geist entscheiden, und damit wird der Geist ständig am Laufen gehalten. Sie können aber auch sehen, dass Urteilen bedeutungslos ist. Der Geist entsteht – physiologisch – nicht mit dem Lebensbeginn. Vielmehr ist er ein ständiger Prozess, der jede Sekunde geschieht. Sie müssen jeden Tag eine Entscheidung fällen, aber eine Entscheidung, die keine Wertung, kein Urteil ist. Das bedeutet nicht, dass ein bestimmter Mensch heute in Ihrer Wahrnehmung »in Ordnung« ist und Sie ihn daher nicht be- oder verurteilen. Vielmehr haben Sie die Wahl zwischen dem Tao und Ihrer Beschränkung auf die materielle Ebene der Probleme, des Geistes.

Wenn Sie sich sämtliche heilige Schriften als Blumen in einem riesigen Feld vorstellen, können Sie natürlich eine Blume auswählen, können Sie das Urteil fällen, dass diese eine besser als die anderen ist. Was müssen Sie tun, um so verfahren zu können? Sie dürfen nicht das Ganze sehen, sondern müssen es in verschiedene Objekte aufspalten, in voneinander getrennte Teile.

Wenn Sie das ganze Feld mit allen seinen Blumen betrachten, können Sie kein Urteil fällen. Sie können nur dann urteilen, wenn Sie es in eine Rose hier, ein Veilchen da, ein Gänseblümchen dort einteilen und eine Blume wählen. Aber warum wollen Sie sich nicht an allen erfreuen? Fällen Sie keine Urteile, denn das führt zur Identifizierung. Im Wesentlichen unterscheiden sich die Religionen, die Dharmas, alle diese Blumen nicht voneinander.

Also können Sie nirgendwo hingehen. Es gibt nichts zu vollbringen oder zu erreichen. Es gibt nichts, was kommt. Es ist stets gegenwärtig. Der Zustand der Freude – das heißt, die Abwesenheit von Unsicherheit/Sicherheit – ist immer da. Liebe ist immer da. Sie ist da, weil sie immer vorhanden ist.

Die Frage lautet wiederum: Wenn Sie Gefallen am Tao finden, wohin schauen Sie dann? Wollen Sie das ganze Feld betrachten, oder wollen Sie etwas daraus auswählen? Wenn Sie am Tao gefallen finden, wenn Sie aufhören, sich mit dem, was Sie sehen, zu identifizieren – dem Problem, dem Gedanken, dem Gefühl, dem Körper –, erzeugen Sie Licht. Und in diesem Licht ist Licht-Raum. Einstein behauptete sogar: Licht ist Information. Zu dieser Information – darüber, was immer da war und immer da sein wird – haben Sie Zugang, Liebe.

Wenn Sie den Wunsch haben, Ihren Geist frei zu machen, zu klären, dann ist der Geist nicht mehr voller Anstrengung. Das ist die oberflächliche Ebene des Verstehens. Aber der Wunsch, den Geist frei zu machen, ist unnötig, weil er nicht durch Anstrengung etwas verstehen kann – selbst wenn er es versucht, und das ist eine Illusion. Aufgrund des ständigen Urteilens kann der Geist etwas nur in einem bewegungslosen, »eingesperrten« Zustand halten.

In der Bibel weist Jesus nachdrücklich darauf hin, dass Konflikte und Probleme immer durch Urteile entstehen – das heißt, durch die Natur des Denkens. Die Natur der Liebe ist die Abwesenheit von Urteil. Und das Paradoxe im Christentum besteht darin, dass am Ende des Lebens ein Tag des Jüngsten Gerichts – das heißt des Urteilfällens – stattfindet. Einerseits wird uns gesagt, wir sollten nicht urteilen, und andererseits sehen wir dem Tag des Jüngsten Gerichts entgegen. Wenn Sie erkennen können, was es mit der Natur des Denkens in Verbindung mit Unsicherheit/Sicherheit auf sich hat, sehen Sie plötzlich auch die Auswirkungen.

Wissen, das entsteht, das ins Bewusstsein tritt, ist nicht wirklich das Entscheidende. Sie können so viel Wissen wie nur möglich über die Liebe, über Frieden, über Freude haben. Das alles hat absolut keinen Wert, wenn es um das Leben geht.

Wissen ist nichts Lebendiges. Es ist wie eine Landkarte. Wenn Sie die Landkarte betrachten, sehen Sie einen Weg, dem Sie folgen können – beispielsweise können Sie vom Matterhorn zu einer ganz bestimmten Stelle wandern. So funktioniert der Geist. In dem Augenblick, wo Sie fühlen, wo Sie denken, dass etwas entsteht, haben Sie es verpasst. Freude, Liebe, Glückseligkeit ist nicht etwas, was plötzlich kommt und dann wieder geht. Sie werden sich erinnern, dass Sie nicht durch die Tür hinein- oder hinausgehen können, weil Sie selbst die Tür sind.

Das Wesentliche ist das Jetzt, und daher ist Liebe immer ewig. Das bedeutet: Immer wenn Sie ein wenig Liebe empfinden, sind Sie bereits ein Teil des Ewigen. Es ist nicht etwas, was Sie persönlich bekommen. Es ist nicht so, dass Sie es bekommen und dann wieder verlieren. Es ist immer da.

Ewigkeit ist immer dann da, wenn Sie lebendiges Leben sind. Das Wesentliche ist immer da. Wenn es kein Urteilen mehr gibt, dann gibt es Liebe, Stille. Das, was Ewigkeit ausmacht, kann nicht erklärt werden. Erleuchtung kann man nicht mit Worten erklären. Erleuchtung heißt, Tag für Tag, in jedem Augenblick das Wesentliche hinter der Beschreibung sehen.

Erleuchtung ist in mir, in Ihnen, in allem. Wenn ich in der Sphäre des Tao wandle, bin ich erleuchtet.

Zusammenfassung

- Herzenergie ist frei, grenzen- und bedingungslos.
- Leere ist voller Liebe.
- Sich auf nichts verlassen, das heißt, das Gegenteil von Sicherheit, ist Freude.
- Ewigkeit ist lebendiges Leben vom Herzen aus.

Die Kraft des Herzens

Geist und Herz

Jede Aktivität, die Sie ausüben, wird durch Energie in Gang gesetzt; so hängen der Prozess, in dem man Entscheidungen fällt, oder das Laufen von Energie ab. Laufen scheint eine Handlung zu sein, die vom Körper durchgeführt wird, aber es ist Energie, welche die Bewegung auslöst. Und wenn Sie beschließen, etwas zu tun, so bedarf es mehr als des Denkens: Jede Entscheidung wird durch Energie angeregt.

Woher kommt diese Energie?

Als Aktivität an sich wird sie zuallererst in Ihrem Geist erzeugt. Um diese Aktivität zu sehen und die Anstrengung, die damit verbunden ist, muss man klar zwischen dem Geist und dem Herzen unterscheiden. Wenn die Herzenergie funktioniert, gibt es – subjektiv – bestimmte Grade der Offenheit, Wärme und Liebe. Wenn das Herz verschlossen ist (das heißt nicht etwa, dass es nicht funktioniert, sondern, dass es bis zu einem gewissen Grad nicht offen ist), dann geschieht nichts Wesentliches, und der Geist ist aktiv.

Der Geist ist von Natur aus »verletzt«. Es entspricht seinem Wesen, gespalten oder in Dualität zu sein. Er ist fortwährend verletzt, nicht mit der Liebe verbunden, und hält ständig Ausschau nach Anzeichen für Konflikte, danach, wer »für« und wer »gegen« etwas ist. Wenn etwas Positives geschieht, erzeugt der Geist sofort die Angst, es zu verlieren und erneut verletzt zu werden. Sie können sich durch die geringsten Bewegungen oder Äußerungen verletzt fühlen – nicht, weil Sie neurotisch sind oder wegen irgendwelcher Vorkommnisse in Ihrer Kindheit, sondern einfach deshalb, weil das der Natur des Geistes entspricht. Der Geist ist niemals wirklich positiv, er denkt fortwährend kritische Gedanken. Jeder Gedanke ist ein Urteil.

Gleichzeitig ist der Geist auch etwas sehr Schönes. Neben dem normalen, funktionierenden Geist, der die Dinge immer spaltet, kritisch sieht und fortwährend nach Verletzungen Ausschau hält, gibt es noch einen anderen Geist. Wenn keine diskriminierenden Gedanken entstehen, hört der gespaltene, angstvolle »alte« Zustand des Geistes auf zu existieren.

Der Geist selbst funktioniert immer noch. Es ist der alte Zustand des Geistes, nicht der Geist selbst, der aufhört zu existieren. Wenn keine kritischen Gedanken entstehen, ist der Geist voller Licht. Und es entstehen keine kritischen Gedanken, wenn der Geist voller Licht ist. Denken kann Licht nicht durchdringen. Licht kann Gedanken reinigen. Dieser »neue« Geist urteilt nicht. Und beide Zustände des Geistes sind gleichzeitig möglich. Ein Gedanke und der Mensch, der den Gedanken denkt, können nicht voneinander getrennt werden. Wenn Sie aufhören, wertende Gedanken zu denken, werden die Objekte Ihrer Gedanken verschwinden. Und Sie als Denker dieser Gedanken werden ebenso verschwinden. Wenn der alte Geist aufhört zu urteilen, wird der neue Geist mit Licht gefüllt sein. Es gibt dann kein Gedanken-Objekt mehr und auch kein denkendes Subjekt mehr.

Noch einmal: Es entspricht der Natur des Geistes, dass der Denker fortwährend nach Kränkungen, nach Konflikten Ausschau hält. Wenn der Denker und die Gedanken verschwinden – und sie können nur dann verschwinden, wenn Licht im Kopf ist –, wird der Geist zu einem großartigen Instrument. Denn mit einem Mal beginnt der Geist, dem Herzen zu folgen. Das Herz folgt niemals dem Geist. Der Geist ist entweder isoliert oder er folgt dem Herzen. Das Herz kann sich ebenso verletzt fühlen, aber das Gefühl hat eher mit Mitgefühl zu tun, da die Herzenergie eine Bewegung hin zu mehr Offenheit, Liebe, Fürsorge und Glückseligkeit miteinschließt.

Wie ist die tiefgründige Natur der Herzenergie beschaffen? Erinnern wir uns daran, dass wir uns hier metaphorisch ausdrücken; es geht also nicht um das mechanische Herz, das wie eine Pumpe arbeitet. Die Herzenergie hat absolut keine Erinnerung. Ein Mensch, der in Verbindung mit der Herzenergie ist, muss nicht den Prozess der Vergebung durchlaufen, weil keine Erinnerungen aus der Vergangenheit darin gespeichert sind. Sie können nur vergeben oder glauben, Sie müssten vergeben, wenn Sie Erinnerungen haben. Auf psychologischer Ebene, in Ihrem Geist, werden Sie sich an alle möglichen schlechten Dinge erinnern, aber Sie werden Mühe haben, die Dinge des Herzens zu beschreiben.

Da das Herz kein Gedächtnis hat, »gehen« die positiven Dinge schnell »verloren«. Sie erinnern sich an Ihre Kindheit anhand der Erinnerungen Ihres Geistes, aber weil diese Geist-Erinnerungen sich immer auf das konzentrieren, was schlecht lief und darauf, auf welche Weise Sie verletzt wurden, werden Sie der Täuschung erliegen, Ihre gesamte Kindheit sei schlecht gewesen. Aber wenn dies der Wirklichkeit entspräche, hätten Sie nicht überlebt, wären Sie nicht zu dem Menschen geworden, der Sie heute sind. Die Kindheit eines erwachsenen Menschen verlief im Durchschnitt zu sechzig bis siebzig Prozent positiv und zu dreißig bis vierzig Prozent negativ. Aber die Erinnerung bewertet sechzig bis siebzig Prozent als negativ und vielleicht – wenn Sie Glück haben – dreißig bis vierzig Prozent als positiv. Und zwar deshalb, weil das Herz sich nicht in derselben Weise erinnert wie der Geist.

Das Gedächtnis ist hervorragend geeignet, um Wissen zu speichern. Wissen ist alles, was nichts mit Gefühlen zu tun hat. Die Erinnerung – auf der Gefühlsebene – erwartet ständig, verletzt zu werden, und verletzt auch andere. In jedem Augenblick, in dem Sie sich von jemandem verletzt fühlen, mindern Sie Ihre Herzenergie, weil Sie darauf beharren, sich an Ihre Erinnerungen zu klammern.

Lohnt es sich, sich auf alle möglichen Verletzungen zu konzentrieren, die früher geschehen sind oder vielleicht derzeit geschehen, um den Preis einer reduzierten Herzenergie, die doch kein Gedächtnis hat? Verletzt es Sie wirklich auf einer tiefen Ebene Ihres Wesens, wenn jemand Sie nicht mag? Oder verletzt es nur Ihren Geist? Wenn Sie in tiefer Meditation sind, in einem Zustand der Stille, ist es dann wirklich wichtig, was jemand über Sie denkt? Ist es nicht viel wichtiger, was Sie in Ihrem Herzen für den anderen Menschen empfinden?

Wenn Sie sehen können, dass Sie in diesem Zustand des »neuen Geistes« sein können – anstatt in dem Zustand des Sich-verletzt-Fühlens wie der »alte Geist« –, dann wird offenkundig, dass der alte Geist reine Erinnerung und ständige Misere ist.

Der neue Geist hat keine wertenden Gedanken. Sowohl der Gegenstand des kritischen Denkens als auch der Denker verschwinden. Dieser neue Geist, der voller Licht ist, folgt dem Herzen. Und weil er dem Herzen folgt, hat er auch kein Gedächtnis. Er versteht mit einem Mal, dass auf der Gefühlsebene Erinnerungen zu haben bedeutet, Konflikte zu schaffen, was das Ende von Beziehungen bedeutet.

Beziehungen

Eine Beziehung kann nur dann existieren, wenn sie in jedem Augenblick neu ist. Durch Erinnerungen kann sie nicht bestehen. Erinnerungen sind stets ein Hemmnis für alles Neue. Sie kommen immer aus dem alten Geist. Wenn es der Natur des Geistes entspricht zu stagnieren, wie ist dann Entwicklung möglich?

Sie können sich den Geist als das Subjekt denken, zumal es Objekte gibt. Objekte und Subjekte sind Zwillinge, sie gehören zusammen. Der Geist kann tun, was immer er will. Sie können mit dem Geist sagen: »Ich werde das tun«, was ein Gedanke ist; Sie können aber auch sagen: »Ich werde meinen Gedanken mit einem anderen Gedanken umformen.« Aber die Zwillinge bleiben Zwillinge. Der Geist kann das Problem nicht lösen.

Der einzige Ort, wo das Problem gelöst werden kann, ist das Herz. Die Natur des Herzens ist Wachstum, Entwicklung.

Buddha sagt in einer seiner Sutras: »Mache dir keine Gedanken um vergangene Leben.« Würde er heute leben, sagte er vermutlich: »Mache dir keine Gedanken um deine Kindheit.« Wenn Sie sich an Ihre Erinnerungen klammern, werden Sie innerlich nicht wachsen. Immer wenn Sie aufhören, alles mit Bezug auf Ihre Erinnerungen zu sehen – welche die Zeit darstellen –, befinden Sie sich plötzlich in einer anderen Dimension.

Wenn Sie sich dafür entscheiden, nicht mehr unter dem Einfluss der Erinnerungen zu handeln, so beendet Ihre Entscheidung die Kontrolle, die von dem alten Geist und von der Zeit ausgeübt wird. Dann werden Sie alles als völlig neu sehen, befreit von jeglicher Erinnerung. Das ist die Bedeutung von Leere – es gibt keine Erinnerung.

Das heißt nicht, dass da nichts ist. Es ist nicht so, dass Gedanken schlecht, Gefühle hingegen gut sind. Es ist nicht die »Nicht-Beschreibung«, sondern die Leere, die voll von allem ist, ohne Diskriminierung oder Urteil.

Der Prozess der Leere kann nicht beschrieben werden aufgrund der Zeit. Sie können Leere nicht durch den assoziativen Denkprozess zu etwas Altem, Früherem zurückverfolgen. Die Einheit, die Leere ist, bezeichnet den Prozess, in dem verschiedene Elemente zusammenkommen. In dem Prozess ist Denken – Fühlen – Empfindung – Atmosphäre.

Natürlich könnten wir ohne das Denken nicht zum Ausdruck bringen, dass wir und wie wir im Zustand der Leere waren. Aber das Denken, das dem Herzen folgt, kennt keine kritische Unterscheidung, ist nicht wertend. In diesem Zustand der Leere sind Herz und Geist nicht voneinander zu unterscheiden, und jeder enthält in sich die ganze Welt. Das ist Einheit. Und es existiert noch immer Beschreibung, aber Sie müssen die Dinge auf eine neue Art und Weise zusammensetzen.

Angenommen, Sie betrachten einen blauen Ballon. Sie sehen die Form und die Farbe und assoziieren sie sofort mit irgendetwas. Mit Hilfe Ihrer Sprache und Ihren kognitiven Fähigkeiten stellen Sie anhand von Worten und Erinnerungen eine Verbindung her und kommen zu dem Schluss, dass dies ein Ballon ist und dass er eine blaue Farbe hat. Aber Sie können die Einzelheiten nicht wirklich erklären. Sie sind in einem bestimmten Zustand, und Sie müssen eine neue Beschreibung erfinden. Sie können sich nicht auf Ihre Erinnerungen verlassen. Sie besitzen zwar noch immer linguistische Fähigkeiten, aber es gibt einen Unterschied zwischen der Tatsache, dass Sie sich auf Ihre Erinnerungen verlassen, und der, dass Sie neue Wege finden müssen, um zu beschreiben, was Sie sehen. Erinnerung ist niemals eine Form der Intelligenz.

Neue Wege, Sprache zu verwenden, basieren nicht auf Erinnerung. Wenn Denken nicht diskriminierend und wertend ist, weil es nicht auf einer Wertvorstellung, einem Urteil, einem Vergleich oder einer Erinnerung beruht, dann ist das Denken in die Einheit der Leere mit eingeschlossen. Jeder Weg enthält in sich die ganze Welt. Wenn Sie die Beziehung zwischen dem Subjekt und dem Objekt sehen, zwischen dem Denken und dem Denker, zwischen dem, der fühlt, und dem Gefühl, so sind beide in dieser Leere. Die Leere schafft die Dinge neu. Der Denker ist intelligent geworden.

In der Herzenergie besteht ein großer Drang zu teilen. Was hat es für einen Sinn, in eine andere Dimension überzugehen, wenn man dann nicht imstande ist, sie zu teilen? Aber um sie zu teilen, brauchen Sie den neuen Geist. Sie müssen denken, ohne in die Vergangenheit zu gehen – was bedeutet, dass Sie den motivativen Denkprozess verwenden.

Der assoziative Denkprozess gehört zum alten Geist. Der motivative Denkprozess gehört zum neuen Geist. Immer wenn etwas Neues zu beschreiben ist – eine neue Sinngebung ohne Erinnerung –, können Sie es nicht in einer wertenden Weise beschreiben. Sie haben keine Möglichkeit, es mit etwas zu vergleichen oder ein Werturteil zu fällen. Es ist neu, aber auch eine Beschreibung.

Immer wenn etwas nicht mit Ihren eigenen Vorlieben und Abneigungen übereinstimmt – mir gefällt dieses Gespräch nicht, ich mag diese Musik nicht –, sprechen Sie über sich selbst. Mit dem alten Geist können

Sie das Spiel spielen, wonach Sie wissen, warum Sie so urteilen, wie Sie es eben tun. Aber wenn Sie aufhören, etwas als gut oder nicht gut zu beurteilen, wenn Sie die Beziehung zwischen dem Herzen und dem Geist sehen, werden Sie sich nicht von Vorurteilen und Meinungen verlocken lassen.

Seiner Natur entsprechend fällt der alte Geist Urteile, und diese können nur auf Vergleichen, auf Erinnerung und Zeit beruhen. Der Preis, den Sie dafür bezahlen, dass Sie an dieser Form des Prozesses festhalten, ist, dass Sie Ihr Herz blockieren. Wozu müssen Sie sich also entscheiden? Sie müssen sagen: Ich werde jeden Augenblick achtsam sein. Ich werde Acht geben, dass ich nicht in die Falle des Denkens mit Erinnerungen gehe, damit das Herz funktionieren kann. Das ist die Entscheidung, die Sie fällen müssen.

Sobald Sie bereit sind zu sagen: Was immer mir auch geschieht, wer auch immer gegen mich ist, ich werde nicht den Preis bezahlen, dass ich meine Herzenergie verringere und unter Einsatz des alten Geistes in der Erinnerung lebe, selbst dann, wenn ich ungerecht behandelt werde; sehen Sie mit einem Mal, dass ein Ding alle Dinge beinhaltet. Dann werden Sie die Dinge ohne Unterschied miteinander vermengen oder Sie werden sich des alten Geistes bedienen, der in Erinnerung und Zeit stecken bleibt. Im ersteren Fall bedeutet die Entscheidung keine Anstrengung, sie ist eine Freude. Sie werden sie gerne fällen.

Nehmen wir ein Beispiel: Ihre Mutter oder Ihr Vater halten Sie dazu an, Ihre Zähne zu putzen, jedoch ohne Ihnen zu erklären, warum Sie es tun sollen. Jeden Tag wehren Sie sich gegen diese lästige Gewohnheit, aber sobald Sie einmal verstanden haben, dass Sie das für Ihre eigene Gesundheit, also für sich selbst tun, ist sie keine Mühe mehr, sondern wird zu einem Vergnügen.

Wenn Sie die Beziehung zwischen Subjekt und Objekt sehen, zwischen dem Denken und dem Denker, wenn Sie sehen, dass ein Ding alle Dinge sind, dass ein Gefühl das Gefühl aller Menschen ist, können Sie sich inmitten der anderen bewegen und sich mühelos mit ihnen vermengen. Damit ist keine wirkliche Anstrengung verbunden. Diese Entscheidung wird zu einer Freude. Und dann, mit einem einzigen Schlag, sind die Bindungen durchtrennt, und Sie befinden sich in Freiheit.

Der Zwang, die Unfreiheit ist immer die Zeit. Sobald Sie außerhalb der Zeit sind – und die Zeit ist die Vergangenheit und die Zukunft –, sind Sie frei. Warum sind Sie frei? Weil der alte Geist nicht mehr besteht, sobald Sie sich jenseits der Zeit befinden. Sie benötigen für diese Entscheidung keine Bedenkzeit und keine Anstrengung. Der Geist beginnt, dem Herzen zu folgen.

In der Aurastruktur folgt die Energie dem Denken. In dem außerkörperlichen System folgt das Denken der Liebe. In dieser Erkenntnis zu leben bedeutet, sich keine Sorgen um mangelnde Vollkommenheit zu machen. Wenn Sie Liebe und Hass, Zuneigung und Abneigung, gut und schlecht nicht gegeneinander ausgrenzen, sollten sie auch die Nicht-Vollkommenheit nicht ausgrenzen. Es gibt keine Vollkommenheit.

Wenn etwas vollkommen ist, kann es sich nicht entwickeln. Auf der Körperebene ist das Problem oder der Preis, den wir für Unvollkommenheit bezahlen, Krankheit. Aber die Unvollkommenheit ist – bezogen auf die Krankheit des Körpers – ein Segen. Man nennt es Sterben. Die Dinge, die Form sind, müssen geboren werden, um wieder durchs Leben gehen zu können. Wenn der Körper vollkommen wäre, wäre er nicht imstande zu sterben. Die Nicht-Vollkommenheit ist das Schöne.

Wenn Sie in tiefe Meditation gehen, dann sollten Sie über nichts urteilen: nicht über den Körper, nicht über Form, Denken, Aggression oder Angst. Wenn Sie irgendein Urteil fällen, können das Glück und die Freude, die Sie empfinden, nicht Vollkommenheit sein. Vollkommenheit muss durch Nicht-Vollkommenheit ausgeglichen werden. In dem Ganzen sind beide enthalten. Das Einzige, das vollkommen sein kann, ist der Tod. Ist Gott – metaphorisch ausgedrückt – vollkommen? Hätte Gott vollkommene Menschen erschaffen wollen, dann hätte er das sicherlich schon früher getan!

Das Leben ist im Zeichen der Nicht-Vollkommenheit erschaffen worden. Nicht-Vollkommenheit ist das eigentliche Wesen der Kreativität. Jeder Maler, jeder Schriftsteller, überhaupt jeder Künstler weiß das. Jeder Mensch, der sich in einer Beziehung befindet, weiß das. Das Streben nach Perfektion bedeutet Stillstand.

Wenn Sie aufhören, nach Perfektion zu streben, werden Sie ganz plötzlich auch aufhören, sich übermäßige Sorgen um Ihre eigenen Fehler und die anderer Menschen zu machen. Einen Fehler begehen ist ein Lernprozess, kein Hinweis dafür, dass eine bestimmte Norm eingehalten werden sollte. Ein Kind würde niemals laufen lernen, wenn es dabei eine Vorstellung von Perfektion hätte. Schönheit ist diese Art der Kreativität, und Sie können sich bemühen, so sehr Sie wollen – Sie werden niemals perfekt sein.

Sie werden nie Erleuchtung erlangen, wenn Sie versuchen, vollkommen zu sein. Etwas, was neu ist, kann nie ganz ohne Makel sein oder ohne irgendwelche Fehlschläge zustande kommen. Wenn Sie aufhören, sich wegen Ihrer mangelnden Vollkommenheit Sorgen zu machen, werden Sie auch aufhören, andere Menschen wegen ihrer Unzulänglichkeiten zu kritisieren.

Das Leben in diesem Vertrauen ist der Weg zur Nicht-Dualität. Das Non-Duale ist mit dem vertrauenden Geist verbunden. Nicht-Vollkommenheit ist schön, Nicht-Vollkommenheit ist die äußerste Entwicklung.

Sie können niemals Ihrer Erinnerung oder einer Erfahrung trauen, da diese auf Vergangenem beruhen, nicht auf Neuem. Das Vergangene ist fortwährend aufgespaltet in den Konflikt, der die Dualität ist.

Konflikte entstehen durch Zeit, durch Wertungen und durch das krampfhafte Lauern auf Kränkungen. Der vertrauende Geist ist ein neuer Geist, voller Licht, der dem Herzen folgt. Und da das Herz keine Erinnerung kennt, ist es ohne Dualität. Es ist das Non-Duale.

Non-dual bedeutet auch, alles ohne Ablehnung zu betrachten. Wenn Sie beispielsweise sehen, wie ein Mann seine Frau schlägt, dann gibt es auf der psychologischen Ebene keinen Zweifel daran, dass Sie ihn daran hindern müssen; aber wird es hilfreich sein – wenn Sie ihn am Schlagen hindern oder dafür sorgen, dass er ins Gefängnis kommt –, wenn Sie nicht über die unmittelbare Situation hinaussehen, auf das Non-Duale oder die Qualitäten? Können Sie diesen Mann ändern, indem Sie ihm etwas aufzwingen? Oder wird er nicht vielmehr dann ins Non-Duale hineingehen, wenn er Zugang zu den eigenen Qualitäten bekommt?

Ändern wir uns, wenn wir gezwungen, manipuliert oder erpresst werden? Die Qualitäten sind das Nicht-Duale, und das Nicht-Duale ist der vertrauende Geist. Worte sind wie eine Landkarte, aber sie sind nicht die Wirklichkeit. Die Wirklichkeit kann niemals mit Worten erfasst werden.

Ein anderes Element der Natur des Geistes ist die Trägheit. Und nur ein Geist, der mit Licht gefüllt ist, ist nicht träge. Menschen, die nur mit dem Finger auf der Landkarte reisen, studieren vielleicht die Karten von Paris, aber sie werden sich nie dorthin begeben. Siebzig Prozent aller Geistlichen kennen die Landkarte des Christentums auswendig, aber sie sind niemals dorthin gereist.

Lassen Sie sich nicht durch schöne Worte blenden. Schön oder nicht – es sind nur Worte. Letztendlich sind Worte ein Hindernis für das Wirkliche. Und Erinnerungen sind das größte Hindernis für das Wirkliche.

Das Wirkliche und die Vergangenheit können niemals zusammentreffen. Der Weg ist jenseits der Sprache.

Zusammenfassung

- Ohne wertende Gedanken ist der Geist voller Licht.
- Der Natur des Herzens entspricht das Wachstum.
- Leere ist voll von allem.

Mitgefühl und Liebe

Es besteht ein riesiger Unterschied zwischen Mitgefühl und Liebe. Liebe kommt aus der Gnade – etwas geschieht, aber nicht als Ergebnis von etwas, das Sie getan oder erreicht haben. Sie können nicht erzwingen, dass sich Liebe einstellt, indem Sie sich auf eine bestimmte Weise verhalten. Aber so wie die Sonne ist auch die Liebe immer da, hinter den Wolken des Geistes.

Die Frage lautet: Nehmen Sie das wahr oder nicht?

Mitgefühl ist die Tür zur Liebe. Liebe ist nicht persönlich, und Mitgefühl ist ganz und gar persönlich. Mitgefühl hängt vollkommen von Ihrer Einstellung ab. Liebe ist in ihrer Gesamtheit unpersönlich und hat absolut keine Richtung. Mitgefühl dagegen ist zielgerichtet. Liebe ist wie die Luft, die Sie atmen. Mitgefühl ist eine Bewegung, die Sie auf irgendjemanden oder irgendetwas zumachen, der ebenfalls die Luft der Liebe atmet, auch wenn er es selbst vielleicht gar nicht wahrnimmt.

Der Geist

Liebe ist der Zustand der Stille, in dem sich Mitgefühl bewegt. Wenn Mitgefühl die Tür zur Liebe ist, dann müssen wir die Natur des Mitgefühls verstehen. Ohne Mitgefühl wird es nie Liebe geben. Jesus sagte: Um ins Himmelreich zu kommen, braucht ihr keine Liebe. Das Himmelreich ist Liebe. Und um da hineinzukommen, braucht ihr Mitgefühl.

Der Geist verhindert Mitgefühl, aber gleichzeitig benötigen wir unseren Geist, um zu überleben. Hätten Sie vor tausend Jahren gelebt, hätten Sie Ihren Geist genutzt, um auf Jagd zu gehen und sich somit Nahrung zu verschaffen. Vielleicht wären Sie dem Tier, das Sie getötet hätten, dankbar gewesen, aber Sie hätten nicht aufgrund Ihres Mitgefühls für das Tier zugelassen, dass Ihre Familie hungert.

Das Problem mit dem Geist beginnt, wenn er den Eindruck gewinnt, er sei eine eigene Entität und getrennt von der Welt. Ist es möglich, das Selbst, das »Ich bin« zu beobachten? Auch nach umfassenden neurologischen Forschungen kann es im Gehirn nicht gefunden werden, weil es subjektiv ist. Das Subjekt denkt, weil es imstande ist, sich aus eigenem Antrieb fortzubewegen, indem es in einen Zug steigt, der von Zürich nach Paris fährt, sei es getrennt von allen anderen. Aber es gibt Hunderte anderer Menschen, die ebenfalls in diesem Zug sitzen und die eine subjektiv ähnliche Erfahrung machen.

Wenn alle diese Menschen im Zug aus dem Fenster schauen, während die Landschaft draußen vorüberzieht, sehen sie vielleicht einen Bauernhof oder einen Baum. Vielleicht assoziieren sie das Gesehene mit der Vergangenheit. Einer ist dabei möglicherweise ein wenig ärgerlich, ein anderer traurig, wieder ein anderer heiter. Aber der Geist beharrt auf der Ansicht: »Ich habe dieses Gefühl, und es ist unabhängig vom Gefühl aller anderen Menschen.« Der Geist, der unfähig ist, zu erfassen, was andere fühlen, lebt in der Illusion, getrennt, abgesondert zu sein.

Trennung ist das Gegenteil von Mitgefühl

Stellen Sie sich vor, Sie betrachten die Natur des Geistes – nicht seinen Inhalt oder seine Schönheit, sondern nur sein Wesen, seine Beschaffenheit. Er ist wie eine Insel inmitten eines Sees oder Meeres. Der Geist sagt: »Ich bin hier allein auf dieser Insel.« Und nun stellen Sie sich in weiter Entfernung eine andere Insel vor. Sind die beiden Inseln durch das Wasser getrennt, oder sind sie dadurch miteinander verbunden? Wenn Sie das Wasser aus dem Gesamtbild herausnehmen, haben Sie zwei Hügel, anstelle von Inseln.

Der Geist kann nicht erfassen, dass er sich von einer Sekunde zur anderen ändern kann, von der Beschreibung einer Insel zur Beschreibung eines Hügels. Das Wasser verschleiert die Beziehung zwischen den beiden. So verschleiert der Geist die Wirklichkeit durch Rechtfertigungen; durch die quälende Frage: Habe ich Recht oder nicht?; durch das Äußern des eigenen Standpunktes; durch die Feststellung: Ich bin dies oder jenes; durch Wünsche und Forderungen, durch Vorstellungen und Erwartungen.

Wenn Sie die Verschleierung, die Sichttrübung entfernen, die durch das Wasser verkörpert wird, dann erkennen Sie, dass zwischen den beiden Hügeln eine Landschaft ist. Die Hügel sind durch das, was zwischen ihnen liegt, miteinander verbunden. Und beide gehören zur Landschaft.

Unter der Verschleierung des Geistes ist die Gefühlskette aus Aggression, Angst, Trauer, Stille und Liebe. Jede Forderung, jeder Standpunkt, den Sie einnehmen, und auch jede Erwartung entspringt einem Gefühl.

Doch der Geist vergisst, dass die Forderung aus einem Gefühl heraus entstanden ist. Und dieses Gefühl ist niemals getrennt von anderen Gefühlen.

Machen wir ein Beispiel. Sie sagen zu jemandem: »Ich möchte, dass du mir besser zuhörst. Mein Therapeut sagt, dass ich mich selbst verleugne. Ich fühle mich selbstsicherer, wenn ich meinen eigenen Standpunkt habe. Ich möchte genau dieselben Rechte haben wie du. Ich möchte nicht das Gefühl haben, dass du über alles die Kontrolle hast.«

Warum kommt Ihnen all das überhaupt in den Sinn? Weil Sie für diesen anderen Menschen etwas empfinden. Alle Ihre Erwartungen, Wünsche und Standpunkte sind immer mit einer anderen Person verbunden. Und das Gefühl, das Sie einem anderen entgegenbringen, entscheidet darüber, was Ihnen in den Sinn kommt.

Anstatt das Gefühl zu betrachten, das in diesem Beispiel wahrscheinlich Angst ist, verschleiern Sie es und bedecken es mit Wasser, indem Sie sich rechtfertigen und sich abgrenzen, sodass Sie und der andere Mensch zu Inseln werden. Ihr innerer Antrieb dafür ist Angst, aber die Angst unterscheidet sich nicht von der Angst des anderen oder von sonst irgendjemandem auf der Welt. Nur der Standpunkt oder die Beschreibung ist anders – und ist nur Ihnen eigen.

Um in der Sprache der Metapher fortzufahren: In der Musik gibt es Millionen verschiedener Melodien. Die Musik ist wie die Menschheit, und die Melodie wie der individuelle Geist. Oder, man könnte auch sagen: Der Geist ist wie ein Hund, der seinem eigenen Schwanz nachjagt und behauptet, der Schwanz entwische ihm, deshalb müsse er versuchen, ihn zu erhaschen. Er ist ständig mit einem Teil seiner selbst beschäftigt. Genau das tut der Geist jeden einzelnen Tag. Selbst wenn er versucht, erleuchtet zu werden, versucht er lediglich, seinen Schwanz zu erhaschen.

Der Geist, der von Angst angetrieben wird, betrachtet sich selbst als isolierte Einheit und glaubt, dass er, wenn er sich bessert, anders sein wird. Anderssein bedeutet, dass er ein wenig mehr von den anderen isoliert ist. Dann wird der Geist in spiritueller Hinsicht sogar klüger und sagt: Ich muss mich des Geistes entledigen. Und nun beginnt der Hund tatsächlich, hinter seinem Schwanz herzujagen.

Wie kann der Geist sich vom Geist lösen? Das Ich kann sich nicht von etwas lösen, das das Ich ist.

Das alles geschieht, weil der Geist darauf beharrt, dass er etwas Besonderes ist, getrennt von allen anderen. Und diese Illusion ist scheinbar zutreffend, weil jede Beschreibung sich von der Beschreibung eines anderen Menschen unterscheidet. Jedes subjektive Gefühl ist für jeden Menschen dasselbe, aber seine individuelle Beschreibung ist jeweils anders.

Der Prozess des subjektiven Gefühls der Angst oder der Aggression ist für uns alle gleich. Wie ich ihn beschreibe, ist völlig individuell, und das macht, dass der Geist so beschäftigt ist. Er konzentriert sich auf die Beschreibung, nicht auf den Prozess. Und das erzeugt die Angst, die sich dann ins »Mein« überträgt: meine Angst, meine Aggression, meine Liebe usw. Wenn es ganz absurd wird, dann sagt der Geist sogar: meine Erleuchtung.

Mitgefühl bedeutet, dass Sie das, was Sie haben, weggeben. Was ist es, was Sie meinen zu haben? Und wie beginnen Sie den Weg des Mitgefühls, des Sichweggebens? Das »Ich« weggeben, erzeugt immer Unruhe. Wenn Sie sich beispielsweise verletzt fühlen, werden Sie Vergeltung wollen, anstatt das Gefühl der Kränkung durch einen Prozess des »Weggebens« loszulassen. Der ganze Vorgang spielt sich dann so ab: »Du hast mich verletzt, also nimm es entweder zurück oder ich werde dich meinerseits verletzen.« Doch man kann einen anderen Menschen nur verletzen, indem man sich selbst verletzt, was Isolation mit sich bringt. Es gibt keinen anderen Weg, jemand anderen zu verletzen. Können Sie sehen, dass das Ich stets Isolation erzeugt?

Selbst wenn jemand Sie furchtbar verletzt, haben Sie, sofern Sie das Ich weggeben können, den Weg des Mitgefühls beschritten. Und das Ich wegzugeben bedeutet, bereit zu sein, ganz ohne Schutz, ohne Verteidigung dazustehen. Nicht im körperlichen Sinne – aber wenn die beiden Inseln plötzlich zu Hügeln werden, weil das Wasser verschwindet, sind sie miteinander verbunden: Was für einen Sinn hat es also, sich zu verteidigen?

Immer wenn Sie etwas verteidigen, das mit Ihnen verbunden ist, sind Sie beide verletzt. Nur in der Illusion, isoliert zu sein, können Sie gegen jemanden sein, da Sie meinen, Sie würden nicht verletzt. Eines der großen Probleme des Geistes besteht darin, zu glauben, er könne gegen jemanden sein, ohne dass dies einen Einfluss auf ihn selbst hat.

Wenn Sie anderen Menschen Gutes tun, so wird Ihnen dies auch gut tun. Falls Sie aber damit rechnen, dadurch etwas zurückzubekommen, bleiben Sie weiterhin in der Isolation. Tut man jedoch anderen Menschen aus ethischen Gründen etwas Gutes, hat man ganz einfach verstanden, dass es auf subjektiver Ebene keine Trennung gibt. Sie machen eine Bewegung im Raum, und der ganze Raum wird für einen Augenblick lang zu dieser Bewegung. Was Sie tun, beeinflusst alle anderen.

Aggression

Der Weg des Mitgefühls und der Geduld bedingt, dass Sie Gefühle der Wut aufgeben. Es entspricht dem Wesen der Aggression, das Ich in seiner Isolation zu verteidigen: »Ich will dies. Ich habe dieselben Rechte.« Das entspringt der Angst, nicht gewürdigt zu werden. Wenn Sie dieses Gefühl nicht dort belassen, sondern es auf die Geistebene des Ich heben, dann haben Sie Aggression – den äußersten Ausdruck des Ich.

Selbst wenn Ihre Wut gerechtfertigt ist – der Prozess, den sie erzeugt, ist immer derselbe: Unabhängig von Ihrer Beschreibung, Ihrer Rechtfertigung entsteht die Isolation des Ich. Und wo das Ich ist, wird bestimmt niemals Liebe und Mitgefühl sein.

Mitgefühl gilt allen Wesen, die fähig sind zu fühlen. Es ist etwas sehr Persönliches und lenkt von Ihnen ab. Es ist niemals für Sie, sondern immer weg von Ihnen. Um sich von sich selbst wegbewegen zu können, müssen Sie eine Absicht haben. Sie müssen eine Entscheidung fällen, die weg vom Ich und hin zu den anderen führt. In jeder Sekunde kann ich mich – unabhängig von dem, was je in meinem Leben geschah – entscheiden, mitfühlend zu leben, mich von mir selbst wegzubewegen oder aber auch, mehr von diesem Ich zu erzeugen.

Der Geist ist ein Handikap, wenn es um die spirituelle Ebene und um die Gefühlsebene geht. Ihr Geist kann schöne Konzepte kreieren, aber er kann nicht wirklich ein subjektives Gefühl haben. Wenn Sie sich von sich selbst wegbewegen, sagt der Geist sofort: »Ich werde vernachlässigt. Wenn ich Gefühle für andere Menschen habe und beschließe, mich von mir selbst wegzubewegen, werde ich isoliert und allein sein.« Aber so wie die Inseln zu Hügeln werden, die durch die Landschaft miteinander verbunden sind, wenn das Wasser verschwindet, so erzeugt dieses Sich-von-sich-selbst-Wegbewegen keine Distanz, sondern wird zu einer Einheit. Bewegt man sich von sich selbst weg, so bedeutet das nicht nur, dass man sich auf andere zubewegt, sondern es bedeutet auch, dass es immer weniger Trennung gibt. Und wo keine Trennung ist, besteht auch keine Notwendigkeit zur Verteidigung.

Wenn Sie sich für Mitgefühl entscheiden, gehen Sie ohne Isolation und ohne Anstrengung in die Welt; die Bewegung, die von Ihnen selbst wegführt, hin zu einem Einssein mit allen empfindungsfähigen Wesen, schließt Sie mit *ein.*

Je weiter Sie von sich selbst entfernt sind, desto tiefer sind Sie mit sich selbst verbunden. Und daher besitzen Sie eine Fülle von innerem Reichtum. Wenn Sie anderen helfen, weil Sie keine Trennung fühlen, so erzeugt das Mitgefühl in Ihnen. Sie benötigen Mitgefühl, um es zu tun, und Mitgefühl wird durch Verbundenheit erzeugt. Plötzlich werden Sie andere Menschen anders sehen, Sie werden Ihr Ich nicht mit ihnen vergleichen; vielmehr werden Sie mitfühlend auf sie zugehen und erkennen, wie schön sie sind. Mitgefühl erzeugt Ausstrahlung im Sinne von Anziehung, von Charisma und Frieden. Frieden bedeutet, dass es kein Ich gibt, das an erster Stelle stehen will. Denn diese Stellung hängt stets vom Vergleichen ab – es ist Ihnen wichtig, ob jemand über Ihnen oder unter Ihnen steht. Und: Vergleichen erzeugt Konflikte.

Entweder Sie entscheiden sich für Mitgefühl oder Sie tun es nicht. Wenn Sie es nicht tun, werden Sie immer wieder merken, dass es Ihnen an Stille fehlt. Sie werden immer das Gefühl haben, dass Sie unter Problemen leiden und sich unakzeptiert, ungeliebt, unglücklich fühlen. Wenn Sie sich für Mitgefühl entscheiden, ändert sich alles. Können Sie erkennen, dass alle Entschuldigungen bloße Vorwände sind? Es ist lediglich eine Frage der Entscheidung.

Dualität

Es scheint, als sei es schwierig, diese Entscheidung zu fällen, doch sobald Sie es getan haben, stellt sich Mitgefühl ein. Sobald Sie sie getroffen haben, ist alles Übrige leicht. Es bedarf nur eines kleinen Anstoßes. Und dennoch besteht ein enormer Widerstand gegen diese Entscheidung. Sie können dabei nicht Ihre Willenskraft einsetzen, weil Wille ein Teil des Geistes ist. Wille ist statisch, verglichen mit dem Fluss, dem *Flow.* Die Entscheidung für Mitgefühl muss aus einem tiefen Verständnis heraus kommen. Es geht darum, das gewaltige Missverständnis zu erkennen: die Dualität.

Ist Mitgefühl da, so lautet der Unterschied nicht mehr Ich oder der Andere, sondern Ich *und* der Andere. Solange es Wasser gibt, verkörpert das Wasser den Geist, die Konzepte, die Missverständnisse, die Dualität; daher sieht es so aus, als wären die beiden Inseln getrennt. Ohne das Wasser gibt es Hügel *und* ein Tal, nicht die Hügel oder das Tal.

Der Geist ist im Konzept der Dualität gefangen, das heißt, es gibt Konflikte. Es wird einen Kampf darum geben, was der Geist aufgibt, um sich für Mitgefühl zu entscheiden. Krankheit oder Gesundheit, normal oder verrückt, schwarz oder weiß, intelligent oder dumm, gegen mich oder für mich – jede Dualität basiert auf Vergleichen. Aber der Berg und das Tal sind von ihrem Wesen her gleich – auch wenn sie unterschiedliche Formen haben.

Das Problem besteht in Worten und Konzepten. Betrachten Sie Bewegung in der Stille und die Stille in der Bewegung. Kann der Geist begreifen, dass Stille und Bewegung dasselbe sein können? Das Wort Stille erzeugt die Illusion, es sei anders als das Wort Bewegung. Wörter sind eine Objekt-Gedanken-orientierte Beschreibung, aber nicht das Gefühl.

In der Bewegung und der Stille existiert absolut dieselbe Gefühlsebene. Es gibt Bewegung in der Stille und Stille in der Bewegung, ohne Trennung. Beide, Bewegung und Stille, verschwinden. Wenn Sie in Bewegung sind – nicht, wenn Sie darüber nachdenken –, dann tritt Stille ein. Wenn Sie in der Stille sind, besteht Bewegung. Es ist unmöglich, etwas als Stille oder als Bewegung zu erkennen; beide verschwinden ganz einfach. Können Sie sehen, wie schwierig es für den Geist ist, das zu begreifen?

Der Geist denkt immer: entweder – oder. Wenn die Dualität, aufgrund derer man Bewegung und Stille als getrennt betrachtet, nicht mehr existiert, kann Einssein selbst nicht existieren. In den Lehren des Buddhismus, des Christentums, des Islam und des Zen gibt es Einssein, wenn Dualität aufhört zu existieren. Aber Einssein selbst kann nicht existieren.

Im dualistischen Konzept sind Sie von Gott getrennt. Und mit etwas Anstrengung, mit Gnade, Glaube, Vertrauen und Hingabe können Sie dann mit Gott eins werden, sodass Sie nicht länger Sie selbst sind, sondern ein Teil Gottes. Tatsächlich werden Sie durch die Beziehung zu Gott Sie selbst. Isolation kann nur dann erfolgen, wenn es keine Beziehung gibt. Dualität ist die Abwesenheit von Beziehung. Beziehung bedeutet nicht, dass man eine Sache für eine andere aufgibt. Der Hügel wird nicht zum Tal, das Tal wird nicht zum Hügel; die beiden sind einfach in Beziehung.

Nehmen wir an, dass Liebe jenseits von Stille ist, dem eigentlich Wesentlichen – etwas, das Sie nicht erzielen können. Aber Sie können in Beziehung damit sein. Es ist nicht so, dass Sie Liebe werden und das Ich verschwindet. Sie werden zu einem Instrument der Liebe. Liebe strahlt durch das Ich hindurch, das mit der Liebe verschmilzt. Das Ich ändert seinen Charakter oder seine Aufgabe. Es ist nicht mehr in der Dualität von Konflikt und Verteidigung gefangen. Es wird zum Vehikel der Liebe. Natürlich ist das Vehikel noch immer das Vehikel. Das Ich ist immer noch das Ich, aber plötzlich hat es eine völlig andere Bedeutung. Das ist es, was mit »Sinn des Lebens« gemeint ist. Entweder sind Sie ein Ausdruck der Liebe, die durch Sie hindurchstrahlt, oder Sie stecken im Körper-Geist, in der Dualität fest. Solange der Geist denkt, dass er in etwas aufgehen – und verschwinden – wird, das viel größer ist als er selbst, wird er an seiner Abwehr, seiner Verteidigung festhalten.

Gott – um es in christlicher Ausdrucksweise zu sagen – will uns nicht verschlingen. Gott will mit uns in Beziehung sein. Gott braucht den Körper-Geist, das Ich, um in Kommunikation zu sein und Liebe zu verströmen.

Niemand würde sagen, dass Sonne und Licht voneinander getrennt sind. Aber die Sonne und ihre Strahlung sind zwei verschiedene Dinge, die miteinander interagieren. Da sie in Interaktion sind, befinden sie sich nicht in Dualität. Also verlangt Gott – metaphorisch betrachtet – nicht von Ihnen, dass Sie sich selbst aufgeben. Gott bittet Sie, in Kommunikation zu sein.

Sobald die Dualität verschwindet, besteht Kommunikation oder Interaktion. Können Sie sehen, dass sich dies vom Konzept des Einsseins unterscheidet? Das Einssein existiert nicht. Einssein als Konzept gehört zur Dualität. Das Konzept des Ich, das im Einssein aufgeht und darin verschwindet, ist Dualität. Denken ist immer auf Wertvorstellungen aufgebaut – die stets auf Vergleich und Wettbewerb basieren.

Gedanken sind ihrer Natur nach Dualität. Jede Beschreibung – auch dieses Buch hier – erfolgt in der Isolation. Denken kann nicht anders sein. Sie können sich nicht aus der Dualität herausdenken.

Der Geist funktioniert gewöhnlich ganz und gar mit Hilfe des Denkens. Ein Gefühl, das zum Geist gehört, kommt ins Spiel, und Sie geben ihm sofort eine Beschreibung. Wenn Sie das Gefühl nicht beschreiben würden, dann wäre es einfach nur Energie, Schwingung. Für das Gefühl Aggression könnten wir die Farbe Rot verwenden. Für das Gefühl Trauer könnten wir die Farbe Violett verwenden. Wenn Sie eine Farbe ohne Beschreibung betrachten, dann ist sie nur Schwingung. Wenn Sie ein Gefühl betrachten, ohne es zu beschreiben, dann ist es einfach nur Schwingung, Energie. Schwingungen, Farben, Klänge, Gefühle sind allesamt Energie. Beschreibung blockiert die Energie, indem sie sie in eine Beschreibung »einsperrt«.

Der vereinigte Geist ist noch immer ein Geist (geben Sie sich nicht dem Irrtum hin, Sie müssten sich von Ihrem Ego lösen), aber der vereinigte Geist sieht Dinge ohne Beschreibung. Er weiß, dass Denken Dualität ist und daher Energie erzeugt, die erstarrt, »eingesperrt« ist. Um jedoch einen vereinigten Geist haben zu können, dürfen Sie nicht auf sich selbst zentriert sein. Wenn Sie über das Ich sprechen, sprechen Sie über Gedanken. Sie sagen: Ich fühle Aggression. Aber in Wahrheit sagen Sie: Ich denke Aggression. Und dann kommen Sie mit den Rechtfertigungen daher, nähren diese Energie, etwa: »Ich habe das Recht, aggressiv gegenüber meiner Mutter zu sein.« Natürlich kann ich die Aggression nicht fühlen, sie ist unterdrückt. Ich kann nur denken, und durch das Denken werde ich jetzt versuchen, die Aggression zu fühlen. Was würde geschehen, wenn das Ich nicht auf allen diesen Beschreibungen basieren würde?

Die Energie, die Aggression genannt wird, würde als Energie bestehen bleiben; daher würde sie sich zur Angst bewegen. Dann würde sie sich zur Trauer bewegen, einer natürlichen energetischen Bewegung hin zur Wurzel, zum Ursprung. Und dann würde sie sich zur Stille hinbewegen.

Ist Aggression nicht immer ein klarer Hinweis dafür, dass Sie im Grunde hilflos, sprachlos sind? Und ist Hilflosigkeit nicht genau der erste Schritt zum Mitgefühl? Christen und Muslime verwenden das Wort Hingabe. Hingabe zu haben bedeutet, zu akzeptieren, dass man hilflos ist. Was würde geschehen, wenn Sie, anstatt Dualität gegenüber Ihrer Mutter zu nähren, bei dieser Hilflosigkeit, Sprachlosigkeit bleiben würden? Hilflos, sprachlos, bedeutet gedanken-los, das heißt, ohne Denken. Plötzlich entstände eine Beziehung. Nicht ein Ich, das sich für die Mutter aufgibt – denn das wäre das Konzept der Dualität –, sondern ich und meine Mutter in Kommunikation. Sie können keine Beziehung durch Gedanken herstellen. Sie können sie beschreiben, indem Sie denken, aber auch dies ist Dualität und Isolation.

Selbst wenn wir es nicht gerne zugeben – indem wir eine klare Unterscheidung zwischen Ich und Du machen, so erzeugt dieses Denken Rassismus und Faschismus. Denken erzeugt Stolz, weil meine Gedanken sich von deinen Gedanken unterscheiden. Aber meine Gefühle und deine sind immer gleich. Der einzige Unterschied liegt in den Begebenheiten, die wir um diese Gefühle herum gestalten.

Eine der intelligentesten Fragen wurde einmal von Ramana Maharshi gestellt: »Wer bin ich?« Sie können niemals herausfinden, wer Sie sind, weil die Frage und die Antwort eine Beschreibung durch Denken mit einschließen, und Sie sind niemals die Beschreibung oder das Denken. Sie sind weit mehr als das. Wenn es keine Beschreibung gibt, sind Sie selbst Stille. Der vereinigte Geist ist nicht in Denken und Gefühle getrennt. Er ist nicht auf sich selbst zentriert und besitzt keine Überlegenheit mehr. Das auf sich selbst zentrierte Streben endet.

Nehmen wir an, alle Gefühle, die sich auf Gott, Erleuchtung, Stille und Liebe beziehen, werden durch gewisse Rahmenbedingungen oder Zustände in Ihrem Gehirn hervorgerufen. Wenn Sie sie glücklich machen, wenn Sie sie in eine direktere Verbindung mit anderen Menschen bringen, wenn sie mehr zu Frieden in der Welt führen – kümmern Sie sich dann wirklich darum, wo Sie ausgelöst wurden?

Alle Formen der Aggression können als Illusion betrachtet werden, die im Gehirn erzeugt wird. Aber diese Aggression stellt sich dann ein, wenn man nicht mit Liebe umgehen kann. Sie existiert nicht als Dualität. In der Gefühlskette ist Aggression Liebe. Und wahrhaft glauben bedeutet einfach, dass man seine Wahrnehmung nicht auf Beschreibung, auf Gedanken, auf Dualität gründet. Es interessiert uns dann nicht mehr, woher etwas kommt, was es bedeutet. Wir sind dann nur noch an der Atmosphäre interessiert. Und in dieser Atmosphäre ist offenbar kein Platz für Zweifel.

Es gibt zwei Ebenen des Nicht-Zweifels. Es gibt das Nicht-Zweifeln, bei dem man auf sich selbst zentriert und vom Denken beherrscht ist. Das führt zu Machtspielen, wie »Ich bin der Einzige, der es weiß«. Es führt zu mehr Trennung und Konflikt. Das Nicht-Zweifeln, das nicht auf sich selbst konzentriert ist, ist Demut. Zweifel und Unentschlossenheit schwinden, und ein Leben in wahrem Glauben ist möglich.

Wir müssen jedes Wort als Prozess betrachten, nicht als Beschreibung. Wenn Sie den Prozess der Demut betrachten, so bedeutet das, dass Sie nicht wirklich wissen. Wissen ist Denken, und wenn Sie nicht wissen, nehmen Sie im Augenblick nur eine Atmosphäre wahr. Ein demütiger Mensch verteidigt sich nicht und versucht auch nicht, einem anderen Menschen etwas aufzuzwingen. Ein demütiger Mensch lebt im Glauben. Glaube bedeutet, dass eine Atmosphäre vorhanden ist. Glaube bedeutet, dass ich – in Bezug auf Gedanken – nicht weiß und nicht wissen will, ob diese Atmosphäre für alle Menschen, für alle Zeiten gerechtfertigt ist oder nur für meinen Prozess und für diesen Augenblick.

Demut ist im Grunde die Abwesenheit von Denken. Was wollen Sie wissen, wenn Demut da ist? Sie führt Sie aus der Dualität heraus, aber Sie können sich nicht selbst demütig »machen«. Demut folgt einem Prozess. Der Prozess ist die Erkenntnis, dass es nicht Ich oder Du gibt, sondern dass Du und Ich immer gleichzeitig vorhanden sind. Nicht Ich oder Du oder Einssein. Beide, gemeinsam, Ich und Du, Ich und Gott, Ich und Erleuchtung.

Nach der Erleuchtung haben Sie noch immer Ihre Persönlichkeit, und überdies Erleuchtung. Nicht-Zweifel bedeutet also demütig sein. Auf sich selbst konzentrierter Nicht-Zweifel bedeutet Arroganz und Macht. Nicht Ich und Gott, sondern: Ich bin Gott. Nicht Ich und Du, sondern Ich, und: Du musst tun, was ich sage.

Wiederum erwächst das Schwierige daran, sich für Mitgefühl zu entscheiden, aus der Dualität. Diese Dualität basiert auf der Natur des Denkens, des Vergleichens und der Beschreibung. Wenn Sie sie beenden, werden Sie sehen, dass es dabei um Beziehungen geht. Es muss heißen: Jeder und alles, nicht: entweder – oder. Wenn Sie das sehen, wenn Sie den vereinigten Geist und das Ende des ich-zentrierten Strebens sehen, werden Sie mit einem Schlag von allen Fesseln, allen Zwängen befreit sein.

Sie können die Entscheidung nicht *üben,* und Sie können sich nicht selbst einreden, dass Sie sie, sobald Sie das alles einmal verstanden haben, schon rechtzeitig fällen werden. Nein, es geschieht auf ein Mal. Es ist ein einziger Schlag – er trifft Sie, und das ist das Ganze. Wenn er Sie nicht trifft, so bedeutet das, dass Sie zu sehr aufs Verstehen fokussiert sind. Verstehen ist Denken (was seiner Natur nach Dualität ist). Es ist ein einziger Schlag. Dafür ist keine Vorbereitung, keine Lektüre, keine spezielle Meditation nötig. Dieser einzige Schlag erfolgt oder er erfolgt nicht.

Jedes Konzept ist ein Hindernis. Mit einem einzigen Schlag sind wir von den Zwängen befreit. Nichts klammert sich an uns, und wir halten an nichts fest. Haben Sie einmal beobachtet, dass Ihr Kopf zu neunzig Prozent mit Erinnerungen aus der Vergangenheit angefüllt ist? Mit Erinnerungen daran, was andere Menschen gesagt haben, was im Nachbarhaus geschehen ist? Mit jeder Erinnerung aus der Vergangenheit, an der Sie festhalten, klammern Sie sich an »Müll«, an wertloses Zeug. Wir identifizieren uns sogar mit schlechten Erfahrungen und benehmen uns so, als wären wir selbst diese schlechten Erfahrungen. Manche Menschen sind sogar stolz auf ihre Leiden. Wenn wir dagegen an nichts festhalten, vergessen wir die Vergangenheit und klammern uns nicht an die Zukunft. In die schlimmste Falle gehen wir, wenn wir uns an die Zukunft klammern und an die Möglichkeit, erleuchtet zu werden. Nichts klammert sich an uns, und auch wir klammern uns an nichts. Wenn der Befreiungsschlag von der Fessel erfolgt ist, wenn wir frei von Zwängen sind, dann gibt es den Begriff der Zeit nicht mehr.

Zeit ist in der Dualität strukturiert. Welche Zeit können Sie wirklich erleben? Können Sie die Vergangenheit wirklich erleben? Die Vergangenheit ist bloße Erinnerung, Denken. Können Sie die Zukunft erleben? Die Zukunft ist bloßes Denken. Die Natur des Denkens ist Dualität, daher ist das Konzept von Vergangenheit und Zukunft Dualität. Denken ist Zeit. Das Einzige, das Sie erleben können, ist die Vorzukunft – nur diese Bewegung hin zu etwas.

Und das ist nicht Ich oder die Vorzukunft, es ist Ich *und* die Vorzukunft. Sie können es das Jetzt nennen – Ich in Beziehung zum Jetzt. Aber Ich und die Vergangenheit existieren nicht. Das ist ein Konzept der Psychologie. Ich und die Zukunft existieren ebenfalls nicht. Das ist ein Konzept von Hoffnung und Wunsch. Also halten wir an nichts fest.

Wenn Sie sich an nichts halten, sind Sie mit einem Schlag frei von jeder Fessel, jedem Zwang. Zwang ist einfach das Denken in der Zeit. Alles ist leer, klar, von selbst leuchtend. Offenkundig besitzen Sie dann Klarheit, wenn kein »Müll« mehr da ist. Es ist so, als hätten Sie lange in einem Haus gelebt und nach und nach eine Menge Dinge angehäuft, und würden dann allmählich begreifen, wie sinnlos es ist, an all diesen Dingen festzuhalten, die Sie kaum noch einmal verwenden werden.

Klarheit stellt sich dann ein, wenn Sie Ordnung schaffen und sich von all diesem Gerümpel befreien. Und Sie können sich nur davon lösen, wenn Sie tief in Ihrem Inneren sehen, dass Denken Zeit ist; wenn Sie tief in Ihrem Inneren sehen, dass Denken seiner Natur nach Dualität ist. Und wenn diese Leere besteht, dann haben Sie Klarheit. Sie leuchtet von selbst und erstreckt sich nicht auf die Macht des Geistes. Sobald Sie das sehen, ist Ihr Geist vereinigt und wird zu Intelligenz. Alles ist leer, klar, leuchtet von sich selbst aus und erstreckt sich nicht auf die Macht des Geistes.

Immer wenn Sie das Wort UND einbringen, zerbrechen Sie die Dualität. »Gott ist die größte Macht« erzeugt Dualität. »Gott ist die größte Macht und Ich« – und Sie haben eine Beziehung, den vereinigten Geist. Es gibt beides zur gleichen Zeit, es gibt Beziehung. Wenn ich dieses tief in meinem Inneren sehen kann, dass dieses UND ständig da ist, wird die Entscheidung sehr leicht. Ohne UND besteht die ständige Furcht, etwas zu verlieren. Mit UND besteht die Freude darüber, etwas zu gewinnen. Und wenn ich das sehe, fällt die Entscheidung zum Mitgefühl nicht schwer. Denn dann begreife ich plötzlich, dass ich immer dann, wenn ich mich so entscheide, etwas gewinne. Wenn ich mich für Mitgefühl entscheide, verliere ich mich nicht in Gott – ich bekomme Gott, ich bekomme Liebe.

Die Trennung ist vorbei. Einssein wäre noch immer eine Trennung – sie würde bedeuten, dass das Ich zugunsten des Einsseins verschwindet. Was für eine unglaubliche Energie steckt in diesem Ich UND Einssein. Wenn Sie das wirklich erkennen, sind Sie auf einen Schlag frei von jeder Fessel.

Meditation

Was genau ist Meditation? Bedeutet sie, dass man sich irgendwo hinsetzt und nach Kräften versucht, sich zu konzentrieren; oder wartet, bis das Meditieren zu Ende ist und sich gut und heiter fühlt, wenn es vorbei ist? Immer wenn Sie sich beim Meditieren anstrengen, befinden Sie sich nicht in Meditation – denn Sie sprechen in Ihrem Inneren. Denken und Sprechen können nicht voneinander getrennt werden. Sie können nicht sprechen, wenn Sie nicht erst gedacht haben. Mit Sprechen meine ich die Handlung, die Sie vornehmen, nachdem Sie sich mit dem Denken identifiziert haben.

In der Meditation kultivieren Sie die Fähigkeit zu sehen, dass alles, was Sie wahrnehmen, nicht Sie selbst sind. Bei den Aktivitäten des Alltagslebens ist diese Fähigkeit häufig verschleiert. Meditation gibt Ihnen die Möglichkeit zu erkennen, dass jegliche Form, die Sie wahrnehmen – eine körperliche Empfindung, ein Gefühl, ein Gedanke –, Sie diese nicht selbst sein können. Das Denken wahrnehmen bedeutet: Ich bin mehr als das Denken; eine körperliche Empfindung wahrnehmen bedeutet: Ich bin mehr als diese körperliche Empfindung – anderenfalls könnte ich sie nicht beobachten.

Das Ziel der Meditation ist nicht, erleuchtet zu werden. Meditation im wirklichen Sinne ist Ihre tiefe Sehnsucht – nicht Ihr Verlangen – und Ihr Mitgefühl. Es ist Ihre Sehnsucht, ein Teil des Friedens zu sein, ohne Dualität, ein Teil von allem zu sein, ohne Konflikt. Und das kann nur geschehen, wenn der Geist allmählich zu der Erkenntnis gelangt, dass alles, was ich beobachten kann, nicht die Wahrheit sein kann.

Meditation trägt dazu bei, eine Beziehung zur Wahrheit herzustellen. Manche nennen sie Gott, andere nennen sie Buddha oder die Leere. Manche nennen sie Liebe. Meditation trägt dazu bei, eine Beziehung zu dem herzustellen, was immer mehr als Form ist. Nicht *mehr* im Sinne von besser oder erhöht, sondern einfach dahingehend, dass die Energie der Liebe oder Gottes oder Allahs – oder wie immer man sie nennen mag – sich in Formen offenbart. Aber die Form ist nicht das Ganze, nicht die Wahrheit.

In der Meditation gelange ich zu der Erkenntnis, dass ich mich nicht mit dem, was ich wahrnehme, identifizieren muss. Ich bin der Verfasser des Stücks, nicht einer der Darsteller. Jede Sichtbarwerdung oder Form ist wie ein Darsteller, aber Sie sind der Verfasser, der Schriftsteller. Der Schriftsteller ist niemals der Schauspieler. Meditation trägt dazu bei, den Schriftsteller wach zu halten, damit er nicht in die Falle der Identifizierung geht.

In der Meditation sollte es nicht darum gehen, dass Sie etwas für sich selbst bekommen – das wäre nur eine andere Form. Meditation ist die ständige Bereitschaft zu beobachten, dass da etwas ist – ein Teil von mir –, der mehr ist als das, was ich beobachte. Es ist der zeitlose Beobachter, der nicht in Zeit und Dualität strukturiert ist.

Meditation bedeutet, die Bereitschaft zu haben, das Leben so zu betrachten, wie es sein wird, wenn Sie sterben. Kurz bevor Sie sterben, werden Sie die Empfindung von etwas haben, das mehr ist. Es funktioniert nicht, wenn Ihr Beweggrund darin besteht, etwas zu gewinnen und das Ich zu stärken. Es hat nichts damit zu tun, dass man versucht, anders zu sein. Diese Einstellung spaltet die Energie nur auf in einen, der etwas erreichen will, und einen anderen, der beobachtet, ob Sie es erreichen. Sie sollten meditieren, um das zu sehen, was jenseits von Form und Zeit ist.

Meditation ist die Erkenntnis, dass es da etwas gibt, das ständig kommt und wieder vergeht. Kommen und Vergehen ist Zeit. Ein Gedanke wird nicht für immer bleiben, obwohl er sich eine Weile geradezu zwanghaft manifestieren kann. Jeder Gedanke, jede körperliche Empfindung, jedes Bild kommt und geht. Aber das, was all dessen gewahr ist, ist jenseits von Kommen und Gehen, jenseits der Zeit.

Sie sollten meditieren, um eine Beziehung zur Wahrheit herzustellen, nicht für Sie selbst, sondern für das Universum, für die Menschheit, für alle fühlenden lebendigen Wesen. Solange Ihre Motivation egoistisch ist, ist Erleuchtung nicht möglich.

Wenn die Quelle unabhängig von Gedanken ist und wenn Sie die Gedanken beobachten – Sie können einen Gedanken nicht beobachten, wenn Sie nicht selbst die Quelle sind –, besteht keine Notwendigkeit für Erleuchtung. Das Bemühen, Erleuchtung zu erlangen, ist die Falle. Wenn der Ursprung nicht Form ist, und wenn Sie versuchen, die Quelle aus eigenem Interesse zu erreichen, wird es nicht funktionieren. Sie als Form, die versucht, die Quelle als Form zu erreichen – das wird nicht funktionieren.

Wenn Sie aus Mitgefühl meditieren, um die Form einen Teil der Quelle sein zu lassen, sodass die Quelle als Gewahrsein stärker wird, haben Sie Erleuchtung. Nicht in dem Sinne, dass ganz plötzlich etwas anders ist, sondern dass Sie wissen, dass die Quelle als ein Teil von Ihnen immer mehr ist als Form – nichts anderes.

Dann identifizieren Sie sich nicht länger mit dem, was Sie auf der Körper-, Gedanken- und Gefühlsebene beobachten. Dann haben Sie die Wahrheit. Dann ist alles da, was Sie wissen müssen. Dieses Wissen braucht keine Worte, es benötigt kein Reden, es *ist* einfach: So-Sein – *tathata*.

Zur Wahrheit zurückkehren, zum zeitlosen Beobachter, heißt, einen Sinn finden. Wie Sie es beschreiben, ist unwichtig. Eine der Kräfte des Geistes ist die Leugnung. Sie können Ihre Aggression und Ihre Angst ohne Weiteres leugnen. Wahrhaft leugnen Sie, wenn Sie die Quelle leugnen. Und Meditation ist da, um sich von diesem Leugnen zu lösen.

Sie sind als eine Form hier wegen der Quelle. Sie schreiben das Stück, das Ihr Leben ist. Als Verfasser des Stücks sollten Sie der Rolle Energie verleihen, dazu beitragen, dass sie auf der Bühne wichtig und prägend wird – aber vergessen Sie nicht: Sie sind der Schriftsteller, nicht die Form.

Die Quelle ist leer, weil sie keine Form hat; ansonsten wäre sie nicht die Quelle. Aber die Quelle erzeugt Form, daher gehören äußere Erscheinung und Leere zusammen. Erleuchtung ist jenseits von Leere und äußerer Erscheinung. Die Quelle ist beides zur gleichen Zeit.

In diesem Augenblick, wo Erleuchtung erfolgt, sind die äußere Erscheinung und die Leere nicht verschwunden – sie sind jenseits der Beobachtung. *Jenseits* heißt, dass es niemanden gibt, der Form oder Quelle beobachtet. Es besteht absolute Stille. Die absolute Stille hat keine Form oder Quelle. Sie ist jenseits. Es gibt keine Quelle, die die Stille wahrnimmt, ansonsten wäre die Stille Form.

Solange Sie die Form sehen und beobachten können, fühlen Sie sich ziemlich sicher. Wenn Sie in der Meditation Bilder sehen, können Sie sich zumindest an diesen Bildern festhalten. Es ist ein bisschen schwieriger, aber es verleiht Ihnen eine gewisse Sicherheit und Ruhe, wahrzunehmen, dass es die Quelle gibt und dass es einen zeitlosen Beobachter gibt.

Aber wenn Sie jenseits all dessen sind, wenn Ihre Wahrnehmung des Beobachters und der Quelle verschwindet, gerät der Geist in Panik; denn dann ist nichts mehr da. Das Nichts ist natürlich alles. Aber es scheint äußerst schwierig zu sein, wenn das Bewusstsein sich ins Nichts auflöst, anstatt unbewusst zu werden.

Die Atmosphäre des Nichts und des Alles kann man nicht beschreiben. Es ist keine Atmosphäre, die für eine Sekunde da und dann wieder weg ist. Dieses Darüber-hinaus-Gehen erzeugt eine Beziehung, sodass Sie wissen, dass Sie da waren, dann wieder zurück sind und dann erneut dort sind.

In Beziehung sein bedeutet, zwischen dem Ich und der Außenseite hin und her zu gleiten, in ständiger Bewegung und Stille. Es ist nicht so, dass Sie plötzlich verschwinden. Dann hätten Sie kein Gefühl der Angst, da Sie einfach nur enden würden.

Der Zustand »Jenseits« ist die zweite Ebene der Meditation. Zuerst pflegen Sie Meditation, weil Sie Ihre Energie freisetzen wollen, um ein Teil der Welt zu sein. Und Sie erinnern sich daran, dass der Beobachter sich von der Form unterscheidet.

Dann gibt es jene Bewegung, die jenseits von Erleuchtung ist. Sie ist immer da, ständig präsent. Sie haben einfach Zugang zu dem, was schon da ist. Da ist lediglich die Bewegung, wo die Beziehung zur Quelle bedeutet, dass Sie präsent – nicht präsent – präsent – nicht präsent sind.

Sie laden Ihr System wieder mit Energie auf. Sie verlieren nicht die Verbindung dazu, dass Sie die Wahrheit, die Quelle sind. Sie sind wieder gegangen, und dann kommen Sie wieder zurück. Es ist der Tanz der Beziehung. Der letztendliche Tanz ist der mit Gott. Beim Tanzen bewegen Sie sich voneinander weg und dann wieder zueinander hin, so wie Sie es in jeder Beziehung zu einem anderen Menschen tun. Wenn Sie die Quelle für alle Zeiten fassen könnten, wäre es nicht die Quelle. Sie geht über äußere Erscheinung und Leere hinaus.

Zuerst gibt es die Einsicht, das Erinnern, dass alles, das man wahrnehmen kann, nicht die Wahrheit ist. Die Wahrheit sind Sie als Beobachtender. Es gibt die Einsicht, dass alles, was Sie beobachten, kommt und geht – es ist Zeit. Das, was beobachtet, ist Ewigkeit. Sie selbst sind Ewigkeit. Also haben Sie diese Verschiebung, ein einfaches allmähliches Sehen, was Sie wirklich sind. Aber Sie werden es niemals sehen, wenn Ihr Antrieb Ihnen selbst gilt.

Sobald das feststeht, gibt es den Tanz zwischen der Quelle und Ihrem Beobachter, zwischen der Quelle und diesem »Jenseits dessen«, zwischen der Leere, dem zeitlosen Beobachter und dem, was jenseits ist. Die Veränderungen, die sich in der leeren Welt zu ereignen scheinen, nennen wir nur aufgrund unserer Ignoranz real. Alle diese Formen sind schön, aber sie sind nicht die Realität. Die Realität ist das, was die Form beobachtet. Die Formen vergehen wieder. Der zeitlose Beobachter vergeht niemals.

Wenn Sie sterben, löst sich der Körper auf: Form, körperliche Empfindung, Gedanke, Bild und Gefühl verschwinden. Der Beobachter, der all dies beobachtet, verschwindet niemals. Das ist Reinkarnation. Aufgrund unserer Ignoranz identifizieren wir uns mit der Form. Meditation hilft uns, etwas weniger unwissend zu sein.

Suchen Sie nicht nach der Wahrheit. Warum suchen Sie danach? Selbst wenn Sie glauben, Ihr Beweggrund sei der allerbeste, wissen Sie nicht, ob Sie für andere Menschen suchen oder für sich selbst.

Hören Sie auf, Meinungen zu vertreten, zu glauben, ihnen zuzustimmen, nach dem Motto: »Ich sage dies, du sagst das, du fühlst dies, ich fühle jenes.« Wenn Ihnen dies wirklich gelingt, kann es keine andere Beziehung geben als die zur Quelle.

Das Einzige, das heilt, ist Stille. Sie müssen leben; also hören Sie anderen zu, sprechen Sie mit ihnen und seien Sie mit ihnen zusammen. Nur, hören Sie auf, Meinungen zu kultivieren.

Moderne Meditation – Übung

Moderne Meditation lehrt die Beobachtung der Leere, des Raums zwischen Form und Zeit.

Die folgende Übung machen Sie am besten in entspanntem Zustand, ruhend und mit geschlossenen Augen. Mit etwas Praxis können Sie sie auch in »normalem Zustand« des Alltagsbewusstseins anwenden. Achten Sie immer auf die Räume zwischen den Formen oder auf den Space *(Raum) um die Formen herum.*

Körper: *Gehen Sie mit Ihrem Gewahrsein weg vom Körper, das heißt, spüren, fühlen, horchen, beobachten Sie nicht den Körper (= die Form), sondern den* Space *(Raum) um den Körper herum, den Raum zwischen Körpern, Formen.*

Körperempfindungen: *Richten Sie Ihre Aufmerksamkeit in der Meditation nicht auf Ihre Körperempfindungen, sondern gehen Sie weg von den Empfindungen in den* Space.

Atem: *Achten Sie auf den* Space *zwischen den Atemzügen. Beobachten Sie kontinuierlich den Raum zwischen Ausatmen und Einatmen, den »Nullfaktor« zwischen Ein- und Ausatmen.*

Denken: *Gedanken sind Form. Sie haben einen Anfang und ein Ende. Beobachten Sie die Zwischenräume, die Nullfaktoren zwischen den Gedanken.*

Das Denken in seiner Gesamtsumme ist wie ein Orchester. Gehen Sie mit Ihrer Aufmerksamkeit weg vom Denken und beobachten Sie es als Ganzes; beobachten Sie dann den Space *um das Denken herum.*
Bilder: *Alle Bilder sind verdichtete Formen von Denken. Schauen Sie nicht auf die Bilder, vergessen Sie die Bilder, schauen Sie auf den* Space *darum herum.*
Fühlen: *Beobachten Sie den* Space *um die Gefühle herum.*
Auch Gefühle sind Form. Sie sind wie Wellen, die kommen und gehen. Beobachten Sie den Raum zwischen den Gefühlen. Oder gehen Sie unter die Wellen an der Oberfläche: Betrachten Sie die darunter liegende Gefühlsstimmung, oder Ihre Grundstimmung oder die Stimmung im Raum. Beobachten Sie direkt Stille, wenn sie entsteht. Oder beobachten Sie Ihrer Gefühlsenergie ohne Inhalt, ohne Geschichte, ohne Wertung. Jedes wertfrei beobachtete Gefühl verändert sich mit der Zeit. Bringen Sie die Gefühle aus dem Gefühlsprozess in die Stille. Aggression ist ein Symptom von Angst, welche ein Symptom von Trauer ist. Trauer ist die Brücke zu Stille. Stille ist das Klima von Liebe und den Qualitäten.
Verhalten: *Beobachten Sie nicht das Verhalten als solches, sondern den* Space *darum herum.*
Raum: *Beobachten Sie nicht sich selbst. Gehen Sie mit Ihrem Bewusstsein weg von sich selbst, in den Raum. Beobachten Sie die Stimmung, die Atmosphäre im Raum. Was auch immer Ihnen gewahr wird, schauen Sie nicht auf die Form (Körper, Gedanken, Gefühle), schauen Sie auf den* Space *dazwischen – darum herum – dahinter.*
Space: *Versuchen Sie nicht, etwas zu erreichen. Sie müssen nichts verstehen. Sie können nichts verstehen. Unser Geist kann es nicht fassen. Richten Sie Aufmerksamkeit mehr und mehr auf* Space *per se. Nicht-Form, Stille, Leere. Das Neue entsteht daraus natürlicherweise von selbst.*

Zusammenfassung

- Trennung ist das Gegenteil von Mitgefühl.
- Es gibt kein Einssein, nur Interaktion.
- Das Geheimnis von Beziehung ist das Wort UND.
- Seien Sie mit anderen in Gemeinschaft, ohne Meinungen zu kultivieren.

Der freie Geist

Ohne Mitgefühl kann der Geist sich nicht selbst von der Fessel der Dualität befreien. Dualität bedeutet, dass Sie meinen, Sie seien ein völlig getrenntes Wesen und nicht mit dem anderen verbunden. Aber die dualistische Natur des denkenden Geistes ist nicht das Problem. Das Problem entsteht, wenn der Geist ohne Mitgefühl tätig ist, isoliert von den anderen, wenn er nur mit dem Ich beschäftigt ist.

Wenn der Geist hingegen mit Mitgefühl tätig ist, in Beziehung zum Ich *und* Du, Ich *und* Gott, so nimmt dies die Dualität weg. Es ist ein Paradox – »Ich« und »Du« schließt beide ein, aber jetzt sind sie auch miteinander verbunden.

Der freie Geist ist wie ein Juwel, das noch entdeckt werden muss. Sobald die Herzenergie aktiv ist, ist Mitgefühl da. Sobald Sie sich für Mitgefühl entschieden haben, ist das Du mit dem Ich immer verbunden. Dann kann Ihr Geist mit einer gewaltigen Energie angefüllt werden, die weit über das dualistische Denken hinausgeht. Diese Energie sammelt sich in Ihrem Gehirn. Ihr Gehirn fungiert als Türöffnung. Und dann beginnt der Geist, diese Energie ins Alltagsleben einzubringen – als Weisheit anstelle von Wissen, als Liebe anstelle von Worten und Konzepten.

Wenn Sie sterben, wird diese Energie freigesetzt. Sie benötigt das Gehirn nicht länger. Aber solange Sie am Leben sind, kann sie in der Welt nicht sichtbar werden, ohne den Geist als Instrument zu verwenden. Es ist ein wenig so, wie wir Sauerstoff verwenden: Die Luft ist immer da, aber wir benötigen ein Instrument – wie die Nase und die Lunge –, um sie einzuatmen.

Überall ist Energie und Liebe, aber wenn Sie den Geist nicht richtig nutzen, können sie nicht zur Entfaltung kommen. Sie selbst sind ein Instrument der Wahrnehmung und der Wandlung. Das heißt nicht, dass Sie etwas in Energie verwandeln. *Sie sind der Verwandelnde, der Transformator.* Sie steuern, Sie kanalisieren die Energie.

Natürlich werden Sie, während Sie in Ihrem Körper sind, nicht plötzlich verschwinden und sich in reine Energie und Liebe verwandeln – das geschieht nur im Tod. Aber Ihr Körper hat Zugang zu dieser Energie, die dann durch die Türöffnung des Geistes in Weisheit verwandelt werden kann.

Auf welche Weise geschieht das? Kein Wissen wird es vollbringen, keine Gefühle und auch das Denken nicht. Nicht der Versuch, besser zu werden; nicht die Suche nach dem, was Sie sind und warum Sie so sind, wie Sie sind. Mitgefühl ist völlig unabhängig von all dem. Es ist eine Frage der Entscheidung – ob Sie Ihr Herz öffnen oder nicht, liegt bei Ihnen.

Abwesenheit von Hass und Liebe

Wenn Liebe und Hass abwesend sind, ist Licht. Wenn Liebe und Hass abwesend sind, lösen sich alle Religionen, Philosophien und esoterischen Lehren auf. Zuerst entscheiden Sie sich für Mitgefühl und wechseln dann vom bloßen »Ich« zum »Ich in Beziehung mit anderen«.

Dann gibt es die Gefühlskette: Aggression ist immer ein Symptom der Angst, Angst ist immer ein Symptom der Trauer, Trauer bringt uns zur Stille, und Liebe kommt erst jenseits der Stille. Wenn eine Vorliebe für Liebe vor der Stille besteht, dann ist es keine wirkliche Liebe. Zuerst muss Stille da sein.

Diese Stille ist eine Bewegung des Lichts. Es ist die Abwesenheit einer jeden persönlichen Ebene. Sie schließt keinerlei Erfahrung ein. Sie geht über Worte, über Beschreibungen hinaus.

Angenommen, Sie wissen, dass Sie morgen zum Zahnarzt müssen. Sie erinnern sich, dass es beim letzten Mal, als Sie zum Zahnarzt gingen, ein bisschen weh tat; daher assoziieren Sie den Zahnarzt mit Ihrer Erinnerung an den Schmerz. Natürlich können Sie den Schmerz nicht noch einmal erleben, aber Sie können diese Erfahrung mit einbringen, und dies lässt Sie zittern, selbst wenn Sie den tatsächlichen Schmerz jetzt nicht spüren. Dann werden Sie neben dem Zittern auf der körperlichen Ebene ein Gefühl der Angst haben. Auf diese Weise erleben Sie die Erfahrung, die Sie gemacht haben, immer und immer wieder.

Und jetzt nehmen wir an, Sie praktizieren Meditation, und aus irgendeinem Grund empfinden Sie plötzlich sehr viel Liebe. Zehn Wochen später erinnern Sie sich an diese Erfahrung und sind bis zu einem gewissen Grade imstande, sie wiederzuerleben. Sie spüren eine gewisse innere Öffnung, Sie fühlen sich ruhig und heiter. Wenn Sie in diesem Zustand, der jenseits von Liebe und Hass ist, mit dem Licht verbunden sind, werden Sie dieser Zustand sein – aber Sie werden nicht imstande sein, ihn noch einmal zu erleben. Das sollten Sie unbedingt verstehen, wenn Sie eine Verbindung zum Licht herstellen und später deprimiert sind, weil Sie diesen

Zustand nicht noch einmal erleben können. Sie wissen, was geschehen ist, und sehnen sich danach, aber es gibt keine Möglichkeit, es erneut zu erleben.

Immer wenn der Geist sich beruhigt, wenn das Mitgefühl der Herzensenergie aktiv ist, dann gibt es eine Möglichkeit, in einen Seinszustand überzugehen, jenseits der Dualität. Es gibt nichts, was Sie tun können, damit dies geschieht. Wenn es geschieht, dann geschieht es Ihnen einfach. Und das können Sie nicht in Ihrer Erinnerung speichern, Sie können es nicht erneut erleben.

Erinnerung beruht auf Form. Deshalb sehen Sie Dinge als Bilder, als Gegenstände. An ein Erlebnis, bei dem Sie mit Gott in Gemeinschaft waren, können Sie sich nicht erinnern. Wie würden Sie in diesem Zustand, in dem Sie mit Gott in Gemeinschaft sind, die Frage beantworten: Wer bin ich?

Jesus erklärte, er sei der Sohn Gottes. In unserer Ausdrucksweise: »Ich bin Teil der Quelle.« Dann stand er vor Pilatus, und Pilatus fragte ihn: »Wer bist du?« Und Jesus antwortete nicht. Erstens ist das »Nicht-antworten« der Zustand der Stille. Zweitens ist das »Nicht-antworten« die Weisheit, die jenseits dessen ist. Kein Reden, kein Wissen, keine Beschreibung ist möglich.

Was hätten Sie gesagt? Vermutlich hätten Sie Ihr Erinnerungsvermögen aktiviert. Sie hätten gesagt: »Ich komme aus Bethlehem, meine Mutter war dies und das. In meinen Studien oder in meiner Meditationspraxis oder in der Therapie habe ich jenes gelernt … Und so bin ich jetzt.« Jesus blieb stumm, denn das Erste und Wichtigste ist, dass er sich nicht auf die Erinnerung stützen kann, da er selbst die Quelle ist. Daher kann er die Frage »Wer bin ich?« nicht beantworten. Es gibt keine Erfahrung, die mir sagt, wer ich bin. Die Erfahrung und der Mensch, der sie gemacht hat, sind nicht mehr da.

Als ich vor einiger Zeit in Südafrika war, beobachtete mein Freund genau, wie ich mit bestimmten Dingen umging. Eines Abends sagte er: »Ich bin wirklich erstaunt. Wie kann ein intelligenter Mensch wie du alle Namen falsch verstehen, sogar den Namen des Hotels?« Und ich erwiderte ihm: »Wenn man energiemäßig mit etwas verbunden ist, dann gibt es nur Beziehung, keine Erinnerung und damit auch keine Namen. Der Name ist die Form, und bei der Beziehung geht es um den Vorgang des Vergebens dessen, was Vergangenheit darstellt. Vergeben heißt, dass du im Bewegungsprozess bleibst. Du löst dich von der moralischen Seite der

Situation. Du löst dich von der Vergangenheit. In meiner Beziehung ist die Entscheidung für das Ich ›und‹ Du so stark, dass keine Form dazwischenkommt, keine Erinnerung an den Namen und an die Form.«

Nehmen wir wiederum Gott als Metapher. Wenn Sie Gott auf die Weise begegnen, wie Ihr denkender Geist ihm begegnen würde, hätten Sie eine Erinnerung daran, eine konkrete Erfahrung. Wenn Sie ihn danach wiedersehen würden, dann würden Sie sagen: »Das ist Gott.« Wenn Gott Ihnen begegnet, wird er sich nicht an Sie erinnern. Sie werden völlig neu für ihn sein. Alles andere ist nicht wirklich Beziehung. Selbst wenn Sie ein und denselben Menschen fünf Minuten später wieder treffen, ist er ein anderer Mensch.

In diesem Zustand jenseits von Dualität, in dem es keine Erfahrung gibt, existiert keine Erinnerung. Wenn Sie aus dem Zustand wieder herausgetreten sind, wissen Sie, dass er da war, aber Sie können ihn nicht beschreiben oder erfassen, weil Sie ihn nicht erneut zu erleben vermögen. Sie können sich nur wieder hineinbegeben. Das ist es, was mit Meditation gemeint ist. Meditation ist eine Bewegung hin – zurück – und wieder hin. Es ist die Bewegung der Beziehung.

Stille ist kein leerer Raum, Stille ist nicht eine Nicht-Bewegung, Stille ist eine Bewegung zwischen … Wenn Ihr Geist den Satz jetzt beenden möchte, dann hat er nicht verstanden. Nicht zwischen etwas oder zwischen zwei Dingen oder zwischen dem Einssein. Nur einfach *zwischen*. Sehen Sie, was der Geist tut? Er will fortwährend etwas beenden. Die Form kann beendet werden; das Licht kann nie beendet werden. Können Sie das Licht als Form erfassen? Können Sie sagen, hier endet es und hier beginnt es?

Die Quelle ist unendlich, grenzenlos; daher kann sie nicht in der Dualität strukturiert sein; sie kann auch nicht in der Form strukturiert sein, und sie kann nicht in der Erinnerung und in der Wieder-Erfahrung strukturiert sein. Was tut der Geist nun? Über alles, was er nicht erneut erleben kann, fällt er das Urteil: »Das hat keinen Wert.« Er verlässt sich auf Erfahrungen. Achtzig bis neunzig Prozent Ihres Nachdenkens darüber, wer Sie sind, beruht auf Dingen, die längst überholt sind, auf Zeit und auf Erfahrungen.

Wenn sowohl Liebe als auch Hass abwesend sind, wird alles klar und unverstellt. Es ist schwer, sehen zu müssen, dass Liebe nicht das Äußerste und Höchste ist, dass Liebe eine Falle sein kann. Denn wenn Sie Vorlieben einbringen – Liebe gegen Hass –, können Sie nicht darüber hinausgehen, können Sie Ihre Wurzel, Ihren Ursprung nicht sehen. Natürlich sollten Sie für die Liebe und gegen den Hass sein, aber nur auf der oberflächlichen Ebene. In dem Augenblick, wo ein Mensch Aggression oder Angst zeigt, werden Sie gegen diesen Menschen sein, wenn Sie eine Vorliebe für Liebe haben. Und Sie werden wie die Menschen werden, denen ich in meiner Heimatstadt begegnet bin und die glauben, weil sie Liebe haben, könnten sie tun, was sie wollen. Sie meinen, sie könnten einen anderen totschlagen, um ihn zur Liebe zu bringen. Die Vorliebe für Liebe bringt Hass hervor.

Der Teufel wird nur dann verschwinden, wenn Sie keine Vorliebe für Gott haben. Der Teufel wird so lange Macht haben, wie Sie eine Vorliebe für Gott haben, weil Gott und der Teufel nicht voneinander getrennt werden können. Hass ist nicht die Abwesenheit von Liebe. Es ist die Gefangenschaft der Liebe. Ein Mensch, der aggressiv ist, ist nicht schlecht; er weiß nur nicht, wie er mit seiner Angst umgehen soll. Er hat die Angst »eingesperrt«. Jemand, der ängstlich ist, ist nicht dumm; er hat die Trauer »eingesperrt«. Wenn Sie gegen Aggression sind, erzeugen Sie Ihre eigene Aggression, weil das Wort »gegen« Aggression beinhaltet. Seien Sie gegen Hass und für Liebe, und Sie haben Dualität erzeugt.

Der große Weg ist nicht schwierig für die Menschen, die keine Vorlieben haben – und dazu gehören auch Liebe und Hass. Das Einzige, das niemals zerstört werden kann, ist das, was nicht im Gedächtnis abgespeichert, nicht erneut erlebt werden kann.

Auf der spirituellen Ebene gibt es nur Licht. Das Licht erzeugt keine Form, das Licht gibt ihnen die Möglichkeit, Form zu sehen. Das Licht selbst ist nicht Form, es erhellt die Form nur. Die Form als Gegenstand kann im Gedächtnis gespeichert und daher immer wieder neu erlebt werden.

Das Licht, das die Form zwar erhellt, sie aber nicht erzeugt, kann weder Erinnerung noch Erfahrung haben. Und immer wenn Sie eine Vorliebe haben, konzentrieren Sie sich auf die Form anstatt auf das Licht. Liebe in ihrer Größe ist noch immer eine Schwingung, die vom Licht gezeigt wird. Deshalb sprechen wir hier auch nicht vom Liebe-bekommen, sondern wir nennen es Erleuchtung. Deshalb spricht man auf der spirituellen Ebene auch nicht davon, dass man sich verliebt, sondern man spricht von Erkenntnis. Wenn kein Licht da ist, kann man den »Rebell« Liebe nicht sehen.

Dunkelheit – im Christentum, im Buddhismus und in den Religionen ganz allgemein – bedeutet: nicht imstande sein, zu sehen. Jemand, der beispielsweise im Dunkeln der Depression ist, hat die Empfindung der Liebe nicht. Nicht weil keine Liebe da wäre, nein, auch das Licht ist da, aber der Betreffende ist nicht mit dem Licht verbunden. Es ist so, als hätte er das Licht in seinem Zimmer ausgeschaltet. Und er hat Recht, wenn er dann sagt, er sähe nichts, denn es ist keine Liebe da.

Liebe erzeugt kein Licht. Licht erzeugt keine Liebe. Licht zeigt Ihnen Liebe. Und das ist ein Zustand, der jenseits von Erinnerung und Erfahrung ist. Das Problem entsteht dann, wenn Sie sich auf das konzentrieren, was durch das Licht gezeigt wird, und eine Vorliebe dafür hegen. Sie beginnen dann, den fraglichen Gegenstand, die Form vorzuziehen, anstatt in dem stillen Raum zu verweilen.

Nehmen wir ein Beispiel: Stellen Sie sich vor, es sei in diesem Zimmer vollkommen dunkel. Da kein Licht vorhanden ist, würden Sie nichts sehen. Sie brauchen nicht viel Licht, um zu sehen – es ist keine Frage der Quantität, sondern der Qualität. Wenn ich ein winziges Licht anmache, werden Sie imstande sein, zu sehen. Ihr Auge wird auf das Licht reagieren, weil das Sehzentrum aktiviert wird. Aber normalerweise werden Sie nicht sagen: »Ich sehe das Licht.« Sie werden sagen: »Ich sehe den Menschen, der vor mir sitzt.«

Der erleuchtete Mensch schaut auf das Licht, während die meisten Menschen auf den Gegenstand schauen – das ist der einzige Unterschied. Der weise Mensch schaut auf das Licht und wird damit mehr wahrnehmen als den Körper-Geist, beispielsweise die Aura.

Er wird sagen: »Danke für das Licht«, wohingegen der Mensch, der auf die Form fokussiert ist, die Kleider, die Haare, den Gegenstand bemerkt. Und schon hat sich die Abgrenzung vollzogen.

Das Licht ist mehr als das, was Sie vor sich sehen. Himmel bedeutet das Licht, das jenseits ist. Die Erde ist der Geist. Der Geist und das Jenseits können nicht zusammenkommen. Himmel und Erde sind voneinander getrennt. Wo Raum zwischen ihnen ist, da ist eine Beziehung. Kahlil Gibran drückte es so aus: »Was eine gute Beziehung ausmacht, ist der Raum zwischen uns.«

Erzeugen Sie nicht Dualität. Sie ist etwas, das festgelegt ist. Es besteht keine Dualität, wenn Raum zwischen uns ist, aber der Raum ist das »und« – das kleine Stückchen in der Mitte. Himmel und Erde liegen unendlich weit voneinander entfernt. Machen Sie den kleinsten Unterschied zwischen Gott und dem Teufel – oder hegen Sie die geringste Vorliebe für den einen oder den anderen –, und Sie erzeugen die unendliche Trennung zwischen Gott und dem Teufel, zwischen Hass und Liebe. Und unendlich weit voneinander entfernt bedeutet, dass es keine Möglichkeit gibt, sich von einer Seite zur anderen zu bewegen. Sie haben Erfahrung und Erinnerung erzeugt, und daher leben Sie nicht Ihr Leben.

Wenn Sie die Wahrheit sehen wollen, dann sollten Sie keine Meinungen für oder gegen etwas vertreten. Seien Sie nicht stolz auf Liebe. Kämpfen Sie nicht um Liebe. Der Geist wird sagen: Ich muss geliebt werden. Die beste Art und Weise, jemanden zu täuschen oder zu manipulieren, ist, ihm das Gefühl zu vermitteln, dass Sie ihn mögen. Wir alle wollen geliebt werden und tun deswegen manchmal Dinge, die wir nicht wirklich tun wollen. Wir sind bereit, uns für ein wenig Freundlichkeit, für ein wenig Liebe selbst zu verleugnen. Und wenn der andere Ihnen dann nicht die Liebe gibt, nach der Sie sich so sehnen, dann meinen Sie, er wolle Sie verletzen.

Wer entscheidet auf der Geistesebene, was genau Liebe ist? Ist es Liebe, wenn Ihre Frau sagt: »Ich bin nicht bereit, mich scheiden zu lassen, weil ich dich liebe« oder wenn sie sagt: »Also gut, dann lassen wir uns eben scheiden«? Vielleicht denken Sie, es sei gut, dass Sie nun geschieden sind, weil sie Sie nicht liebte, oder, wenn sie Sie liebte, dann hätte sie darum gekämpft, Sie zu halten.

Ist es Liebe, wenn Ihnen jemand etwas abschlägt, oder ist es Aggression? Wenn Sie in Meditation dasitzen und das Gefühl haben, dass Sie jetzt genug haben, – ist es dann Liebe, die Sie für Sie selbst empfinden, wenn Sie aufhören, weil Sie sich angespannt fühlen? Oder wäre es Liebe, wenn Sie weitermachten?

Wenn Sie die Wahrheit sehen wollen, dann sollten Sie keine Meinungen für oder gegen etwas vertreten. Weil der Geist aufgrund seiner Natur, die das Denken und die Dualität ist, nicht wirklich weiß. Sie können jemanden aus Ihren eigenen Ängsten heraus zutiefst lieben. Sie können jemanden aufgrund Ihrer eigenen Unsicherheit von Herzen lieben. Sie können Anhänger eines Gurus oder von Jesus werden und sagen: »Ich liebe ihn«, weil Sie Ihren eigenen Wert oder Ihre eigene Quelle nicht erkennen. Der Geist kämpft immer dagegen an.

Auch Liebe ist noch ein Hindernis für das Jenseits. Und überdies ist Liebe eine Vorliebe. Wenn sie von allein kommt und nicht durch den Geist angeregt ist, sondern durch das, was jenseits ist, dann ist das wunderbar. Aber dann wird sie Sie niemals mehr verlassen, selbst wenn ein Mensch Sie verletzt. Wenn Sie jemanden lieben und sich betrogen fühlen, wenn dieser Mensch Sie betrügt, haben Sie nicht wirklich geliebt.

Anstatt sich von Vorlieben leiten zu lassen, sollten Sie auf die Entscheidung hinarbeiten, sich für Mitgefühl zu öffnen. Treffen Sie die Entscheidung, und lassen Sie alles Übrige von alleine geschehen. Wenn Sie sich für Mitgefühl entscheiden, dann besteht gar nicht die Gefahr, dass Ihre Motivation falsch sein könnte, weil sie immer eine Bewegung von Ihnen weg beinhaltet.

Wenn Sie wirklich in diesem Zustand der Liebe sind, werden Sie gar nicht das Empfinden haben, dass Sie lieben. Sie werden nicht zu sich selbst sagen: »So ist das also, jetzt liebe ich.« Sie werden diesen Zustand gar nicht erkennen. Den letztendlichen Zustand der Liebe erkennt man nicht, weil er keine Erinnerungen und Erfahrungen einschließt.

Wenn Sie eine Vorliebe für etwas Bestimmtes und eine Abneigung gegen etwas anderes haben, kann Ihr Geist nicht gesunden. Mit Ihrer Entscheidung für Mitgefühl bewegen Sie sich in die Struktur von Ich »und« (nicht Ich »oder«) hinein. Sie sehen, dass das Ich »oder« Zuneigung und Abneigung bedingt. Ich »und« ist das Ende von Zuneigung und Abneigung.

Wenn Sie ein tiefgründiges Verständnis für das entwickeln, was jenseits von Dualität ist und nicht im Gedächtnis gespeichert werden kann, erfassen Sie augenblicklich etwas ganz Wesentliches. Vielleicht wird es jemand bemerken und zu Ihnen sagen: »Du bist anders«, und Sie antworten darauf: »Ja, weil ich in der Meditation dies und jenes begriffen habe.« Aber jeden Augenblick kann sich das wieder auflösen, da die Natur des Geistes nicht nur dual ist, sondern auch Veränderungen unterliegt.

Welch tiefes Verständnis Sie auch immer haben – es wird kommen und gehen. Es ändert sich, ohne dass Sie wissen, warum und wann. Sie können keine Erinnerung und keine Erfahrung von dem haben, was geschehen ist. Es ist nur einfach anders. Auf der Ebene der Erinnerung und der Erfahrung wissen Sie, dass sich etwas verändert hat, weil Sie tief in Ihrem Inneren etwas verstanden haben, aber was dies genau ist, werden Sie nicht wissen. Vielleicht sehen andere Menschen die Veränderung, aber Sie selbst werden sie nicht wahrnehmen.

Das meinte Jesus mit Unschuld. Wenn die tiefgründige Bedeutung der Dinge nicht verstanden wird, dann ist der fundamentale Frieden des Geistes gestört. Streben Sie nicht nach einem intellektuellen Verständnis, und seien Sie auch nicht stolz, dass Sie etwas verändert haben, weil Sie etwas verstanden haben. Halten Sie Ausschau nach dem tiefen Verständnis. Sobald es stattgefunden hat, wird es nie mehr von Ihnen fallen.

Meditation ist deshalb so wichtig, weil sie zum Sehen, zum Lernen beiträgt, wie man beobachtet. Aber es ist nicht wirklich wertvoll, das Erlebnis durch die Erinnerung zu verstehen, weil sie von Tag zu Tag schwächer wird. Ewig hingegen ist das tiefe Verständnis, das daraus erwächst, dass man das Licht sieht und nicht auf den Gegenstand fokussiert ist – und einfach nur im Raum ist.

Sagen wir, dieser Raum ist ein Zimmer. Wenn ich Sie bitte, zu einem Punkt zu gehen, wo ein Gleichgewicht im Zimmer herrscht, dann werden Sie wahrscheinlich in die Mitte des Zimmers gehen und sagen: »Hier ist das Gleichgewicht.« Aber das Gleichgewicht im Zimmer ist immer da, wo Sie sind, wenn Ihnen bewusst ist, dass der Raum, in dem Sie stehen – wo immer Sie auch stehen –, wichtiger ist als Sie. Dann haben Sie Harmonie und Gleichgewicht. Und das ist tiefes Verständnis.

Zusammenfassung

- Konflikte beenden Sie am besten durch Mitgefühl.
- Stille ist im Dazwischen.
- Liebe hat keine Vorliebe.
- Harmonie und Gleichgewicht sind im Raum um Sie herum.

Über die Liebe

Etwas werden wollen

Das wahre Problem besteht darin, dass wir anders sein wollen, als wir sind. Und die Wurzel dieses Problems ist die gewaltige Bewegung hin zum Wollen, weg von uns selbst und daher in die Zeit hinein.

Aber warum wollen wir anders sein? Warum können wir nicht einfach so bleiben, wie wir sind?

Das Wissen, was wir sind, beinhaltet eine Beschreibung, eine Interpretation und Identifizierung. Und wir wollen gesehen und anerkannt werden. Wenn wir keine Anerkennung bekommen, fühlen wir uns abgelehnt. Weder als Kind noch als Erwachsener können wir Ablehnung vermeiden. Mit dem Interpretieren und Identifizieren verwandeln wir einen Prozess in etwas, das festgelegt ist. Wenn wir uns mit der wahrgenommenen Ablehnung identifizieren, werden wir zu einem Menschen, der abgelehnt worden ist. Der Schmerz, den wir empfinden, ist nicht das Ergebnis der Ablehnung. Er rührt daher, dass wir nicht anerkannt oder nicht gesehen wurden. Also versuchen wir, anders zu werden, und unternehmen Anstrengungen, eignen uns Wissen an, um anerkannt zu werden.

Der Geist sagt: »Je mehr ich werde, desto weniger Angst wird bestehen, denn je mehr ich werde, desto mehr Anerkennung werde ich erhalten.« In Wahrheit ist es jedoch so, dass Sie, je mehr Anerkennung Sie erhalten, desto mehr fürchten, nicht anerkannt zu werden.

Je mehr Sie etwas werden, je mehr Wissen Sie erlangen, desto stärker wird die Angst. Es ist ein Prozess der tiefen Angst und des Schmerzes, weil man sich verletzt fühlt. Ich nenne diesen Prozess »Dreieck der drei Bs«: beachtet, bewundert, bevorzugt. Wenn Sie die drei Bs haben, dann besitzen Sie Vorteile – Sie haben es besser als andere. Wir alle sind süchtig nach den drei Bs, klammern uns an das Werden und kämpfen darum, dass man uns beachtet, bewundert und bevorzugt.

Der Prozess verläuft folgendermaßen: Sie tun etwas, Sie vergleichen es mit dem, was jemand anderes getan hat, und es wird Ihnen bewusst, dass Sie es recht gut getan haben. Daher geben Sie sich selbst Anerkennung. Von hier aus ist es nur ein kleiner Schritt bis dahin, dass Sie sich selbst bewundern. Dann beginnt das Machtgefühl sich zu entfalten, und nun bedarf es nur noch einiger weiterer Schritte, und Sie verschaffen sich Vorteile: Sie sind egoistisch geworden.

Wenn »etwas werden« das Ende des Seins ist, dann ist sogar Erleuchtung eine Illusion. Das Problem des Werdens kann nicht gelöst werden, nicht einmal, wenn es um die Bewegung von Gewalt zur Gewaltlosigkeit geht. Denn dies ist noch immer der Versuch, etwas werden zu wollen. Ob man versucht, gewaltlos oder liebevoll oder sonst irgendetwas zu werden – es ist immer genau derselbe Prozess. Der Inhalt mag unterschiedlich sein, aber der Prozess ist derselbe – die fortwährende Hinbewegung zum Werden. Die Frage lautet: Wie entgehen wir der Falle des Werdens?

Stille

Der Falle des Werdens ist nur durch Stille zu entkommen. Wie gelangen wir zur Stille?

Der erste Weg zur Stille besteht darin, den Prozess zu leben, in dem man alles mit einbezieht, ohne auf irgendetwas zu reagieren. Wenn dies erfolgt, können wir das Liebe nennen. Einer der alten Zenmeister, Haiku, sagte einmal: »Nur wer es liebt, ganz allein zu sein, kann in Beziehung sein.«

Bevor es Ihnen gelingen kann, alles mit einzubeziehen, ohne zu reagieren, müssen Sie sich mit einem bestimmten Problem auseinandersetzen: dass Sie sich selbst als Richter aufführen. Als Richter sind Sie fortwährend damit beschäftigt, die Außenwelt einzuschätzen und zu beurteilen. Das Problem ist, dass Sie, wenn Sie als Richter fungieren, die eine Sache, nicht aber eine andere wollen; dass Sie eine Trennung erzeugen, indem Sie abschätzen und urteilen. Sobald Sie etwas abschätzen und beurteilen, beginnen Sie den Prozess des Werdens.

Wo kein Richter ist, da ist es ohne Belang, ob man anerkannt wird oder nicht. In die Stille ist alles mit aufgenommen und integriert. Wir beziehen alles mit ein, ohne zu reagieren. Nichts wird als gut oder schlecht, unangenehm oder angenehm beurteilt. Es ist ungeheuer wichtig, das zu sehen. Stille bedeutet, dass alles, was da ist, ohne Widerstand aufgenommen wird.

Das bedeutet ferner, dass es absolut keine Notwendigkeit zur Veränderung, zur Suche, zum Verstehen und zum Werden gibt. Bleiben Sie einfach bei dem, was da ist. Und wenn Sie absolut nicht reagieren, dann sind

Sie in der Stille. Das ist der Prozess der Liebe. Ganz gleich, was da ist – ich reagiere in keiner Weise darauf. Das ist Liebe. Es gibt keine spezielle Liebesenergie. Die innere Haltung der Stille ist Liebe.

Unsicherheit

Unsicherheit erzeugt eine gewaltige Leere. Und diese Leere ist die Tür zum Sein. Die Sucht zu werden und die Sucht nach Anerkennung haben eins gemeinsam: Mit ihnen soll diese Leere vermieden werden. Es ist so, als würden Sie vermeiden, vor einer Tür zur völligen Hoffnungslosigkeit zu stehen.

Das Wort Hoffnungslosigkeit bedeutet die Abwesenheit von Hoffnung. Welche Auswirkung hat es nun, wenn keine Hoffnung da ist? Hoffnung ist die Zukunft, daher die Zeit. Zusammen mit dem Festhalten an der Vergangenheit – durch Erinnerungen – ist Hoffnung eine Art und Weise, Zeit zu erzeugen.

Hoffnung erzeugt Zeit. Zeit erzeugt ein Gefängnis. Zeit bedeutet, dass wir niemals im gegenwärtigen Augenblick leben. Doch der Augenblick ist niemals sicher. Das Wort Sicherheit bedeutet das Projizieren einer Illusion in die Zukunft – in die Zeit –, damit Ihr Leben sich vielleicht so entwickelt, wie Sie es gerne hätten. Aber der Augenblick birgt keinerlei Sicherheit in sich.

Was genau ist ein Problem? Auf der Körperebene besteht dann ein Problem, wenn es etwas in Ihrem Gesamtsystem gibt, das eine Störung verursacht, die man Schmerz nennt – eine Dysfunktion der Leber beispielsweise. Es bedeutet, dass Ihre Leber im Vergleich zu Ihrem System als Ganzes nicht richtig arbeitet.

Auf der psychologischen Ebene besteht dann ein Problem, wenn da etwas ist, das für Sie – Ihrer Lebenseinstellung, Ihren Ansichten und Maßstäben zufolge – einer Störung gleichkommt. Was ein psychologisches Problem darstellt, ist sehr subjektiv. Wenn eine Gruppe von Menschen beispielsweise eine Stunde lang in einem Aufzug eingeschlossen ist, dann werden einige in Panik geraten und andere nicht – je nach innerer Einstellung. Eine Störung ist etwas, das nicht in unser System passt und hängt von unserer Gesamteinstellung ab. Was ein Problem darstellt, ist abhängig von unserem Geisteszustand.

Ich muss mein Leben verteidigen ist beispielsweise eine Auffassung, die ein Problem erzeugt. Wenn es absolut nichts gibt, das Sie verteidigen wollen, dann herrscht völlige Hoffnungslosigkeit. Wenn Sie ganz und gar aufgehört haben, für etwas zu kämpfen, offenbart sich in diesem Augenblick grundlegender Unsicherheit das Glück der Wahrheit. Energie bricht nur dann zusammen, wenn Unsicherheit besteht. Nur in dieser Unsicherheit, nur in dieser Hoffnungslosigkeit, in diesem Enden von Zeit kann es Intelligenz geben, das Glück der Wahrheit.

Jede Form von Konflikt ist ein Versuch, Unsicherheit und Hoffnungslosigkeit zu entgehen. Jede Form von Verteidigung ist ein Versuch, von der Zeitlosigkeit der Unsicherheit weg zu kommen. Konflikte und Gewalt können nur dann existieren, wenn es Verteidigung und Abwehr gibt. Kämpfe sind ein Hindernis für diese Tür zur Weisheit, zur Intelligenz.

Die meisten Menschen kämpfen zudem gegen ihre eigenen Probleme an, was sie dumm macht. Ihr psychisches Problem wird durch ihre eigene Haltung erzeugt, durch die Art, wie sie es betrachten. Dagegen ankämpfen heißt, gegen sich selbst kämpfen, was Zeit erzeugt und das Problem nicht löst. Es löst nichts, weil kein Glück der Wahrheit, keine Intelligenz darin liegt.

In der Vitalität der Unsicherheit liegt die ewige Vitalität. Wie kann Unsicherheit vital sein? Wahre Vitalität stellt sich ein, wenn Sie unsicher sind. Energie wird niemals durch die Anstrengung des Laufens mobilisiert. Wahre Vitalität entsteht in der Unsicherheit, weil nur dann vollkommene Wahrnehmung existiert, wenn Hoffnungslosigkeit und das Gefühl, keinerlei Zukunft zu haben, besteht.

Aber Sie können sich nicht selbst für die Wahrnehmung schulen. Wahrnehmung kann man nicht trainieren. Wahrnehmung existiert nur bei völliger Abwesenheit von Zeit. Zeit, Hoffnung, Zukunft bedeuten allesamt, dass die Wahrnehmung sozusagen aufgeschoben wird. Jedes Mal, wenn der noch so geringe Versuch unternommen wird, Zukunft zu erzeugen, ist die Wahrnehmung verringert. Vielleicht denken Sie, Sie könnten Ihre Wahrnehmung, Ihr Aufmerksamsein auf morgen oder auf nächste Woche verschieben. Und so geht Ihr Leben von einem Tag zum anderen weiter, bis zum Tod. Möchten Sie wirklich bis dahin warten?

Das abstrakte Ich ist Form und Zeit. Der Körper ist Form. Zeit ist – wie Einstein so treffend beobachtete – irgendwie durch den Raum eingeschlossen. Aber es gibt etwas, das schneller ist als die Lichtgeschwindigkeit – etwas, was außerhalb des Raumes ist. Jedes Mal, wenn Sie Zeit erzeugen, erzeugen Sie ein Teilchen. In der christlichen Ausdrucksweise ist dies die Materialisierung, die Verkörperung.

Materialisierung ist eine Form der Zeit. Zeit gehört zum Raum. Form ist eine Verdichtung von Energie. Damit geht weniger Licht hinaus, und es gibt weniger Raum im eigentlichen Sinne. Es ist der Raum dessen, was wir blockierte Energie nennen könnten – nicht der Raum der Physik und der Spiritualität.

Je mehr blockierte Energie es gibt, desto weniger Wahrnehmung ist vorhanden. Wahrnehmung ist die Abwesenheit von Form und Zeit. Völlige, wahllose Wahrnehmung lässt Energien frei fließen, hin zu Liebe. Wenn Sie Wahrnehmung als Licht betrachten, dann gibt es, je mehr Energieverdichtung besteht, desto weniger frei schwebende Lichtteilchen, das heißt, weniger Wellen. So gesehen: Wie kann Wahrnehmung vorhanden sein, wenn Sie in der Zeit, in der Vergangenheit und in der Zukunft feststecken? Wenn Sie hoffen und versuchen, Ihre Zukunft abzusichern?

Achten Sie darauf, Bewusstsein nicht mit Wahrnehmung zu verwechseln.

Bewusstsein bedeutet, sich – aus Ihrer Perspektive – bewusst zu sein, was in Ihnen, um Sie herum und außerhalb von Ihnen vorgeht. Von Wahrnehmung spreche ich dann, wenn es von Ihrer Perspektive aus keine Perspektive gibt, sondern alles frei schwebt: Es gibt keinen Glauben, keine Ideologie, keine bestimmte innere Einstellung.

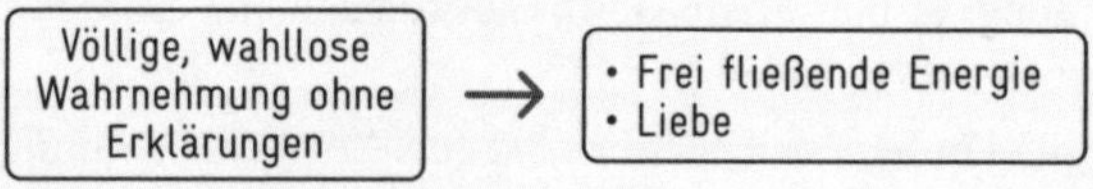

All das bedeutet nicht, dass das Ego oder das abstrakte Ich falsch wären, denn Sie benötigen das abstrakte Ich, um Entscheidungen zu treffen, um sich zu bewegen und im Leben zu funktionieren. Das Selbst oder Ego wird anhand Ihres Bewusstseins gebildet. Es ist eine Selbstkonstruktion aus dichter Energie, und als solche stellt sie ein Hindernis für die Wahrnehmung dar. Deshalb müssen Hoffnungslosigkeit und Unsicherheit bestehen. Und diese Unsicherheit ist die Vitalität. Sie ist ewig. Zeit und Form haben einen Anfang und ein Ende. Das bedeutet nicht, dass sie beginnen, wenn Sie geboren werden und enden, wenn Sie sterben. Jede Sekunde ist ein Beginn. Sie haben ein Gefühl, etwas beginnt und kommt dann zu einem Ende. Das Zeitlose ist die Ewigkeit. Und die Tür zum Zeitlosen – die Abwesenheit des Ich, des Selbst – ist Hoffnungslosigkeit, Unsicherheit.

In der biblischen Geschichte von Adam und Eva, die den Apfel isst – das Symbol des Wissens –, wird Zeit erzeugt. Durch die Ansammlung von Erfahrungen wird Wissen erzeugt. Erfahrungen gehören in den Bereich der Zeit. Das ist Bewusstsein. Bewusstsein ist ständig wiederholte, modifizierte Erfahrung.

Der Prozess der Wahrnehmung hat kein Wissen und keine Erfahrung. Totale Wahrnehmung hat absolut keinen Erinnerungsspeicher. Ein Teilchen ist Wissen. Eine Welle ist ein Prozess.

Jedes psychische Problem wird durch unsere eigene Perspektive oder Einstellung erzeugt; daher sollten Sie nicht an dem Problem arbeiten, sondern an Ihrer Einstellung. Und dabei müssen Ihre Betrachtungsweisen, Ihre Glaubenssysteme, muss alles, was Bewusstsein erzeugt, sich auflösen und verblassen, bis Sie vor der Tür der Unsicherheit und der Hoffnungslosigkeit stehen. In diesem Augenblick der totalen Wahrnehmung ändert sich nichts – nur die innere Einstellung und die Perspektive bestehen nicht mehr. Sie sind noch absolut derselbe wie zuvor, aber Sie sind vom Bewusstsein zur Wahrnehmung übergegangen.

Wahrnehmung besteht dann, wenn es keinen Ort gibt, von dem aus Sie die Dinge betrachten. Sie schließt alles ein – was Sie zur Stille zurückbringt. Sie sind sich nicht nur Ihrer selbst bewusst, Sie sind plötzlich in Gewahrsein. Das Gewahrsein, die Wahrnehmung hat das Ich, das Selbst weggenommen; es gibt kein Selbstbeobachten mehr, daher werden Sie ein Teil von allem. Dies schließt Mitgefühl, Empathie mit ein. Wenn also diese Wahrnehmung, jedoch kein Bewusstsein und kein Selbst mehr besteht, wo ist dann das Problem?

Haben Sie je versucht, sich Ihren Eltern nicht mit dem Bewusstsein, sondern mit reinem Gewahrsein zu nähern? Dann sehen Sie plötzlich ihr Leiden, das Tragische an ihrem Leben. Aber Sie können sich Ihnen nicht mit Gewahrsein nähern, wenn Sie nicht bereit sind, eine Haltung der völligen Unsicherheit und Hoffnungslosigkeit einzunehmen, eine Haltung, in der Sie absolut offen und ohne Abwehr sind. Wahrnehmung, Gewahrsein ist die Bewegung der Vergebung, aber es ist nicht etwas, was Sie *tun*. Vergebung auf der mentalen, der gedanklichen Ebene, bei der man sagt »Ich werde meinen Eltern vergeben« ist irreführend. Sie geschieht dann nämlich aufgrund einer konkreten Bewegung. Wenn Sie eine bewusste Anstrengung zur Vergebung unternehmen, so fühlen Sie sich dadurch zwar ein wenig besser, weil Sie vergeben haben, aber es hat nichts mit Vergebung zu tun.

Alles, was Sie *tun* müssen, kommt aus dem Bewusstsein und hat niemals Bestand. Es zerfällt. Es funktioniert für ein paar Minuten oder, wenn Sie Glück haben, für ein oder zwei Tage und löst sich dann auf.

Ein Geist, der Sicherheit sucht, ist immer in Angst. Dies widerspricht allen unseren Erfahrungen. »Unsinn«, wird der Geist entgegnen, »ich empfinde Angst, wenn ich unsicher bin. Ich kann Ihnen anhand Hunderten von Erfahrungen zeigen, dass meine Angst auftaucht, wenn ich mich hoffnungslos und unsicher fühle.« Das Problem ist, dass damit die psychische Angst als Feind betrachtet wird. Wir verstehen nicht, dass Angst Liebe ist. Und wir verstehen nicht, dass dann, wenn Liebe da ist, zwangsläufig auch die innere Haltung und die Bewegung der Fürsorglichkeit vorhanden sind.

Diese Fürsorglichkeit gehört zur Angst. Ich habe Angst, dass die Menschen, die mir nahe stehen, leiden könnten. Ich habe Angst um die Welt, weil wir aufgrund dessen, wie die Welt und der Geist funktionieren, leiden müssen. Das ist genau die Angst, die Teil der Liebe ist. Angst gehört zum Leiden. Mitgefühl gehört zur Angst. Und in der Gefühlskette ist jede Angst ein Symptom von Trauer. Wenn also diese völlige Hoffnungslosigkeit, diese Leere auftritt, dann ist natürlich Trauer vorhanden.

Wenn ich zum ersten Mal erkenne, dass mein Selbst nicht wichtig ist, dann ist eben Gewahrsein. Und natürlich fühle ich tiefe Trauer und Angst – weil ich erkenne, dass mein Bewusstsein, das in einer Form steckt, zu dem Hindernis gehört, das den Fluss der Wahrnehmung hemmt.

Nehmen wir einmal an, Sie sind ein Kind und leben in einem Haus. In diesem Haus sind alle Rollläden geschlossen, weil Ihre Mutter seit Ihrer Geburt depressiv war. Jedes Mal, wenn Sie hinausgehen oder die Rollläden öffnen wollen, sagt sie: »Nein, draußen ist es dunkel, da ist nichts, blieb hier.«

Also baut Ihr Bewusstsein ein Glaubenssystem auf, das auf dem beruht, was Ihre Mutter Ihnen gesagt hat. Sie wissen, dass es draußen dunkel ist und dass Sie überleben müssen; daher ist der einzige sichere Ort das Innere des Hauses, in dem zur Beleuchtung nur einige Kerzen brennen.

Und dann, eines Tages, kommt jemand und klopft an die Haustür. Sie wissen, dass es niemandem gestattet ist, hereinzukommen, und dass Ihre Mutter mit einer schweren Depression im Bett liegt.

Die Frau, die draußen steht, bittet Sie, die Tür zu öffnen, und Sie entgegen ihr: »Sind Sie verrückt? Ich werde die Tür bestimmt nicht öffnen, da draußen ist doch nichts.«

»Weißt du denn, wie es außerhalb des Hauses ist?«, fragt die Frau. Und Sie antworten: »Natürlich weiß ich das. Da ist es sehr dunkel.«

»Wer hat dir das gesagt?«, erwidert die Frau. »Du bist doch noch ein Kind, öffne einfach die Tür. Draußen scheint die Sonne und der Himmel ist blau.«

»Was ist ein blauer Himmel? Ich weiß nicht, was ein blauer Himmel ist«, sagen Sie.

Die Frau versucht es Ihnen zu erklären. Sie sagt, dass es Wärme und Licht bedeutet. »Du kannst draußen vor dem Haus stehen und die Wärme der Sonne spüren«, sagt sie.

»Sie sind völlig verrückt«, sagen Sie zu ihr. »Gehen Sie weg.« Die Frau gibt auf und geht davon. Und erst viel später, nachdem Sie volljährig geworden sind, können Sie es aus irgendeinem Grund nicht länger aushalten. Sie werden so ratlos, dass Sie fühlen: Egal, was geschieht – ich will einfach wissen, was da draußen ist. Und Sie öffnen die Tür.

Vor Ihnen liegt ein schöner grüner Garten mit prachtvollen Blumen. Am Horizont sehen Sie einen wundervollen See. Sie sehen Tiere, Vögel und die Sonne. Sie wissen nicht, was die Sonne ist, aber Sie erblicken dieses runde Ding am blauen Himmel. Zum ersten Mal fühlen Sie die Strahlen der Sonne – keine künstliche, sondern eine natürliche Wärme auf Ihrem Körper. Und was geschieht in diesem Augenblick? In diesem ersten Augenblick der Erkenntnis brechen Sie in Tränen aus. Achtzehn Jahre des Grauens, achtzehn Jahre des Eingesperrtseins! Achtzehn Jahre steckten Sie in einem Glaubenssystem, in diesem Gefängnis fest, und da draußen ist einfach alles! Sind Sie verzückt, begeistert? Nein. Sie brechen in Tränen aus, aus Angst vor dem, was geschehen wird.

Es ist eine Illusion zu glauben, dass auf die Enthüllung die Begeisterung folgt. Sobald Sie sich selbst befreien und Mitgefühl haben, werden Sie in Tränen ausbrechen und Trauer empfinden.

Nicht nur sind Sie achtzehn Jahre alt, sehen all das zum ersten Mal und brechen wegen sich selbst in Tränen aus. Sie weinen auch wegen Ihrer Mutter. Ihre Mutter liegt noch immer im Bett, in tiefer Depression, und Sie erkennen, dass ihr ganzes Elend zum Teil damit zu tun hat, dass sie sich selbst und auch Sie eingesperrt hat. Wie können Sie in diesem Augenblick nur an sich selbst denken? Das ist unmöglich!

Und dasselbe gilt für Sie, sobald dieses Ich-Bewusstsein nicht mehr da ist. Wenn Sie Ihr Ich-Bewusstsein fallen lassen, dann können Sie sich in jeden Menschen einfühlen. Sie erkennen, dass sich jeder in diesem Gefängnis befindet, das in dem Prozess von Angst und Trauer niedergerissen wird.

Es gibt eine schöne Geschichte von Buddha: Er kommt in den Himmel und steht nun auf einer Wolke, von der aus er auf die Erde blickt. Alle Erleuchteten kommen zu ihm, um ihn zu begrüßen, denn wenn ein Erleuchteter im Paradies eintrifft, freut sich jeder – es bedeutet weniger Arbeit als bei denen, die nicht erleuchtet ankommen –, und sie sagen zu Buddha: »Hier sind wir, wir wollen ein Fest feiern.« Buddha schaut unentwegt auf den Planet Erde hinunter, und sie fragen ihn: »Was tust du da? Warum schaust du da hinunter?« Und er erwidert: »Ich danke euch für euer Kommen. Und ich finde es schön, dass ihr ein Fest feiern wollt, doch meine Trauer ist noch immer größer als meine Liebe, denn wie kann ich feiern, solange ich weiß, dass diese Menschen leiden, eingesperrt sind, ohne Licht leben und nicht (wie in unserem Beispiel mit dem Kind) durch die Tür hinausgegangen sind?«

Aber wie sollten Sie durch die Tür hinausgehen können, ohne zuerst diese völlige Unsicherheit und Hoffnungslosigkeit gefühlt zu haben? Das ist notwendig – nicht, damit Sie sich in negativer Weise deprimiert und unsicher fühlen, sondern, weil es der einzige Weg zur Wahrnehmung ist. Bewusstsein reicht nicht aus. Nur in tiefer Unsicherheit – was bedeutet, dass das Bewusstsein zusammenbricht – wird die Wahrheit erkannt. Das bewusste Selbst kann niemals die Wahrheit sein.

Jedes psychische Problem – so tiefgehend es auch sein mag, so gründlich Sie sich auch damit auseinandersetzen und es verstehen – existiert im Bewusstsein und stellt daher ein Ego-Problem dar. Das Ego und seine Probleme sind nichts »Schlechtes«. Das Problem ist nicht das Problem selbst. Das Problem besteht darin, dass Sie eine Haltung des Be- und Verurteilens einnehmen und anders werden wollen, um das Problem zu lösen.

Noch einmal: Arbeiten Sie nicht an dem Problem. Arbeiten Sie mit der Stille. Der Geist liebt es, an dem Problem zu arbeiten. Er kann sogar nach diesem Arbeiten an dem Problem süchtig werden und dafür eine Rechtfertigung suchen, weil er sich dann nicht mit der potenziellen Stille befassen muss. Sich auf das Problem zu konzentrieren bedeutet, dass Sie nicht vor der Tür stehen müssen und dagegen prallen.

Das Kind in unserem Beispiel wird sich hin und wieder gefragt haben: Was wäre, wenn ich die Rollläden einfach öffnen würde? Wie entgehe ich der Versuchung, die Rolläden zu öffnen, die Tür zu öffnen?

Um nicht verrückt zu werden, hat das Kind viel Zeit damit verbracht, bei wundervollem Kerzenlicht mit seiner Mutter meditierend dazusitzen, vielleicht in Kontakt mit der Geisterwelt. Und wenn ein geistiges Wesen ihm vorschlug, die Tür zu öffnen, sagte es stets: Wahrscheinlich ist das kein guter Geist, er ist schlecht und will mich manipulieren. Gute Geister sind diejenigen, die mir sagen, dass ich Recht habe, wenn ich hier drin bleibe, wenn ich die Dinge so belasse, wie sie sind, weil dann alles in bester Ordnung sein wird. Können Sie die Täuschung in dieser Geschichte erkennen?

Es gibt viele Arten, weiterhin zu ignorieren, was wirklich wichtig ist. Sie können sagen: Wir sollten etwas im Haus instand setzen, wir sollten einen Anbau vornehmen oder neue Möbel kaufen. Sie können erwägen, vielleicht drei statt nur zwei Kerzen im Schlafzimmer aufzustellen. Oder Sie beginnen einen Streit, denn damit können Sie das wahre Problem, die Öffnung der Tür, vergessen. Meditieren wir also gemeinsam.

Unsere Konzepte vom Bösen, von der Dunkelheit und so weiter, die zu den Glaubenssystemen gehören, tragen zu den psychischen Problemen bei. Und alle psychischen Probleme sind Formen der Illusion. Nicht, dass das psychische Problem nicht ernst genommen würde – das Hauptproblem ist die Illusion. Die Illusion ist meine innere Einstellung, meine Betrachtungsweise, wie ich die Dinge sehe. Wenn etwas nicht in diese Sichtweise passt, nenne ich es ein psychisches Problem. Das ist die Illusion. Das Selbst, das Bewusstsein als solches, ist eine Illusion.

Solange wir Sicherheit suchen, solange wir vor der wahren Quelle fliehen, solange sich das Mädchen in unserem Beispiel von der Tür abwendet – wie kann sie da heiter und kreativ sein? Das ist nicht möglich.

Nur diese Hoffnungslosigkeit, diese Unsicherheit und damit völlige Wahrnehmung kann Sie zum kreativen Sein führen. Sehr oft trägt eine Therapie dazu bei, ein stärkeres Selbst aufzubauen, ein stärkeres Bewusstsein, anstatt zu der Unsicherheit vorzudringen, die das Ende der Zeit ist. Solange es Bewusstsein gibt, kreist es immer um sich selbst. Es ist ständig in Verteidigung seiner selbst begriffen, und es kann niemals etwas Kreatives tun, weil es nicht Teil der Welt ist. Hilfe ist nur dann möglich, wenn man Teil der Welt ist. Und wenn man fühlt, dass man Teil der Welt ist, dann besitzt man die grundlegend wichtige Unsicherheit, um diese

Tür zu durchbrechen. Aber Sie werden nicht die Kraft haben, diese Tür zu durchbrechen, ehe nicht diese tiefe Unsicherheit besteht.

Also lautet die Frage: Wie gelange ich zu diesem Punkt, wo ich das Risiko der Hilflosigkeit, der Hoffnungslosigkeit und Unsicherheit eingehe?

Erstens: Kann ich fortwährend all meine Erfahrung, all mein Wissen verwerfen und außer Acht lassen? Noch einmal: Wissen und Erfahrung werden von meinem Bewusstsein erzeugt. Aus diesem Bewusstsein heraus stellt alles, was nicht hineinpasst, ein psychisches Problem dar. Kann ich jeden Tag sterben, sterben für das, was geschieht, ohne Erinnerungen aufzubauen? Kann ich sehen, dass selbst mein schönstes Erlebnis keinen Wert hat? Kann ich mich selbst und die Welt jeden Tag neu sehen? »Neu« bedeutet ohne Voreingenommenheit, ohne zu urteilen. Es bedeutet, dass ich den Mut habe, zu akzeptieren, dass das, was ich denke, was ich weiß und was ich erlebt habe, keinen Wert hat.

Wenn Sie sterben, können Sie, wenn Sie Glück haben, einen Prozent Ihres Lebens bei Ihrem Sterbeprozess nutzen, der Rest ist ganz und gar unwichtig. Es ist gleichgültig, ob Sie Christ, Buddhist, Schweizer, Engländer oder Inder sind, ob Sie meditiert haben oder nicht, ob Sie Weisheit angehäuft haben oder nicht. Die Tür kann sich nur öffnen, wenn all das nicht mehr da ist.

Worauf es ankommt, ist zu erkennen – und dafür müssen Sie nicht bis zum Tod warten –, dass all meine Erfahrung und all mein Wissen auf der spirituellen Ebene absolut keinen Wert haben. Und um zu dieser Erkenntnis zu gelangen, muss ich in diese Stille hineingehen.

Ich muss fortwährend Dinge betrachten, ohne sie zu bewerten, was heißt, dass ich alles, was ich sehe und fühle, akzeptiere. Ich »verstehe« es nicht wirklich. Deshalb ist das Ende des Verstehens Erleuchtung.

Immer wenn Sie einen Menschen betrachten, ohne dies in Ihre Erfahrung, Ihr Wissen und Ihre Spiritualität einzubringen, hat der andere das Gefühl, geliebt zu werden. Dann fühlt er sich akzeptiert. Jedes kleine bisschen meines eigenen Wissens und meiner Erfahrung erzeugt Urteile und Wertvorstellungen. Je mehr davon vorhanden ist, desto weniger fühlt der andere Mensch Liebe. Und je mehr von all diesen Wertvorstellungen vorhanden ist – die auf meinen Erfahrungen und meinem Wissen beruhen –, desto weniger kann ich mich selbst spüren. Das ist ein sehr einfacher Prozess.

Spiritualität ist weit einfacher als jedes Wissen, das Sie in Ihrem Leben erworben haben. An einer Universität zu studieren, ist viel schwieriger als Spiritualität. Spiritualität basiert auf der Annahme, dass jedes lebende Ding – selbst wenn es kein Gehirn hat – ein kreatives Wesen sein kann.

Stille ist die Bewegung des Erkennens, dass mein gesamtes Bewusstsein absolut keinen Wert hat, wenn es um die andere Dimension geht. Und das ist für mich die Bewegung der Liebe.

Liebe kennt keine Hierarchie

Liebe hängt nicht von Reife, Weisheit, Wissen ab oder davon, wie viel Sie über Spiritualität gelernt haben. Keine Anstrengung, keine Prüfung sind dazu vonnöten. Liebe braucht nichts von alledem.

Das ist es, was »Liebe kennt keine Hierarchie« bedeutet. Es gibt keine Entschuldigung dafür, dass man nicht im Zustand der Liebe ist. Wenn Liebe von bestimmten Umständen abhinge, wäre sie so etwas wie Erfolg haben: Sie müssten eine bestimmte Leistung erbracht haben, im Zustand der Intelligenz oder Weisheit sein, bevor Sie ein liebevoller Mensch sein könnten.

Wenn man wirklich sieht und fühlt, dass Liebe keine Hierarchie hat, dann wird jeglicher Autorität und Überzeugung der Boden entzogen. Wenn man vor der Erkenntnis steht, dass man keine Ausreden vorbringen kann, die mit der eigenen persönlichen Geschichte zu tun haben – was bleibt dann noch? Offenkundig ist das, was noch übrig bleibt, Hoffnungslosigkeit und Unsicherheit.

Da Liebe keine Hierarchie hat, zerstört sie die gesamte Psychologie. Ganz gleich, was Ihnen geschehen ist – die Vergangenheit ist nicht das Problem. Liebe hat keinen Beweggrund – sie ist ihre eigene Ewigkeit. Im Vergleich zur Ewigkeit sind Zustände des Geistes (Eifersucht, Neid, Ehrgeiz, der Wunsch, etwas zu sein) begrenzt. Es sind alles Symptome für eine immense Angst, für den Schmerz darüber, nicht anerkannt zu werden. Sie haben nichts mit Ewigkeit zu tun. Liebe ist Ewigkeit, daher kann sie nichts mit der Vergangenheit zu tun haben. Liebe kann nur existieren, wenn es keine Zeit gibt.

Niemand muss die Verantwortung für jemand anderen übernehmen. Daher kann niemand für meinen Seinszustand verantwortlich gemacht werden. Und genau in dem Augenblick, wo dies erkannt wird, ist Liebe da. Die Dominanz des Geistes bedeutet ein Hindernis für die Liebe. Zwar ist nichts verkehrt an Eifersucht oder Neid, aber Sie müssen die Verantwortung für Ihre Gefühle übernehmen. Wenn Sie eifersüchtig sind, kann der andere Mensch Sie noch so sehr lieben – Sie können diese Liebe dann nicht fühlen.

Wenn Sie etwas werden wollen, können Sie nicht Liebe fühlen. Denn diese Dinge des Geistes füllen Ihr Herz aus. Weil Sie neidisch oder ehrgeizig sind, weil Sie etwas werden wollen, mag Ihr Herz offen und bereit sein, aber es hat keine Zeit für die Liebe.

Liebe ist nicht etwas, das Sie finden und nur dann behalten, wenn Sie glücklich sind oder sich gut benehmen. Liebe ist immer da. Da Liebe ewig ist, da sie keine Hierarchie hat, kann sie niemals ausgelöscht werden. Liebe ist die einzige »Lösung« für unsere Probleme.

Wenn Sie sagen: »Zuerst muss ich das Problem loswerden und dann kann ich Liebe fühlen«, haben Sie eine Hierarchie eingebracht. Wie gehen wir damit um? Stille ist der Schlüssel – Stille ist jedoch nicht die Abwesenheit des Problems. Stille bedeutet lediglich, nicht auf das Problem zu reagieren; und das heißt, zu akzeptieren, dass man nicht weiß, wie man es lösen soll. Dass man keine Lösung dafür hat, dass der Geist eine Täuschung ist. Sie sind hoffnungslos angesichts dieses grundlegenden Problems: der Angst, nicht anerkannt zu sein.

Es ist das fortwährende Suchen nach einer Lösung, das die Täuschung erzeugt. Dieser Illusion zufolge kann das Problem angeblich durch das gelöst werden, was das Problem verursacht hat. Die Angst, der Schmerz darüber, nicht anerkannt zu werden, erzeugt den Wunsch, etwas zu werden.

Wie sieht der Prozess aus, in dem wir versuchen, eine Lösung zu finden? Wir wollen anders werden, als wir sind, kämpfen um das, woran wir glauben. Sie laufen im Kreis. Nur wenn es absolut keine Lösung gibt, geraten Sie in diese Stille.

Wenn Sie sehen, dass es keine Lösungen gibt, dann entspannt sich Ihr ganzer Körper. Und genau in diesem Augenblick stellt sich Liebe ein. Wenn Sie einem anderen Menschen begegnen, haben Sie absolut keine Sicherheit, Sie können nicht wissen, was geschehen wird. Und zudem sind Sie völlig unsicher, weil Sie noch keine wirkliche Vorstellung von dem anderen haben. Sie müssen sich in diesen Prozess hineinbegeben wie in einen Tanz, mit vollkommener Unsicherheit. Und mit Unsicherheit ist das Herz offen. In dem Augenblick, wo Sie Unsicherheit als gegeben hinnehmen, beginnt sie zu schwinden.

Die Energie, die ausgelöst wird, wenn man sich verliebt, entspringt dieser totalen Unsicherheit. Sie wissen nicht, wie es ausgehen wird. Sie kennen den anderen Menschen nicht. Sie können sich zu Anfang nur auf diese Energie stützen. Und je mehr Sie das wissen, desto mehr Sicherheit erzeugen Sie, desto mehr schwindet dieser Seinszustand und desto mehr Zeit kommt ins Spiel. An die Stelle der Frage »Was kann ich für diesen Menschen tun?« tritt nun die Frage »Was kann dieser Mensch für mich tun?«. Die Liebe ist in den Hintergrund gerückt. Und der Geist in den Vordergrund.

Der Geist ist ein Instrument. Die Sonne, die Liebe sind immer da, ewig und ohne Hierarchie. Gedanken bahnen den Weg für den Wunsch, etwas zu werden. Ganz unwillkürlich steuern sie diese Bewegung. Die Zustände von Angst, Wut, Neid und Eifersucht sind Wolken, welche die Sonne verdunkeln. Die Sonne und das Instrument des Geistes an sich stellen nicht das Problem dar – das Problem sind die Geisteszustände, die Wolken. Je mehr Wolken, desto weniger Sonne.

Es ist absurd, jemand anderen für den eigenen Geisteszustand verantwortlich zu machen. Aber genau das tun wir. »Aufgrund deines Verhaltens habe ich die Wolke der Eifersucht.« »Und wenn du dich anders verhieltest, wäre da keine Wolke, und ich könnte ein liebevoller Mensch sein.« Aber Liebe ist nur dann möglich, wenn Leere da ist. Diese Leere besteht dann, wenn es keine Lösungen, keine Möglichkeiten mehr gibt.

Immer wenn Menschen im Sterben liegen, fühlen sie, weil es keine Lösungen gibt, plötzlich wieder einen Anflug von Liebe. In einem Sterbeprozess können Sie noch klarer sehen, dass diese Liebe nichts Persönliches ist. Das eigentliche Wesen der Liebe hat nichts mit der Persönlichkeit, dem Charakter zu tun; daher entscheidet Ihr Charakter nicht darüber, ob Liebe da ist oder nicht.

Wenn Sie sich verlieben, sind Sie zuerst »leer«. Sie haben keine Vorstellung von dem Menschen, in den Sie sich verliebt haben. Es ist nur eine Bewegung der Energie. Die Sicherheit, das Gefühl der Hoffnung kommen später. Aber es muss möglich sein, dieses Element der Unsicherheit in einer Beziehung zu erhalten. Wie können Sie Dinge immer wieder neu sehen?

Jedes Mal, wenn Sie etwas Neues sehen, ohne ein Bild davon zu haben und ohne Sicherheit, wird es zwangsläufig als etwas Schönes wahrgenommen werden. Schönheit bedeutet, dass Sie eine ganzheitliche Herangehensweise an etwas haben, dass Sie es nicht mit etwas anderem vergleichen müssen.

Wenn Sie leer sind, werden Sie sehen und wissen, dass Liebe keine Trennung, keine Zeit und keine Angst kennt. Wenn eine völlige Bereitschaft besteht, keine Lösung für das Problem zu suchen – was geschieht dann in dieser Hoffnungslosigkeit, in dieser Stille? In dieser totalen Unsicherheit, an diesem Ort, an dem es keine Lösung gibt, ist die Angst verschwunden. Sie haben Befreiung erlangt.

Wenn es keine Zeit mehr gibt, keinen Schmerz und keine Angst, kann es kein Gefühl der Distanz geben, weil keine Trennung zwischen dem, wie ich bin und wie ich sein sollte, existiert. Es gibt keine Trennung zwischen mir und den Menschen, die etwas für mich tun sollten. Sie haben die Zeit zum Stillstand gebracht. Es gibt nicht länger das Ich und die Hoffnung auf das, was geschehen wird. Es geht darum, das Herz nicht länger mit unwichtigem Zeug zu füllen.

Liebe kennt keine Hierarchie – es gibt nur Liebe. Ohne Liebe können Sie die Vergangenheit nicht auslöschen. Sobald der Zustand der Liebe existiert, machen Sie sich keine Gedanken mehr um die Vergangenheit.

Solange keine Liebe da ist, versuchen Sie, Ihre Vergangenheit loszuwerden. Die Vergangenheit bedeutet immer: Ich leugne meinen eigenen Seinszustand. Die Vergangenheit bedeutet immer, dass Verantwortung nach außen projiziert wird. Ohne Liebe können Sie an Ihren Problemen arbeiten, so lange Sie wollen – die Vergangenheit wird nicht weichen. Sie können sie neu ordnen und sie rational erklären. Wenn Liebe da ist – was bleibt dann noch anderes als das Ende des Handelns? Stille ist das Ende des Handelns. Mit Liebe gibt es keine Vergangenheit. Wenn Sie das tatsächlich erfassen, dann begreifen Sie, dass es keine Lösung für das Problem gibt.

Liebe ist nicht Erinnerung oder ein Gedanke. Liebe ist nicht ein Ding, das in der Zeit weitergeht oder Bestand hat. Sie ist nur in dem Augenblick möglich, wo Sie aufhören, sich mit dem Problem der Zeit zu befassen. Ohne Liebe können Sie nicht wirklich lebendig sein.

Das Problem besteht darin, dass wir »richtig« sein wollen, bevor wir Liebe fühlen. Das Problem genau auf die Weise zu lösen, wie Sie meinen, es lösen zu sollen, wird wichtiger als die Liebe. Das Bedürfnis, anerkannt zu werden und Lösungen für dieses Problem zu finden, bedeutet, auf sich selbst fokussiert zu sein. Es bedeutet, nicht gewahr zu sein.

Ein Geist, der in einem Zustand der Liebe ist, ist ein Geist, der Dinge zugunsten des Ganzen aufgegeben hat. Das Bedürfnis, die Probleme des Lebens zu lösen, existiert nicht mehr. Es gibt kein Festhalten an dem Wunsch nach Anerkennung.

Vielleicht sagen Sie: »Ich habe aufgehört, mein eigenes Haus zu renovieren, was meine gesamte Zeit in Anspruch nahm, und bin zum Garten übergegangen. Wenn ich ein bisschen unglücklich bin, fange ich an, den Garten umzugraben, um ihn zu verschönern. Wenn ich aufhöre, den Garten umzugraben, nehme ich den ganzen Planeten wahr …«

Hören Sie auf, Ihr eigenes Haus zu renovieren; hören Sie auf, Ihren Garten zu verschönern. Unser Planet ist schön genug! Betrachten Sie nicht das kleine Bild, schauen Sie auf das Wesentliche, den Kern. Hören Sie auf damit, nach Lösungen zu suchen, riskieren Sie Unsicherheit und Hilflosigkeit. Damit sind Sie in jenem Zustand der Stille, und Sie bekommen die Ausstrahlung der Liebe.

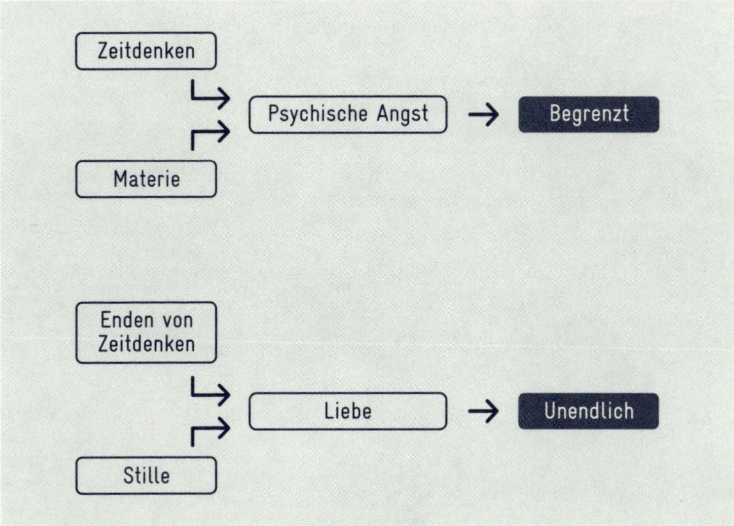

Zusammenfassung

- Die drei Bs: beachtet, bewundert, bevorzugt
- Stille bedeutet, einfach bei dem zu sein, was da ist.
- Hoffnungslosigkeit und Unsicherheit öffnen die Tür zum Gewahrsein.
- Am Ende der Zeit ist Liebe.

In Einklang mit den Qualitäten

Spirit und Wirklichkeit

Was ist *Spirit*? *Spirit* ist Bewusstsein, das nicht in der Form eines physischen Körpers eingeschlossen ist. Es ist Bewusstsein, das wir alle haben, aber ohne Körper. Wenn Sie Ihren Körper verlassen, behalten Sie Ihren *Spirit*, Ihr Bewusstsein. Der einzige Unterschied besteht darin, dass es nicht durch Körper und Geist bestimmt ist.

Spirit ist ein natürlicher Zustand. Das Christentum beschreibt diesen natürlichen Zustand als vom *Spirit* (Geist) durchdrungen. Mit Buddhas Worten: Es ist immer Buddhaschaft in Ihnen. Vielleicht ist es korrekter, zu sagen um Sie herum, denn der natürliche Zustand ist nicht der Körper-Geist, der siebzig oder achtzig Jahre zu leben hat. Der natürliche Zustand ist das, was jenseits dieser Jahre ist.

Stellen Sie sich einen Menschen vor, der sich in einem sehr dunklen Raum aufhält, dessen Fensterläden und Tür schon seit Jahren geschlossen sind, wodurch kein Licht einfällt. Der Mensch lehnt es sogar ab, darüber nachzudenken, ob es eine Möglichkeit gäbe, Licht hereinzulassen. Ist jemand psychotisch oder paranoid, versteckt er sich eventuell in einer Ecke und will den Raum, in dem er sich befindet, nicht verlassen. Wenn jemand die Tür von außen öffnet – wenn die Befreiung, das sogenannte Sterben, von dem unnatürlichen Zustand des im Raum Eingeschlossenseins geschieht –, dann ist er erneut in Verbindung mit seinem natürlichen Zustand.

Spiritualität bedeutet, dass die Tür von innen geöffnet wird. Sie bedeutet, dass Sie den Mut haben, sie aus eigenem Antrieb zu öffnen und hinauszugehen. Sie sind nicht anders oder verändert, Sie sind lediglich wieder in Ihrem natürlichen Zustand. Wenn Sie durch die Tür gehen, werden Sie ganz einfach natürlich; Sie sagen nicht: »Was für eine große Leistung.«

Sie können nicht wahrhaft spirituell werden, wenn Sie nicht jeden Morgen mit zwei inneren Einstellungen aufwachen: Dankbarkeit darüber, dass Sie am Leben sind, und Freude darauf, dass Sie sterben werden. Sie sollten jeden Augenblick bereit und glücklich im Wissen sein, dass Sie sterben könnten. Denn Sterben bedeutet, dass Sie wieder in Berührung mit Ihrem Wesen als Bewusstsein sind, als *Spirit,* ohne die Spannung des Körper-Geistes. Erleuchtung wird oft Erkenntnis genannt, aber es gibt keine Erkenntnis. Erleuchtung bedeutet, zurück zum Energiefluss zu gehen, der unabhängig von der Neigung zur Dunkelheit ist.

Nun wollen wir aber alle erleuchtet sein und zudem ein schönes Haus, ein Auto, Ruhm und Erfolg haben. Das ist eine sehr kluge Strategie dafür, niemals »leicht« zu sein. Die Tür kann sich nicht öffnen, indem man eine Anstrengung unternimmt. Die Tür öffnet sich, wenn Sie durch Beobachtung wahrnehmen, dass Sie an der falschen Stelle suchen.

Gehen wir zurück zu dem Beispiel mit dem dunklen Zimmer. Solange Sie Ihre Augen auf die Wand heften und denken: Wo ist die Tür?, werden Sie sie nicht sehen. In dem Augenblick, wo Sie anfangen, sich selbst zu beobachten, beginnen Sie auch zu sehen, dass das Problem nicht das Zimmer ist, sondern die Tatsache, dass Sie an das Zimmer glauben. Die Tür öffnet sich von selbst. Die Identifizierung mit dem Körper-Geist ist das Problem.

Die Worte Spiritualität und *Spirit* haben einen gemeinsamen Ursprung. Wo mehr Licht ist, ist weniger Zeit. Ihr Gefühl von Zeit wird stärker, wenn Sie angespannt sind. Wenn Sie Schmerzen haben, haben Sie ein Gefühl von nicht enden wollender Zeit. Wenn Licht und Liebe da sind, haben Sie das Gefühl, die Zeit eile nur so dahin. Zeit vergeht nicht langsam oder schnell. Zeit existiert gar nicht – sie ist eine Empfindung, eine Illusion.

Nehmen wir an, Ihr *Spirit* weiß am Tag Ihrer Geburt, dass Sie drei Tage lang leben und dann sterben werden. Am zweiten Tag haben Sie ein Problem mit Ihrem Rücken, und der Arzt sagt: »Wenn Sie nicht Acht geben, werden Sie Krebs bekommen.« Dann sagt jemand zu Ihnen, Sie sollten mehr Anstrengungen unternehmen und mehr lernen, weil Sie Doktor der Philosophie werden müssten. Würden Sie sich wirklich ernsthaft am zweiten Tag mit all dem beschäftigen, wenn Sie wüssten, dass Sie am dritten Tag sterben? Genau so sollten wir täglich mit dem Körper-Geist in unserem Leben umgehen. Für Ihren *Spirit* ist das, was im Körper-Geist geschieht, lediglich eine sehr kurze Episode. Für den *Spirit* ist diese starke Fokussierung auf den Körper-Geist eine Energieverschwendung.

Spiritualität bedeutet, dass Sie sich zwar um Ihren Körper kümmern, ihn aber nicht als Ihren wichtigsten Teil betrachten. Der Körper schließt immer den Geist mit ein. *Spirit* bedeutet, dass Sie des Todes immer gegenwärtig sind, selbst wenn es den Anschein hat, als sei er noch weit weg. Denn das ist eine Täuschung, der Tod kann jeden Augenblick eintreten.

Auf der Ebene des Spirits ist Zeit bedeutungslos, und achtzig Jahre sind nichts. Ihr natürliches Wesen ist die Buddhaschaft, im Christentum heißt es Christusbewusstsein. Das ist es, was Sie sind, und nicht ein Mensch, der vierzig Jahre alt ist und hofft, noch weitere vierzig Jahre zu leben.

Wenn jemand zu Ihnen sagt, Sie seien dumm, dann sollten Sie sich nichts daraus machen. Wenn jemand zu Ihnen sagt, Sie lebten Ihren *Spirit* nicht wirklich – was bedeutet, dass Sie in dem dunklen Raum sitzen –, dann sollten Sie sich sehr wohl Gedanken machen. Nehmen Sie wirklich an – ausgehend davon, dass wir an Wiedergeburt glauben –, dass Sie in diese Welt gekommen sind, um in Ihrem Körper und in Ihrem Geist zu kämpfen? Der Körper-Geist ist lediglich ein Instrument des Ausdrucks – *Spirit,* der in der Schwerkraft verkörpert ist, um Bewusstsein in Form auszudrücken. Sie sind nicht geboren, um mit einem vermeintlichen Karma zu kämpfen und um zu versuchen, Ihren Körper-Geist zu verbessern. Ihr Körper trägt in sich selbst die Tür zum *Spirit.* Diese Tür ist das Herz.

Das Fenster zur anderen Dimension ist immer da, weil Ihre Natur diese andere Dimension ist: das Herz. Sie sind wie ein Apfel oder eine Blume, Sie sind Nahrung für die Seele der Welt. Doch wenn Sie sich mit dem Körper-Geist identifizieren, können Sie dieses wachsende Bewusstsein nicht nähren.

Nehmen wir das Beispiel einer Spinne, die innerhalb eines Radius von einem Kilometer lebt. Sie können der Spinne einen winzigen Teil Ihres Geistbewusstseins geben, sodass Sie mit ihr sprechen können; sie kann nachdenken und bestimmte Dinge verstehen. Und dann sagen Sie zu der Spinne: »Hast du je daran gedacht, dass es andere Wesen gibt, die von einem Kontinent zum anderen fliegen? Hast du je daran gedacht, dass du zu einer hundert Kilometer entfernt gelegenen Stelle fahren kannst?« Die Spinne wird erwidern: »Du musst betrunken sein. Mir und meinem Bewusstsein sind ganz eindeutig Grenzen gesetzt, weil ich mich nur innerhalb eines gewissen Radius bewege. Ich kann bestimmt nicht fliegen, und du kannst mir erzählen, was du willst, ich habe niemals andere Wesen gesehen.« Darauf sagen Sie zu der Spinne: »Du musst ein bisschen meditieren und dann hast du vielleicht eine Erkenntnis.« Und die Spinne wird weiterhin behaupten, Sie seien nicht ganz bei sich.

Ein *Spirit* ist nichts anders als ein menschliches Wesen im Vergleich mit der Spinne, die niemals ein menschliches Wesen sehen wird und niemals mit diesem in Kontakt sein wird. Und wenn die Spinne stirbt, wird ihre Familie sagen: Es war ein Unfall. Wer weiß, warum die Spinne stirbt, vielleicht infolge eines Herzinfarkts; aber sie wird nie in der Lage sein, ein menschliches Wesen zu sehen.

Der große Unterschied zwischen der Spinne und dem menschlichen Wesen besteht darin, dass Sie bereits in Kontakt mit diesem *Spirit-Bewusstsein* sein können – weil es mit Ihnen verbunden ist. Sie sind schon jetzt *Spirit.* Alles, was Sie tun müssen, ist, durch die Tür zu gehen.

Was ist der Unterschied zwischen einem *Spirit* und einem menschlichen Wesen? Der erste Unterschied besteht darin, dass das menschliche Wesen der *Spirit* ist, der in einer Form gefangen ist. Der zweite Unterschied ist, dass, sobald Sie von dieser Form befreit sind, Ihre Kommunikation nicht mehr durch die Gedanken erfolgt – Ihre Kommunikation sind Gefühle. Der Aspekt des *Spirits* in Ihnen sind Gefühle. Der Aspekt des Menschlichen ist das Denken. Denken ist blockierte Gefühlsenergie. Man könnte sagen, Denken ist die blockierte Energie des *Spirits.*

Sie sind schon jetzt Erleuchtung. Die Dunkelheit ist Ihr Körper-Geist, das Licht ist Ihr Bewusstsein, Ihr *Spirit.* Die Tür ist das Herz. Sie sind nur für eine gewisse Zeit an den Körper-Geist gebunden – als Instrument der Kommunikation. Sie können nicht etwas anderes werden. Die Erleuchtung ist bereits geschehen. Reinkarnation oder Wiedergeburt bedeutet, dass Ihr *Spirit* sich mit einem Körper-Geist verbindet. Ihre wahre Natur ist Licht.

Beobachtung ist genug. Jemand, der in dem unnatürlichen Zustand ist und in dem dunklen Raum sitzt, ist dann eingesperrt, wenn er oder sie *nicht* beobachtet, dass alles in ihm/ihr selbst ist, und er/sie sich stattdessen auf die Wände konzentriert und nicht weiß, was eigentlich vor sich geht. Die Tür öffnet sich nie. Kein Konzept für die Erleuchtung ist notwendig, und auch kein Versuch, Erleuchtung zu erlangen. Alles, was Sie tun müssen, ist Ihr eigenes Inneres zu beobachten.

Wo ist der *Spirit* für den Menschen, der sich in dem dunklen Raum befindet? Er kann nicht beobachten, weil die Tür geschlossen ist. *Spirit* ist um Sie herum. Wenn er im Körper wäre, hätten Sie niemals das Empfinden von Stille, Liebe, Freude oder Glück – das sind alles Haltungen des *Spirits.* Was man die Qualitätsaura nennt, ist *Spirit.* Er ist um Sie herum, und er ist immer da, wenn Sie in seine Sphäre treten. Wenn Sie Ihr eigenes Inneres beobachten, so ist das Geist-Denken, Körperempfindung. Sie haben die Empfindung, dass Denken in Ihrem Kopf geschieht. Sie haben niemals das Empfinden, dass Gefühle in Ihrem Kopf geschehen. Gefühle geschehen in einer Bewegung, die vom Körper wegführt.

Im Körper, in dem dunklen Raum, sind Empfindungen, Denken und Vorstellungen oder Bilder – diese zu beobachten genügt. Jede Empfindung muss aus einem Gefühl kommen, und *Spirit* ist mehr als Körper-Geist. Jeder Gedanke ist ein Versuch, ein Gefühl zu kontrollieren.

Spirit bedeutet, dass die Tür sich öffnet, dass ein gewaltiges Licht da ist. Es verwirrt sie, macht sie unsicher. Wenn Sie sich in einem dunklen Raum befinden und sich plötzlich die Tür öffnet und das Licht hineinflutet, werden Sie es zuerst gar nicht sehen. Vielleicht haben Sie sogar das Bedürfnis, die Tür wieder zu schließen; dann ist die Energie durch das Denken blockiert worden, und Denken ist immer ein Mittel zur Kontrolle.

Ein Gefühl ist niemals Zukunft oder Vergangenheit: Es geschieht im jetzigen Augenblick. *Spirit* hat kein Zeitempfinden. Betrachten Sie eine Empfindung auf der Körperebene. Jede Körperbewegung, die Sie machen, versucht Energie zu blockieren. Immer wenn Energie sich zum Licht hin bewegt, bekommt der Körper Angst. Ich nenne das spirituelle Angst. Durch eine einfache Bewegung kann sie den Fluss unterbrechen. Der Geist sagt: »Wenn ich die Energie nicht allein und ohne einzugreifen arbeiten lasse, wenn sich sie benenne, indem ich ihr einen Gedanken gebe, kann ich sie kontrollieren.« Das Erstaunliche ist, dass wir nie warten und beobachten, ob die Energie sich so bewegt, dass sie die Tür öffnet. Es ist ein wenig wie die Person in dem Zimmer, die sich im Dunkeln fürchtet, und dann bewegt sich die Tür ein wenig. Was tut dieser Mensch nun? Sieht er voll Staunen die Möglichkeit, dass die Tür aufgehen könnte? Nein, er beginnt, seine Denkfähigkeit einzusetzen, er beginnt, sich die Gefahr vorzustellen. Er will sogar die Bewegung der Tür kontrollieren.

Beobachtet man sein eigenes Inneres, so stellt dieses Innere den ständigen Versuch dar, die Verbindung mit dem *Spirit* zu unterbrechen. Die Verbindung mit dem *Spirit* geschieht durch Fühlen, nicht durch Denken. Sie kontrollieren das, was geschieht, durch Denken, und das erzeugt ein Hindernis für die Heilung. Wenn Sie Liebe denken, dann ist es nicht Liebe. Wenn Sie Stille denken, dann ist es nicht Stille.

Spirit bedeutet das Ende der Kontrolle und das Ende des Widerstands. Das Innere Ihres Körper-Geists zu beobachten heißt, zu sehen, dass Sie, wenn Ihr innerer Kern *Spirit* ist, Sie bereits *Spirit* sind, der für eine sehr kurze Zeit mit dem Körper verbunden ist. Sie können sehen, dass Denken das ist, was *Spirit* im Gefängnis des Körper-Geistes hält. Daher muss jede Körperempfindung, jedes Denken zu einem Gefühl zurückverfolgt werden. Sie werden dann feststellen, dass neunzig Prozent aller Gedanken durch Angst motiviert sind.

Wenn Sie wunschlos sind – wozu brauchen Sie das Denken dann noch? Sie brauchen es beispielsweise, um den Zug zu erreichen; Sie brauchen es, um etwas im Restaurant zu bestellen. Aber wenn Sie Angst haben, das zu sein, was Sie wirklich sind – *Spirit* –, und wenn Sie sich zu sehr mit dem Körper-Geist identifizieren, dann werden Sie mehr denken.

Innerer Frieden ist wichtiger als Liebe. Ohne inneren Frieden können Sie nicht in *Spirit* und Stille sein. Innerer Frieden schafft eine gewisse Festigkeit, eine Brücke zwischen dem Körper-Geist und *Spirit.* Wenn kein innerer Frieden vorhanden ist – kein innerer Friede bedeutet den ständigen Drang, durch Denken und Körperreaktionen und -empfindungen zu kontrollieren –, können Sie nicht zu Stille und Liebe gelangen. Stille und Liebe sind Worte dafür, was geschieht, wenn die Tür sich geöffnet hat. Sie werden mehr zu *Spirit.* Die Tür hat sich nicht von außen geöffnet. Sie haben sie geöffnet, indem Sie sich selbst beobachtet haben. Sie müssen den Unterschied zwischen Geist und Herz lernen. Sie müssen lernen, jede Körperempfindung zu dem Gefühl zurückzuverfolgen und jeden Gedanken zurück zu dem Gefühl. Nur dann können Sie zum inneren Frieden kommen.

Innerer Frieden besteht dann, wenn der Mensch, der im dunklen Zimmer sitzt, erkennt, dass er die Macht hat, die Tür zu öffnen. Er muss nicht warten, bis die Tür von außen geöffnet wird. Er erkennt, dass das dunkle Zimmer kein Gefängnis ist, dass er nicht wegen des Karmas und zum Zwecke der Bestrafung da drinnen ist.

Der Weg zu innerem Frieden steht offen, wenn das Denken nicht länger dominiert. Freiheit bedeutet, dass Sie aufhören, in Ihren Gefühlen von den Reaktionen anderer Menschen abhängig zu sein. Sie wissen, dass der Mensch, den Sie beobachten, nicht die Wirklichkeit ist. Die Wirklichkeit ist, wie dieser Mensch sich subjektiv fühlt. Ein *Spirit* wird niemals aus der Reaktion eines anderen etwas über sich selbst schließen.

Wie oft haben Sie etwas gesagt, fühlten dabei aber etwas ganz anderes? Wie oft haben Sie sich aus Angst selbst verteidigt und gleichzeitig Schuld gefühlt? Das Schuldgefühl stellt sich deshalb ein, weil Ihr Sprit, Ihre Gefühle anders aussehen.

Scham ist eine der spirituellsten Haltungen, die Sie haben können. Immer wenn Sie etwas tun, was Ihr *Spirit* als seiner Natur widersprechend erlebt, werden Sie sich schämen. Anstatt gegen dieses Schamgefühl anzukämpfen, sollten Sie Ihrer Natur dankbar dafür sein, dass sie Ihnen sagt, was vor sich geht. Die Scham ist Ihr erster Lehrer. Es gibt kein Kind, das nicht Schamgefühl empfindet. Es fühlt sofort, wenn etwas gegen seinen eigenen *Spirit* geht. Mit der Zeit verschleiern Sie das mit all Ihren Denkprozessen; aber je mehr Sie verschleiern müssen, desto mehr denken Sie.

Es ist nicht möglich, jemandes *Spirit* wahrzunehmen, wenn Sie selbst im Körper-Geist gefangen sind. Ein Mensch, der in einem dunklen Zimmer sitzt, kann das Licht eines anderen nicht sehen; daher ist derjenige, den Sie beobachten, nicht die Wirklichkeit. Die Wirklichkeit ist, wie dieser andere Mensch sich subjektiv fühlt. Ihre Gefühle sind Ihre Wirklichkeit, aber nicht die Wirklichkeit des anderen Menschen. Ihre Gedanken sind niemals die Wirklichkeit. Deshalb werden *Spirits* niemals miteinander streiten. Sie können über Gedanken streiten, nicht aber über Gefühle.

Wenn ich mich unglücklich fühle, so ist das ein subjektives Gefühl. Es hilft mir dann nicht, wenn jemand mir sagt, wie wundervoll die Welt ist, wie viel Glück ich doch habe, verglichen mit dem, was manche Menschen in anderen Teilen der Welt ertragen müssen.

Spirit bedeutet, dass Sie sich ganz und gar dem Gefühl, das da ist, hingeben, weil dieses Gefühl zu dem Menschen gehört, der es empfindet. Das bedeutet, dass Sie niemals jemand anderen für Ihre Gefühle verantwortlich machen können. Sie können zu jemandem sagen, er solle Buddhist, Christ, Muslim oder Jude oder Hindu werden, aber das Gefühl ist immer Ihr *Spirit.* Ihre Gefühle sind Ihre Wirklichkeit, aber nicht die Wirklichkeit des anderen Menschen.

Ein *Spirit* kann niemals von jemand anderem eingesperrt werden. Ihr *Spirit* wird vom ersten Tag bis zu seinem Tod gegen das Eingesperrtsein ankämpfen – es wird dieses Gefangensein im Körper-Geist nicht akzeptieren, egal, ob es ihm durch eine Autorität, durch irgendeinen äußeren Rahmen, durch Hypothesen, Theorien oder Religionen aufgezwungen wird. *Spirit* und Religion können nicht zusammengehen. Denken, das kontrollieren möchte, ist über diese Freiheit entsetzt. Mit Freiheit ist die ständige Unsicherheit über das, was geschehen wird, gemeint. Der Geist, das Denken hat die Zeit als eine Illusion erfunden: »Ich weiß, was vor sich geht, ich kenne die Vergangenheit, und bis zu einem gewissen Ausmaß kenne ich auch die Zukunft.« Reine Illusion!

Ihr Wesen und Ihr Wert als Mensch können nicht von den Handlungen anderer Menschen abgeleitet werden, die zu achtzig Prozent Denken sind. Aber Denken ist nicht *Spirit.* Wenn jemand auf Sie mit Denken reagiert, warum sollten Sie sich dann aufregen? Sie müssen lernen, bei sich zu beobachten: Reagiert dieser Mensch aus dem *Spirit* oder aus dem Denken heraus? Immer wenn Sie gegen jemanden eingestellt sind, dann vermutlich, weil Sie Angst haben, nicht weil Sie wirklich gegen diesen Menschen sind. Wie können Sie gegen *Spirit* sein? Sie können gegen Denken sein, aber Sie können nicht gegen *Spirit* sein. *Spirit* ist unpersönlich, er ist in jedem Menschen derselbe.

Persönlichkeit beruht auf Körperempfindungen und Denken. *Spirit* ist in diesem Sinne unpersönlich. Hören Sie auf, Ihre eigene Person nach dem, was auf Sie zukommt, zu bewerten. Machen Sie sich den Unterschied klar: Ist es *Spirit* oder ist es Denken? Sie werden es nicht wissen, wenn Sie nicht in sich selbst zwischen Denken und Fühlen unterschieden haben. Schmeicheleien zu erfahren ist also sehr gefährlich, wenn Sie den Unterschied nicht kennen: Schmeichelt dieser Mensch Ihnen aus dem Denken oder aus dem *Spirit* heraus? Achten Sie darauf, dass Sie einem Menschen nicht in die Falle gehen, der Ihnen aus seinem Denken heraus positiv eingestellt ist. Das bedeutet, dass er kalkuliert, dass er etwas von Ihnen will. Bewertungen von außen sind völlig unnütz. Der *Spirit* stützt sich nicht auf Handlungen anderer Menschen. Das bedeutet, dass Sie in Freiheit sind.

Sie sollten jemanden nicht nach seinem Körper-Geist beurteilen. Muslime und Christen mögen auf der Gedankenebene oft konträr eingestellt sein. Aber wenn beide sich entspannen und das Denken hinter sich lassen, wenn sie zu der Empfindung, zu dem Gefühl der Liebe gelangen – existiert dann ein Unterschied zwischen muslimischer Liebe und christlicher Liebe? Die Energie, der *Spirit* der Stille/Liebe/Glückseligkeit ist unpersönlich. Der Konflikt, der Unterschied, die Spannung, die Distanz – all das vollzieht sich auf der Gedankenebene. Sie werden niemals Kommunikation finden, solange Sie das Fühlen und das Unpersönliche nicht einbringen.

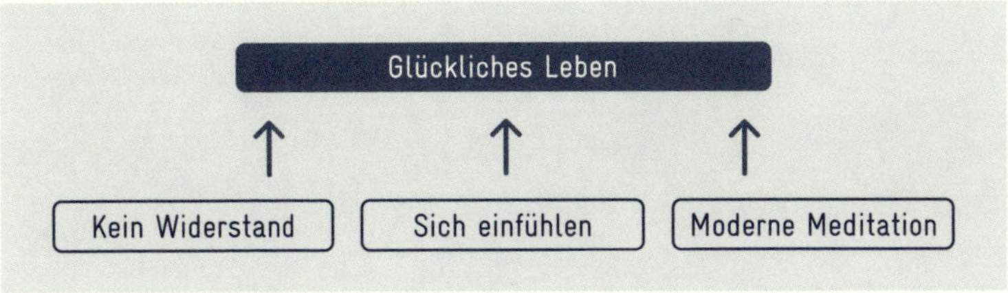

Weisheit ist die Kunst des Nicht-Reagierens und der ständigen Beobachtung. Was bedeutet das? Das Bewusstsein ist vom Körper-Geist befreit, es ist nun nicht länger im Körper-Geist gefangen ist. Was bedeutet es, wenn ich sage, dass *Spirit* nicht reagiert? *Spirit* sieht weder Ihren Körper noch Ihren Geist. Das bedeutet, dass der *Spirit* weder beurteilt noch vergleicht. Er sieht Ihre Gedanken nicht. Die einzige Kommunikation ist die Schwingung des Lichts. Wenn Sie unglücklich sind oder Schmerzen haben, wird der *Spirit* weniger Licht wahrnehmen.

Die Kunst des Nicht-Reagierens impliziert: Ein *Spirit* reagiert nicht auf den Körper-Geist, weil er nur durch Schwingung kommuniziert. Stellen Sie sich einen *Spirit* wie eine Fahne vor. Jeder winzige Windhauch erzeugt sofort eine Schwingung in der Fahne. Der *Spirit* nimmt ständig alle Schwingungen wahr. Wenn Sie wie ein *Spirit* leben wollen, dürfen Sie keine Reaktion haben, nur Beobachtung – nicht die Beobachtung des Körper-Geists, sondern die der Schwingung, der Gefühle. Das bedeutet spirituell sein.

Sie sind schon jetzt ein *Spirit.* Nur Ihr *Spirit* kann wirklich kommunizieren mit einem anderen *Spirit.* Nur Ihr *Spirit* kann sich wirklich mit anderen körperverbundenen *Spirits* verbinden.

Solange Sie sich wie ein Körper-Geist benehmen, können Sie niemals von Konflikten frei sein und niemals Frieden finden. Wenn Sie vor Ihrem Tod *Spirit* leben, sind Sie fortwährend in einem Zustand von Glück und Seligkeit. Nur dann kann es Frieden zwischen uns Menschen geben.

Freiheit von Denken und Fühlen

Unser natürlicher Zustand ist *Spirit.* Wenn wir unser kurzes Leben nicht nach dem Körper-Geist bemessen, sind wir *Spirit.* Der Körper-Geist ist wie eine Kerze. Das Leuchten, das vom Körper-Geist durch das Aurasystem dringt, ist die Flamme. Der *Spirit* ist das Licht, und das Licht verschwindet niemals.

Beobachten ist frei von Denken und Fühlen. Zuerst finden Sie das vielleicht verwirrend, weil jede Körperempfindung, jeder Gedanke und jede Vorstellung oder jedes Bild zu einem Gefühl zurückverfolgt werden muss. Das bringt Sie zu der Tür der anderen Dimension. Die Bewegung der Tür, die sich von innen öffnet, geschieht dann, wenn Sie dastehen und begreifen, dass Beobachten nicht nur frei vom Denken, sondern auch vom Fühlen ist.

Der Beobachter ist der *Spirit.* Er kann nicht Gefühl *sein,* weil er das Fühlen beobachtet. *Spirit* ist völlig unabhängig vom Denken und Fühlen. Die Zenmeister drücken es so aus: der Schritt ins Licht, die Leere, das Nichts. Es gibt nicht einmal einen Anflug von Gefühl. Gefühl ist die Brücke zum *Spirit,* aber sie ist nicht *Spirit.* Der Beobachter ist unabhängig vom Beobachteten.

Wenn der *Spirit* – oder der Beobachter – Gefühle hätte, könnte er die Gefühle des Körper-Geists nicht wahrnehmen. Er wäre in seine eigenen Gefühle verstrickt. Wenn Sie sich mit jemandem streiten, ist Ihre Sichtweise durch Ihre eigenen Gedanken getrübt; daher können Sie die Gedanken des anderen Menschen nicht wirklich verstehen. Genauso ist es mit den Emotionen. Wenn Sie in Ihren Emotionen gefangen sind, können Sie die Emotionen Ihres Partners nicht beobachten.

Freiheit und *Spirit* bedeuten die Abwesenheit von Gedanke und Gefühl. Wenn Sie begreifen können, dass Beobachten frei von Denken und Fühlen ist, dann wird Ihr Leben sich verändern. Sie werden sofort erkennen, dass Sie niemals von Ihrem natürlichen Zustand des *Spirits* getrennt sein können. Wahrnehmen bedeutet, einen Gedanken zu beobachten und ihn zu einem Gefühl zurückzuverfolgen. Dann können Sie über diese Brücke gehen und plötzlich frei vom Körper-Geist, vom Denken/Fühlen sein. *Spirit* bedeutet leer, nichts, Raum.

Haben Sie je Licht als Objekt, als Form betrachtet? Sie können sagen, dass die Quelle des Lichts in der Form einer Kerze, einer Taschenlampe, der Sonne ist. Sie können die Quelle des Lichts als Form betrachten, aber das Licht selbst hat keine Form.

Was ohne Form ist, ist ohne Angst. Beobachten ist frei von Denken und Fühlen. *Spirit* ist ein riesiger Raum voll Licht. In der Regel ist der *Spirit* – der Beobachter – mit Ihnen verbunden, ansonsten hätten Sie kein Bewusstsein. Der Körper-Geist an sich hat kein Bewusstsein. Es ist ein wissenschaftlicher Irrtum zu glauben, dass der Geist, das Gehirn, Bewusstsein hätte. Das Gehirn könnte man als ein Radio bezeichnen; der Radiosender, das heißt die Rundfunkanstalt, ist woanders. Die Wurzel, das Zentrum des Bewusstseins, ist niemals im Körper-Geist.

Der Körper-Geist ist ein Empfänger. Ihr *Spirit* – aus seiner Leere heraus, die er nicht erst erlangen muss – ist dieser riesige Raum des Lichts. Er nimmt Körper, Denken und Gefühle wahr. Nur die Gefühle bringen Sie zu der Tür. Wenn Sie über die Brücke oder durch die Tür gehen, wenn Sie die Tür von innen öffnen, bringt Sie das in diesen riesigen Raum und in das Licht. In diesem Augenblick, wenn Sie *Spirit* sind, kann der Beobachter nicht die Gefühle und Gedanken beobachten, weil er unabhängig von Fühlen und Denken ist.

Die Erkenntnis, dass *Spirit* beziehungsweise Beobachter nicht dasselbe sein kann wie Denken und Fühlen, durchtrennt die Fessel des Reagierens. Aber solange Sie den Körper-Geist vom *Spirit* beziehungsweise Beobachter trennen, werden Sie zwangsläufig reagieren. Das ist ein spiritueller Instinkt. Der Körper-Geist sagt: »Wenn ich die Botschaft erhalte, dass da ein Gefühl oder ein Gedanke oder eine Empfindung ist, heißt das dann nicht, ich sollte reagieren?«

Auf der Instinktebene, wenn Sie hungrig sind, sagen Sie auch nicht: »Vielleicht ist das eine Fehlinformation, eine Fantasie oder eine Illusion; daher werde ich mich nicht nach dieser Information richten.« Wie viele Menschen, insbesondere Männer, behaupten, sie seien nicht imstande, ihren Sexualtrieb zurückzuhalten, denn dieser Instinkt sei bei ihnen nun einmal zu stark? Das ist äußerst kindisch, aber vom Körperinstinkt aus ist es natürlich. Wenn Sie die Information erhalten, ist der Körperinstinkt da, um sich danach zu richten. Genauso ist es mit dem Schmerz.

Auf der Ebene des Geistes tritt ein Gedanke auf, und das Geistbewusstsein, der *Spirit* beziehungsweise Beobachter, vermittelt Ihnen die Wahrnehmung davon. Der Beobachter sorgt dafür, dass Sie den Gedanken einfach wahrnehmen, aber der Geist denkt, dass die Information etwas bedeutet.

Wenn Sie plötzlich in der Dunkelheit etwas sehen, das wie eine Schlange aussieht, die der Beobachter spiegelt – indem er Ihnen die Wahrnehmung von dem gibt, was Sie sehen –, dann sagen Sie nicht: »Ich will ein bisschen warten, vielleicht ist es ja nur ein Stück Holz, vielleicht ist es eine Täuschung.« Sie reagieren, und Ihre Reaktion auf der Instinktebene passt sich an das an, was Sie sehen.

Die instinktmäßige Fähigkeit des Körpers zu reagieren ist ein hervorragendes Überlebensinstrument. Und sie bricht als Erstes zusammen, wenn Sie sterben. Wenn Sie müde werden, ist das die Bewegung, mit der Sie aufhören, ständig im Alarmzustand zu sein und zu reagieren. Und daher denkt der Körper-Geist auch auf der spirituellen Ebene: Alles, was beobachtet wird – was der *Spirit* spiegelt –, muss reagieren. Sobald Sie sehen, dass *Spirit* beziehungsweise Beobachtung frei von Denken und Fühlen ist (ansonsten wären Sie nicht imstande, das Denken und Fühlen zu beobachten), durchtrennt dies die Fessel des Reagierens.

Es gibt absolut keine Technik, um diese Freiheit zu erkennen. Techniken können Sie nur zu der Tür bringen. Nur ein totaler Augenblick der Erkenntnis. Der Beobachter wird zum *Spirit.* Frei schwebend, ohne noch eine Verbindung zum Körper-Geist zu haben. Das ist genau das, was geschehen wird, wenn Sie sterben. Plötzlich gibt es keine Kommunikation zwischen dem Körper-Geist und dem *Spirit* beziehungsweise Beobachter mehr, weil es nicht länger notwendig ist; die Schwerkraft besteht nicht mehr. Wenn Zellen sich mit Licht füllen, schwindet die Schwerkraft. Sie sind frei vom Körper und daher auch frei vom Geist.

Denken ist völlig unwichtig, weil die Wichtigkeit eines Gedankens nicht ein Gedanke selbst ist – es ist Ihre Wahrnehmung des Gedankens, oder es ist der Beobachter, der den Gedanken spiegelt. Sie haben Tausende Gedanken. Freud nannte es das Unbewusste, das zutage tritt und durch Ihr Gehirn strömt und dessen Sie nicht gewahr sind, weil der *Spirit* nur bestimmte Aspekte des Denkens spiegelt. Und sobald Sie sehen, dass der *Spirit* der Beobachter ist, ist der *Spirit* unabhängig von Denken und Fühlen, und Sie beginnen, den *Spirit* zu leben; Sie sind von der Fessel des Reagierens befreit.

Unbewusstheit bedeutet, dass Ihr Körper-Geist nicht mehr bewusst Zugang durch den *Spirit* hat. Wenn Sie sehen, dass *Spirit* ganz und gar Raum/Licht ist und hier eine Blockade besteht, sollten Sie zurückgehen und das Gefühl finden, das mit der Blockade verbunden ist. Gewöhnlich werden Sie herausfinden, dass es Angst ist, und dann bleiben Sie da – nicht bei der Blockade, sondern bei dem Gefühl.

Sie wissen, dass der Beobachter oder *Spirit* unabhängig vom Gefühl Angst ist; daher wird sie, wenn Sie ganz und gar in Verbindung mit dem *Spirit* sind und mit ihm kommunizieren – was heißt, dass Sie die Angst beobachten –, langsam aufgezehrt. Sie wird zur Trauer und dann zur Stille, womit sie ihrer Natur nach dem *Spirit* als Raum des Lichts am nächsten ist; und dann sind Sie wieder frei. Die Fessel der Reaktion ist in dem Augenblick durchbrochen, wo Sie sehen, was *Spirit* wirklich bedeutet. Die Blockade ist die Reaktion auf die Angst. Die Angst, die die Blockade erzeugt, ist eine Reaktion auf die Angst. Angst als *Spirit* ist frei von Gefühl und bewegt sich auf natürliche Weise auf diese Freiheit zu. Wenn Sie sie Ihrem natürlichen *Spirit* überlassen, dann fließt sie in die Stille, zurück zur Nicht-Reaktion. Stille ist Nicht-Reaktion.

Freiheit von Denken und Gefühl durchtrennt die Fessel des Reagierens. – Solange Sie diesen Satz nur intellektuell aufnehmen, können Sie nicht zu der Tür, zu dieser Erkenntnis gelangen. Zuerst müssen Sie ihn auf einer Gefühlsebene verstehen. Nur wenn er sich zu einem Gefühl hinbewegt, können Sie vom Wissen/Verstehen zum Sehen übergehen.

Beobachtung ist frei von Wissen. Sie können die materielle Welt durch Denken verstehen, ohne unbedingt Gefühle zu benötigen. Aber auf einer Gedankenebene können Sie nichts von dem verstehen, was den *Spirit* betrifft. Gefühle sind die Brücke zum *Spirit* beziehungsweise Beobachter.

Beobachten ist frei von Denken und Fühlen. Freiheit von Denken und Fühlen macht Sie frei vom Wollen, frei vom Verlangen und frei von Bindung. Dies ist der Zustand der Erleuchtung, der Zustand der Glückseligkeit.

Es gibt ein sehr einfaches Gesetz, ganz gleich, wie beharrlich Sie versuchen, an Ihren Illusionen festzuhalten: Alles, was Sie begehren, erzeugt Angst davor, nicht das zu bekommen, was Sie wollen, oder es erzeugt die Angst, es wieder zu verlieren. Tatsächlich ist Angst die Bewegung, die gegen das Sterben gerichtet ist. Und das Tragische daran ist, dass Sie sich am Ende vor Ihrer eigenen Natur, vor Ihrem *Spirit* fürchten. Am Ende richten Sie sich gegen das Einzige, das Wahrnehmung erzeugt, den Beobachter in Ihnen selbst.

Sie sind die Natur der Beobachtung. Sie können der Beobachtung niemals entgehen. Sie können gegen den *Spirit* kämpfen und ihm widerstehen – aber was befähigt Sie selbst in Ihrem stärksten Widerstand, dieses Widerstands gewahr zu sein? Ohne den Beobachter wären Sie im Unbewussten. Der Beobachter gibt Ihnen die Möglichkeit, sich Ihres stärksten Widerstands und Ihrer schwersten Nöte gewahr zu sein. Das ist es, was die Mystiker bedingungslose Liebe nennen. Bedingungslose Liebe bedeutet, dass der *Spirit* Sie achtsam macht, selbst wenn Sie ganz und gar gegen ihn sind. Was hat es also für einen Zweck, Widerstand zu leisten? Wenn Sie Wahrnehmung davon haben, dann haben Sie die Wahl. Ihr *Spirit* gibt Ihnen die Freiheit, wahrzunehmen, achtsam zu sein, zu beobachten, wie Sie sind, und zu entscheiden, ob Sie Ihre Aufmerksamkeit darauf lenken wollen oder nicht. Er urteilt nicht, er sagt nicht: »Wie schade, dass du deine Energie verschwendest.« Der *Spirit* urteilt nicht, weil ein Urteil Gefühle und Denken erfordern würde.

Der *Spirit* ist wie ein leerer Spiegel – ein Raum des Lichts –, der Ihnen spiegelt, was der Körper-Geist tut. Er wird niemals geboren und stirbt nie. Der Beobachter ist unabhängig vom Körper-Geist, daher *entsteht* er nicht, und er verschwindet auch nicht. Er ist ein riesiges Meer des Bewusstseins. Sie können ihm niemals entgehen. Selbst wenn Sie im Zustand des Unbewussten sind, wird ein Teil von Ihnen das Unbewusstsein wahrnehmen.

Wenn wir sterben, befinden wir uns im Übergang von Form zu *Spirit*. In diesem Stadium wird uns in dem Prozess geholfen, indem wir vom Leben zu *mehr* Leben gelangen. Es wird uns geholfen, uns reibungslos mit Hilfe des spirituellen Instinkts in jene Ebene zu bewegen, wo das Ich-Bewusstsein ganz und gar verschwunden ist und nur *Spirit* existiert.

Wie können wir wissen, dass das, was wir von der anderen Dimension fühlen und sehen, wirklich *Spirit* ist oder eine Projektion unserer Erwartung oder unseres Verlangens? Die Realität des *Spirits* geht niemals mit einem Gedanken oder Gefühl einher, ansonsten ist es eine Projektion. Dies scheint ein Widerspruch zu dem zu sein, was Sie beispielsweise hören, wenn Menschen nach einer Nahtoderfahrung über die Liebe sprechen, die sie empfangen haben. Gefühle sind die Brücke, der »Türöffner«. Dann haben sie aus der Stille heraus dieses ungeheuere Maß an Liebe, aber sie sind nicht hinübergegangen. Sie öffnen noch immer die Tür, und sie sehen das Licht, aber wenn sie dann zurückkommen, ist es eine Nahtoderfahrung gewesen. Es gibt eine Kommunikation jenseits von Denken und Fühlen, die nur Schwingung ist. Immer wenn es nur Schwingung gibt, ohne die Spur eines Gedankens oder Gefühls, dann ist dies die Wirklichkeit des Spirits.

Im Zen ist es Leere, Nirwana, Nichts, absolut keine Form. Selbst ein Gefühl ist eine Form, weil es eine Richtung hat. Selbst wenn es Liebe ist, hat es eine Bewegung. Licht hat keine Bewegung, es ist nur Licht. Raum hat keine Bewegung, er ist nur Raum. Für das Gehirn ist dies schwer zu begreifen. Das Verlangen ist noch immer ein Gedanke, der mit einem Gefühl verbunden ist. Wenn Sie wirklich *Spirit* begegnen, so geschieht dies im absoluten Nichts, in der Stille. Die Kommunikation ist Schwingung – weder ein Gedanke noch ein Gefühl. Wenn Sie diese Botschaft dann als Medium an Ihren Klienten weitergeben wollen, müssen Sie die Schwingung mit Hilfe Ihres Gehirns verarbeiten, um sie in ein Gefühl oder einen Gedanken zu verwandeln. Glauben Sie wirklich, dass ein *Spirit* französisch oder deutsch oder englisch spricht? Sprache ist Form. Im *Spirit* gibt es keine Sprache.

Die absolute Genialität des Gehirns, verglichen mit dem Gehirn einer Maus, besteht darin, dass Sie die Schwingung in ein Gefühl verwandeln und dieses durch Sprache verarbeiten können. Zuerst muss sie zu einem Gefühl werden, dann kann ein Gedanke erzeugt werden. Wenn sie direkt in einen Gedanken hineingeht, dann ist es eine Projektion. Man erkennt den Unterschied nur darin, dass das, was erscheint, in absoluter Stille durchdringt, ohne irgendeinen Gedanken oder ein Gefühl.

Wenn Sie zum *Spirit* oder zu Gott um Hilfe beten, dann ist das mit einem Gefühl verbunden. Fühlen ist die Brücke zur anderen Dimension, zum Öffnen der Tür von innen, zu einem Nichts, zu reiner Schwingung. Von hier aus kann Gott durch die Schwingung zu Ihnen zurückkommen, von der Schwingung zurück zu einem Gefühl und einem Gedanken. Das ist die Gemeinschaft zwischen Ihnen und Gott oder dem *Spirit*. Aber wenn Gott existiert, kann er nur mit Ihrem *Spirit* kommunizieren und nicht mit Ihrem Körper-Geist. Vielleicht ist genau dies der Grund, warum Gott – metaphorisch gesprochen – uns eines der kostbarsten Geschenke gegeben hat, die wir uns vorstellen können. Dieses kostbarste Geschenk ist der Tod, denn wenn wir sterben, so kommt dies einer Geburt gleich. Wir gehen in den *Spirit* zurück. Vielleicht haben Sie Ihr Leben damit verbracht, das zu tun, was Sie tun mussten – das heißt, Sie haben Ihren *Spirit* in die Welt gebracht, um Ihr Potenzial durch Ihren Körper-Geist auszuschöpfen. Wenn Sie alles mit Hilfe dessen getan haben, was Ihnen zur Verfügung stand, dann gehen Sie zurück in den *Spirit*, der ohne Form ist. Und Gott ist glücklich, wenn Sie ohne den Körper-Geist zu ihm kommen.

Es ist nicht notwendig, dass Sie alles mit sich nehmen, wenn Sie sterben, insbesondere Ihr Wissen. Sie können Menschen mit Hilfe des Wissens nicht erreichen, ganz gleich, wie viele Bücher Sie lesen oder schreiben. Selbst dieses Buch ist wie eine Angelschnur, die ins Meer geworfen wurde. Und einige Leser werden den Köder annehmen und anfangen, Ihr Leben als *Spirit* zu führen. Wenn der *Spirit* der unabhängige Beobachter und frei von Denken und Fühlen ist, dann können Sie jemanden nur durch den *Spirit* erreichen. Sie stellen den Kontakt durch seinen Beobachter her, und das ist nur durch Ihren *Spirit* möglich. Das Einzige, das jemanden verwandeln kann, ist Ihre Schwingung in der Schwingung mit diesem Menschen.

Sie können der Beobachtung niemals entgehen. Beobachtung ist dann auf ihrem höchsten Stand, wenn keine Anstrengung unternommen wird. Wenn Sie dieser *Spirit* sind und wenn Sie der Beobachtung nicht entgehen können, gibt es absolut nichts zu tun. Wenn Sie eine Anstrengung unternehmen, um zu beobachten, dann ist da der Beobachter, der *Spirit*, der spiegelt, wie Sie sich anstrengen. Sie können dem gar nicht entgehen, daher ist jede Anstrengung zwecklos. Sind Sie ohne jegliche Anstrengung, gehen Sie vom Tun zum Leben über. Es bedeutet nicht *tun*, es bedeutet *leben*. Leben ist Schwingung, eine Atmosphäre der Schwingung. Jeder Mensch hat seine eigene Atmosphäre. Jedes Zimmer, jedes Land, jede Stadt hat ihre Atmosphäre. Es ist alles Schwingung. Selbst *Spirits* haben ihre Atmosphäre und Schwingung.

Der Geist fürchtet sich vor Beobachtung, vor dem *Spirit*. Er hat Angst vor der Liebe. Wenn Sie etwas mehr Angst vor der Aggression hätten, so wäre das nicht schlecht. Unterschätzen Sie die Angst nicht. Die Angst ist kein Feind. Sie zeigt Ihnen, was Sie falsch machen. Wenn Sie sehen könnten, dass Aggression Angst ist, dann würden Sie jedes Mal, wenn Sie beginnen, Widerstand zu leisten, aggressive Angst fühlen. Dann würden Sie schnell aufhören, sich mit Menschen zu streiten und aggressiv zu sein. Es ist schade, dass Aggression nicht sofort in Gefühlen der Angst wiederkehrt. Grund dafür ist die Freundlichkeit und Güte des Spirits. Sie sind aggressiv, und Sie werden Schamgefühl empfinden, aber nicht unbedingt Angst. Der Geist fürchtet sich vor Beobachtung, weil Beobachtung frei von Wissen ist – und Wissen ist Körper-Geist, Vergangenheit. Aber in dieser Welt ist Wissen sehr wichtig; daher kann das Ziel nicht darin bestehen, völlig bindungslos und stolz darauf zu werden, dass man dumm ist – das ist nicht die Lösung. Kultivieren Sie Ihr Gehirn, seien Sie so intelligent, wie Sie können, nutzen Sie Wissen und Sprachvermögen, aber seien Sie sich darüber im Klaren, dass all dies nur durch den beobachtenden *Spirit* möglich ist.

Der *Spirit* muss immer höher bewertet werden als das Wissen, selbst wenn das Wissen groß ist. Identifizieren Sie sich nicht mit dem Wissen. Nutzen Sie es als Instrument, aber bilden Sie sich nichts darauf ein, wenn Sie Arzt oder Professor sind. Ohne den *Spirit* hätten Sie nicht das geringste Wissen. In dem Augenblick, wo der Körper stirbt und der Körper-Geist sich vom *Spirit* trennt – wie wertvoll ist dann noch das Wissen?

Es gibt ein elementares Gesetz, wonach wir uns nicht mit der Wahrnehmung von etwas identifizieren, sondern mit dem, was uns die Wahrnehmung vermittelt. Und das ist der Beobachter oder *Spirit*. Sobald Sie das tun, stellt sich ganz von selbst Demut ein. Sobald Sie das tun, besteht absolut kein Druck mehr, anders zu sein, als Sie sind. Wenn Sie sich mit Ihrem Wissen identifizieren, erzeugen Sie Verlangen, Bindung, Wünsche. Wenn Sie das sehen, dann wird es Ihnen helfen, Ihre Erinnerungen zu beobachten und das Wissen, das Sie besitzen, wahrzunehmen. Dann ist der *Spirit* ganz offensichtlich wichtiger als Ihr Wissen, und Sie sind frei. Nutzen Sie Ihr Wissen – dafür haben Sie Ihr Gehirn –, aber gehen Sie nicht in die Falle der Illusion, dass dies die Wirklichkeit ist.

Der Geist fürchtet sich vor der Beobachtung, weil Beobachtung frei von Wissen ist. Beobachten heißt, dass Sie sich nicht auf irgendetwas aus der Vergangenheit verlassen können. Sie können nicht an einem System, einem Muster, einer Denkrichtung, einer Theorie oder irgendeiner Art von Wissen festhalten. Das ist nicht Beobachtung. Der *Spirit* wird Ihre Beobachtung Ihres Wissens spiegeln und dass Sie versuchen, die Erinnerung, das Wissen in das Jetzt mit einzuschließen.

Wenn Beobachtung mit Wissen verbunden wäre, dann würde es Ihnen die Erinnerung zeigen, nicht aber die Verbindung zum Jetzt. Beobachtung wird genau spiegeln, was Ihr Körper-Geist gerade tut. Wenn die Beobachtung unabhängig vom Denken und von Gefühlen ist – und damit von Vergangenheit, Erinnerung und Wissen –, dann wissen Sie niemals, was geschehen wird; daher bedeutet kein Wissen zu haben für den Geist Unsicherheit.

Wenn Sie eine unnötige Anstrengung unternehmen, um zu beobachten und zu versuchen, es in die Zukunft einzubringen, dann beobachten Sie nicht wirklich. Der Beobachter spiegelt, wie Sie versuchen, etwas zu beobachten, aber Sie manipulieren, Sie beobachten nicht. Wenn Sie etwas völlig neu betrachten, ohne Wissen, dann existiert keine Zeit. Wenn Sie sich nicht auf Ihre Erfahrung beziehen, dann haben Sie das Empfinden von Nicht-Zeit. In dem Augenblick, wo Sie in die tiefe Meditation gehen, können Sie sich nicht auf Ihre Erfahrung und Ihr Wissen stützen. Sie haben das Gefühl der Zeitlosigkeit. Zeit ist eine sehr einfache Bewegung – Erinnerung, die in die Zukunft projiziert wird. »Nicht-Zeit« bedeutet, dass die Erinnerung nicht miteinbezogen ist und damit auch nicht die Zukunft.

Aber das bedeutet für den Geist Abwesenheit von Wissen und damit Verwirrung, Unsicherheit. Denken Sie daran, dass Wissen nur eine Meinung ist. Verwirrung/Unsicherheit ist Weisheit/Intuition. Intuition stellt sich in der Abwesenheit von Erinnerung, der Abwesenheit von Zeit ein. Intuition impliziert, in Kontakt mit dem außerkörperlichen Bewusstsein – mit dem erweiterten Zustand einer größeren Dimension – zu sein. Weisheit ist jenseits von Erinnerung/Zeit, weil sie nichts mit Denken und Fühlen zu tun hat. Sie ist Schwingung, die dann in ein Gefühl gelegt wird und von da in einen Gedanken.

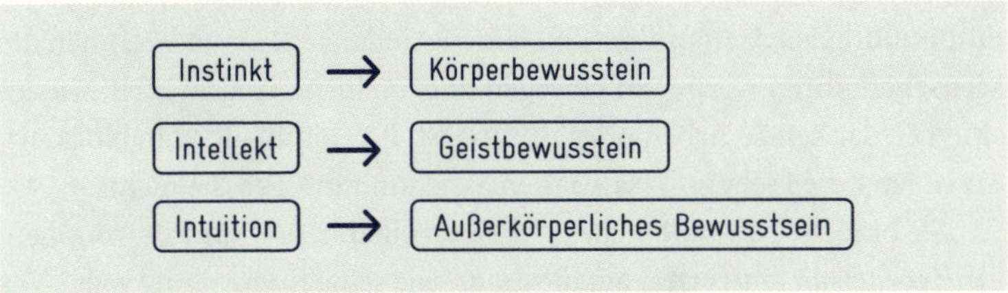

Verwirrung – Unsicherheit ist Weisheit – Intuition. – Es ist natürlich, dass immer dann, wenn Sie sich nicht auf die Erinnerung, auf Wissen verlassen können, ein Augenblick der Verwirrung besteht. Das Wort Verwirrung bedeutet, dass Sie sich nicht an etwas binden können. Frei von Verlangen, frei von Bindung und im Zustand der Verwirrung wissen Sie nicht, was Sie wollen. Verwirrung ist der Schritt des Formlosen. Alle großen Religionen sagen, dass es einen Augenblick gibt, wo Sie aufgeben müssen: beispielsweise Glaube an das Christentum.

Die meisten Menschen erleben irgendwann einmal den Zustand des Nichts: kein Glück, keine Liebe, kein *Spirit,* keine Gefühle, nichts im Inneren als Langeweile. Sobald Sie *Spirit* sind, werden Sie sich furchtbar langweilen. Wenn Sie noch immer den Körper-Geist erlangen wollen, um der Langeweile zu entgehen, dann wird es immer Schmerz, Unruhe, Probleme und ein bisschen Sex geben; immer *Action*. Beim ersten Schritt, mit dem Sie ins Nichts gehen, empfindet der Geist Langeweile. Langeweile bedeutet, dass es nichts gibt, um Re-Aktion zu erzeugen. Wenn die Tür sich öffnet, kann der *Spirit* ein Zustand des Nichts sein. Es ist nicht Glück, es ist Nichts. Auf der Ebene des *Spirits* sind die Gefühle verschwunden. Im Inneren geschieht nichts. Es gibt nicht einmal die Empfindung der Liebe, die ja ein Gefühl ist. Aber in diesem Kein-Ding, Kein-Denken, Kein-Gefühl und Kein-*Spirit* ist Freiheit.

Das wird mit Ihnen geschehen, wenn Sie sterben. Wenn die Tür sich nicht von innen öffnet, sondern dies ganz plötzlich von außen geschieht, dann werden Sie zuerst einen Schock des Nichts erleben. Sobald Sie den »Liebesteil« hinter sich haben und noch immer die völlige Abkoppelung vom Körper-Geist spüren, empfinden Sie eine Art Schock: nichts. Wenn der Körper-Geist dahingeht, wenn Sie plötzlich *Spirit* sind, dann ist es so, als seien Sie in einem Raum mit anderen Formen und das Licht ginge aus. Es gibt absolut nichts.

Sie sind nicht gewöhnt an die Sprache des *Spirits* und der Schwingung; daher suchen Sie verzweifelt nach einer vertrauten Sprache oder Empfindung, nach einer Emotion, einem Gedanken. Dann beginnen die Menschen, ihren Körper zu bewegen und versuchen verzweifelt, wieder einen Gedanken zu haben oder zumindest das Gefühl »Ich bin blockiert, wo ist jetzt die Liebe?«. Was können Sie dann tun? Tun Sie nichts.

Sie brauchen absolut nichts, ehe Sie zu einer neuen Sprache kommen. Ein Zenmeister antwortete auf die Frage, wie seine Erleuchtung war: »Vor der Erleuchtung habe ich Holz gehackt, und nach der Erleuchtung habe ich Holz gehackt.« Aber damit sagte er nicht wirklich die Wahrheit. Er sagte, was davor und was danach geschah, aber er sagte nichts über den gewaltigen Schock des Todes, der dazwischen liegt.

Im Übergang von einer Sprache zur anderen gibt es einen Augenblick der Leere. Leere ist nicht der Zustand des Glücks. Glück kommt nach der Leere. Leere ist nicht schon *Spirit*. Sie ist dieser kurzzeitige Übergang, wo der Körper-Geist und der *Spirit* nicht länger in Kommunikation sind, um eine Neugestaltung der Sprache zu ermöglichen. Die Sprache des Denkens, der Gefühle und der Empfindungen ist nicht mehr da, und die neue Sprache der Schwingung ist noch nicht aktiviert. Und die Meditation ist nur eine Vorbereitung für diesen Augenblick des Nichts. Alles Übrige in der Meditation ist meiner Meinung nach nutzlos, aber das ist eine Meinung, und Ihnen ist bekannt, dass eine Meinung Wissen ist.

Der Geist fürchtet sich vor Beobachtung, weil er denkt, er besitze die Kontrolle. Aber vergessen Sie nicht: Sie können nicht kontrollieren, Sie können Ihres Geistes nicht gewahr sein ohne den Beobachter oder *Spirit*. Der wirkliche *Controller* ist der *Spirit,* nicht der Geist. Der Geist ist schön, aber er fürchtet Beobachtung – zeigt sie ihm doch, dass er weniger als die Wirklichkeit ist. Und das will der Geist nicht. Beobachtung ist frei von Wissen. Direkte Beobachtung ist unabhängig von der Zeit. Deshalb haben Sie, wenn Sie totale Wahrnehmung haben, keinerlei Zeitempfinden.

Fürchten Sie sich niemals vor Unsicherheit! Unsicherheit bedeutet, dass Sie sich selbst nicht länger durch Ihren Körper-Geist definieren. *Spirit* ist immer mehr als Körper-Geist. Beobachten ist frei von Denken und Fühlen. Der Rest geschieht von selbst.

Zusammenfassung

- Freiheit von Denken und Fühlen durchtrennt die Fessel des Reagierens.
- Beobachtung ist frei von Wissen; Wissen ist nur eine Meinung.
- Verwirrung und Unsicherheit ist Weisheit, Intuition.

Die Illusion der Sicherheit

Der Beobachter, Ihr *Spirit,* ist immer unabhängig von Fühlen, Denken, Körperempfindungen. Wenn Sie sterben, bleibt Ihr *Spirit* unverändert, nur ist er dann frei vom Körper-Geist. Nach dem Tod werden Ihre Qualität und Ihre Atmosphäre nicht anders sein als zuvor. Das Tragische am Leben ist, dass wir ständig auf den Körper-Geist fokussiert sind und darauf, was wir an Wissen und Meinungen haben. Da wir den *Spirit* in uns selbst oder in anderen Menschen nicht beachten, sind wir in Konflikten gefangen und treffen falsche Entscheidungen.

Immer wenn Sie sich in Ihrer persönlichen Identität sicher fühlen, sind Sie nicht mit dem *Spirit* verbunden. Sie sind immer mehr als das Ich. Es ist ein Fehler, sich selbst auf das Ich zu reduzieren. Während unserer Lebenszeit müssen wir unseren Geist und unseren Körper nutzen, um beweglich zu sein und in der materiellen Welt zu kommunizieren. Verwechseln Sie das Ego, den Körper und den Geist nicht mit dem *Spirit.* Immer wenn Sie die Illusion erzeugen, das Ich sei der »Herr« und »Meister«, durchtrennen Sie die Beziehung zum *Spirit.*

Sie müssen Ihr Leben nicht damit verbringen, nach dem *Spirit* zu suchen, da er Ihren Körper immer umgibt und immer in Ihrem Herzen ist. Es ist nichts verkehrt daran, dass Sie in Ihrem Körper sind und es Ihnen möglich ist, umherzugehen und zu kommunizieren. Als mein Lehrer Bob More starb, nachdem er sechs Monate lang immer schwächer geworden war, sprach er als Letztes die Worte: »Ich muss frei sein.« Er meinte frei vom Körper-Geist.

Wenn Sie glauben, dass Sie alles wissen und alles sehen und daher mit geschlossenen Augen die Kreuzung überqueren, da Sie sich Ihres Wissens ganz sicher sind, werden Sie möglicherweise totgefahren. Die Illusion der Sicherheit zerstört die Beobachtung. Sie zerstört die Verbindung zum *Spirit* – nicht in dem Sinne, dass der *Spirit* nicht mehr vorhanden ist, aber sie zerstört Ihre Fähigkeit, mit ihm in Kontakt zu sein. Er verschwindet niemals völlig, weil Sie noch immer beobachten, inwiefern Sie in der Illusion leben.

Es gibt keine Notwendigkeit für eine solche Sicherheit. Wissen erzeugt Fesseln. Es liegt in der Natur des Wissens, sicher sein zu wollen; daher schafft es eine Form. Dann schließen Menschen sich ihr an und sagen: »Ja, diese Religion oder dieses politische System ist das Richtige.« Bald befinden Sie sich in Konflikt mit anderen Menschen und Meinungen. Auf diese Weise werden Sie zwangsläufig gebunden sein, abhängig von dieser oder jener Form.

Auf der individuellen Ebene sind achtzig Prozent unserer Meinungen/unseres Wissens Systeme des Egos. Sie haben Ihre eigene kleine Religion: die Religion von Manuel oder Sabina oder von sonst irgendjemandem. Und immer wenn jemand daherkommt und Ihrer eigenen Religion widerspricht, fühlen Sie sich verletzt oder missverstanden oder abgelehnt. Die großen Religionen sind nicht wirklich das Problem. Mit etwas Klugheit können Sie das Spiel sehen, das sie spielen: Sie können sehen, wie lächerlich es für Christen ist, gegen Muslime zu sein und so weiter.

Gefährlich ist die Religion des Ich: Ich als Sabina, ich als Phil, ich als Manuel – es ist die Fessel der eigenen nicht hinterfragten Meinungen. Eine Form schaffen bedeutet, dass Sie aufgrund dessen, was Sie zu sein glauben, Ihre eigene Mauer errichten. Immer wenn jemand an diese Mauer klopft, erschrecken Sie. Sie meinen, man wolle Ihre Form, Ihr System und Ihre Religion zerstören. Wenn Sie nicht Ihre eigene Religion errichten, können Sie gar nicht verletzt oder beleidigt sein. Und Sie können dann auch nicht gegen jemanden sein.

Sie können nicht eine Mauer oder eine Religion, »Ihre Religion«, aufbauen und gleichzeitig mit dem *Spirit* verbunden sein. Immer wenn Sie gegen etwas oder gegen jemanden sind – es kann alles Mögliche sein: Fleisch, Drogen, Sie selbst oder ein anderer Mensch –, akzeptiert der *Spirit* die vernunftgemäßen Erklärungen nicht. Er sieht nur, dass es weniger Licht und Raum gibt und damit weniger Gemeinschaft. Es spielt keine Rolle, was an der Situation richtig und was falsch ist. Sie beeinträchtigen die Beziehung zum *Spirit*, und Sie setzen sich selbst herab. Und der einzige Mensch, der wirklich verletzt ist, sind Sie selbst.

Karma bedeutet, dass alles, was Sie tun, um Ihr Ego zu verteidigen, auf Sie zurückfällt. Das hat nichts mit Bestrafung zu tun, aber es existiert dann weniger Verbindung zum *Spirit*, und daraus folgen Elend, Unglück und unproduktives Chaos. Und es ist so unnötig. Immer wenn Sie sich von jemandem verletzt fühlen, sollten Sie sich nicht auf den Menschen konzentrieren, der Sie verletzt hat, sondern auf Ihren *Spirit*. Die Kränkung ist von kurzer Dauer; oder möglicherweise währt sie ein ganzes Leben lang. Sie können aus all diesen Kränkungen Ihre eigene Religion schaffen. Die meisten Menschen tun das, weil es ihnen hilft, ihr Ego zu stärken. Ist Ihre Haftung an die Kränkung es wirklich wert, dass Sie Ihre Verbindung zu Ihrer Seele, zu Ihrer Entität, Ihrem ureigenen Wesen durchtrennen?

Wissen erzeugt Fessel und Form; Unsicherheit ist das Ende der Religion. Ihre Unsicherheit bedeutet das Ende der Mauer. Wenn diese Mauer fort ist, wenn dieses Ego nur dann zum Einsatz kommt, wenn es erforderlich ist, beispielsweise in der Schule oder in der Arbeit, aber niemals auf der psychospirituellen Ebene, dann existiert Beobachtung. Der *Spirit* ist immer da, aber jetzt stehen Sie in einer bewussten Beziehung zu ihm. Sie müssen nicht nur wahrnehmen, was vor sich geht; Sie müssen auch Ihr Potenzial, Ihre eigene Qualität, Ihr eigenes Wesen erkennen. Wäre es nicht ein Jammer zu warten, bis Sie sterben, damit Sie sehen, dass diese immer da waren?

Unsicherheit erzeugt Beobachtung. Beobachtung oder *Spirit* ist Raum und gleichzeitig Bewusstsein. Das hinduistische Wort *maya* bedeutet Illusion, Täuschung. Es bedeutet, dass Sie etwas betrachten und das Gefühl haben, dass es existiert; aber in Wahrheit ändert es fortwährend die Schwingung. Ein Kind ist imstande zu wachsen, weil seine Natur der Raum ist. Ohne Raum existiert kein Wachstum, kein Bewusstsein. Wenn Sie die Mauer Ihres Systems und der Ich-Religion aufbauen, schränken Sie die Natur des Raums ein, daher existiert weniger Bewusstsein. Raum und Bewusstsein können nicht voneinander getrennt werden. Wo Bewusstsein ist, ist Raum.

Das Ziel des Meditierens besteht darin, den Raum des Bewusstseins zu finden. Raum und Bewusstsein ist: Licht – *Spirit*. Es ist möglich, ganz radikal zu sagen: »Ich habe kein Interesse mehr daran, eine Religion namens Ich zu schaffen, denn ganz gleich, was mit mir geschieht, es ist weniger wichtig für mich, als mit dem *Spirit* verbunden zu sein.«

Charisma ist die Bewegung des Raums.

Ein buddhistischer Mönch, den man zehn Jahre lang in einem chinesischen Gefängnis gefoltert hatte, wurde freigelassen. Als er mit dem Dalai Lama zusammentraf, sagte dieser zu ihm: »Ich bin erstaunt, dass du nach allem, was du durchgemacht hast, immer noch strahlst.« Und der Mönch, der immer inneren Frieden haben wird, weil er mit dem *Spirit* verbunden ist, antwortete: »Wenn ich während dieser zehn Jahre Angst hatte, dann nur die, dass ich mein Mitgefühl für die Chinesen verlieren könnte.«

Unsicherheit ist Weisheit, aber Unsicherheit erzeugt auch Angst. (Wir sprechen hier nicht von psychischer oder physischer Angst.) Unsicherheit bedeutet, dass Sie die Religion Ihres Egos, Ihres eigenen Verteidigungsmechanismus zerstören. Natürlich werden Sie Angst empfinden, wenn Sie Ihre eigene Konstruktion zerstören. Und was tun Sie dann? Sie beginnen sofort, die Mauer wieder aufzubauen. Sie versuchen rational zu erklären, warum sie wieder errichtet werden müsse: weil Ihr früherer Freund sich noch immer so und so verhält, weil er Ihre Erwartungen nicht erfüllte. Es bieten sich Ihnen unzählige Möglichkeiten, die Mauer immer und immer wieder aufzubauen.

Die Zerstörung des Ego-Systems erzeugt spirituelle Angst. Für den Geist ist es so, als sagten Sie, Sie hätten genug vom Leben. Wenn Sie keinen Ausweg sehen und meinen, es gebe nichts mehr, was Sie tun könnten, dann begehen Sie möglicherweise Selbstmord. Das erfordert ungeheuer viel Energie; wenn Ihre Motivation also nur darin besteht, dass Sie genug haben, wird es Ihnen schwerfallen, sich etwas anzutun, denn Ihr Körper und Ihr Geist werden sich dem natürlich entgegenstellen. Angst ist kein Feind. Immer wenn Sie in tiefe Meditation gehen, werden Sie zwangsläufig mit spiritueller Angst konfrontiert werden. Die Stärke Ihrer Angst entspricht der Stärke Ihres Egos. Im Buddhismus verbeugt man sich vor der Angst und ist ihr dankbar, weil sie einem zeigt, wie stark die Abwehr ist, die man aufgebaut hat.

Es ist leicht, sich der Illusion der Sicherheit hinzugeben, sich darin einzurichten und sich für liebevoll und gut zu halten. Ja, man kann sogar die Liebe als Verteidigung missbrauchen, indem man diese Liebe in seine eigene Religion einbaut. Und Sie sollten sich klarmachen, dass es immer dann, wenn Sie stolz auf Ihre Liebe sind, nicht wirklich Liebe ist.

Unsicherheit muss notgedrungen Angst erzeugen. Die Mauer niederreißen ist der schwierigste Schritt, wenn Sie durch die Tür gehen. Zu der Tür gelangen, ist ziemlich leicht, sobald Sie es ernsthaft wollen. Sie sollten imstande sein, die Tür von innen zu öffnen. Und wenn die Tür sich öffnet, sehen Sie sich selbst, wie Sie wirklich sind. Wenn Sie den Körper-Geist verlassen, werden Sie nicht mit einem Urteil Ihrer Person konfrontiert. Sie erhalten lediglich eine Ahnung davon, wie Sie wirklich waren, da Sie jetzt an einem anderen Ort sind. Und das kann erschreckend sein. Wenn die Tür sich öffnet, sehen Sie, wie Sie waren, weil es bereits Vergangenheit ist. Sie sehen, wie viel Elend Sie für sich und für andere erzeugt haben. Sie sehen, wie Ihre Mauer allmählich zerfällt, und wenn Sie sie nicht sofort wieder aufbauen, sind Sie vollkommen ohne Abwehr. Sie wissen nicht, was geschehen wird, wenn diese Abwehr nicht mehr da ist.

Manchmal öffnen Menschen die Tür und sind dann überwältigt. Sie sind auf die spirituelle Angst nicht vorbereitet. Das Licht kann zu stark sein, und das kann eine Psychose auslösen. In alten Kulturen war es niemandem gestattet, den letzten Schritt zu tun, ohne zuvor einen Initiationsprozess durchlaufen zu haben, der zeigte, ob der Betreffende mit spiritueller Angst fertig werden würde. Das Gute ist, dass sie nur dann zu groß sein kann, wenn Sie die Natur dieser Angst nicht verstehen.

Immer wenn spirituelle Angst auftritt, so bedeutet das, dass Sie gegen sich selbst sind. Das ist ein Widerspruch, ein Paradox. Sie meinen, es sei in Ihrem Interesse, die Mauer zu errichten. Aber Ihr wahres Selbst – zuweilen das höhere Selbst genannt – ist *Spirit,* der Beobachter.

Manchmal beginnen wir zu meditieren und fühlen uns dann auch eine Zeitlang gut, aber nach einer Weile verlieren wir die Orientierung, wir verlieren den Fokus. Was bedeutet das, und wie werden wir damit fertig? Immer wenn Sie anfangen, Ihre Beobachtung, Ihr Bewusstsein und den Raum zu erweitern, kommen Sie sozusagen aus dem Konzept. Daher gehen Sie unruhig umher, oder Sie versuchen, einen Gedanken zu haben, und Gedanken sind der Anker des Egos. Sie versuchen, zu dem zurückzugehen, woran Sie sich halten können, um die spirituelle Angst zu vermeiden. Doch was können Sie tun? Nichts. Versuchen Sie erst gar nicht, sie zu bewältigen. Machen Sie sich ständig klar, dass alles, was Sie wahrnehmen – sogar Angst oder Zerstreuung –, nur wegen des Beobachters, des *Spirits* möglich ist.

Leere oder Spiritualität haben nichts mit dem Versuch zu tun, Dinge zu verstehen. Hier geht es darum, dass Sie sich von Gedanken, Emotionen und Körperempfindungen trennen und sehen, dass Sie diese nur wegen des *Spirits* als unangenehm wahrnehmen können. Machen Sie sich eines klar: Je näher Sie der Tür kommen, je mehr die Tür sich öffnet, je mehr Lichtstrahlen hereindringen, desto mehr wird Ihr Körper-Geist versuchen, zum Bekannten zurückzukehren. Und er wird es deshalb versuchen, weil Raum, Licht und Bewusstsein unkontrollierbar sind.

Was steht dem Wunschlossein im Weg? Nur der Geist, die Angst; falls Sie keine Ich-Religion aufbauten, könnten Sie sich verlieren. Und tatsächlich werden Sie sich verlieren. Aber Sie müssen das Wort *verlieren* anders betrachten. *Sich verlieren* im spirituellen Sinne bedeutet, dass Sie keine Grenzen mehr haben. Sie können nicht sagen: »Das ist meins und das ist deins.« Sie können nicht sagen: »Hier ist meine Religion, und ich verteidige sie.« Sich verlieren bedeutet, dass Sie Ihre Waffen verloren haben. Rumi nannte es: sich in der Liebe verlieren.

Solange Sie in Ihrer Ich-Religion sind, können Sie sich nicht verlieren. Immer wenn Angst auftritt, sind Sie gegen sich selbst. Sie sollten die spirituelle Angst nicht als Feind, sondern als Freund betrachten, der Ihnen genau spiegelt, wo Sie stehen. Immer wenn Sie gegen spirituelle Angst ankämpfen, bedeutet dies schlichtweg, dass immer noch zu viel Mauer, zu viel eigene Abwehr vorhanden ist. Was zur Folge hat, dass Sie Trauer verhindern – das Tor zur Stille und Liebe.

Psychische und physische Ängste sind lediglich Bewegungen des Instinkts und sagen nichts über Sie selbst aus.

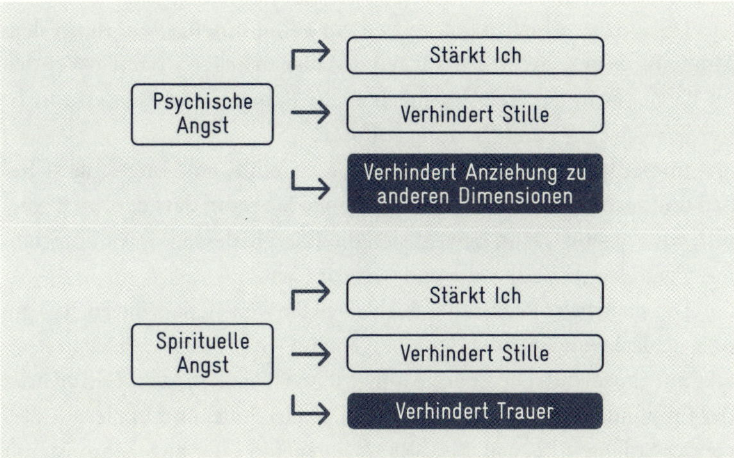

Das Geheimnis: Spirituelle Angst entsteht nur deshalb, weil Sie genau wissen wollen, wie Sie wirklich sind. Tief in Ihrem Inneren wissen Sie genau, wie viel Religion Sie noch immer in sich tragen – selbst wenn dies im Alltag etwas schwieriger zu erkennen ist. Sie versuchen, das Spiel zu spielen, wonach Sie es nicht wissen, aber Sie wissen es ganz genau in dem Augenblick, wo jemand Sie bittet, sich vor einen Spiegel zu stellen. Die Angst entsteht nicht wegen des Spiegels; sie entsteht, weil Sie exakt wissen, was Sie sehen werden. Er sagt Ihnen, *dass Ihre Weigerung zu sehen, was wirklich in Ihnen vorgeht, das Problem ist,* nicht die spirituelle Angst.

Wenn *Spirit* oder der Beobachter nicht vermieden werden kann, wird er nicht nur spiegeln, was Sie sehen wollen, sondern auch, was Sie nicht sehen wollen. Auf diese Weise wissen Sie genau, wie Sie sich fühlen. In dem Augenblick, wo Sie völlig aufrichtig mit sich selbst sind und sehen, wie Sie sind, wenn Sie in den Spiegel schauen, kommt keine Angst auf, weil Sie wissen, wie es ist. Der Spirit-Aspekt ist eine fortwährende Bestätigung dessen, was Sie sind.

Beenden Sie das Wollen, das Verlangen und jede Bindung. Jeder Wunsch, selbst der Wunsch nach Erleuchtung, trägt dazu bei, die Mauer zu errichten, und versucht, die Ich-Religion zu festigen. Jede Bindung versucht, eine solide Konstruktion aus dieser Religion zu machen, die am Ende dieses Lebens zerstört werden wird. Warum wollen Sie mehr Verlangen, mehr Bindung schaffen, wenn Sie tief in Ihrem Inneren wissen, dass Sie es tun, um sich besser zu fühlen, um Ihren Abwehrmechanismus zu stützen?

Die einzige Möglichkeit, mit einem Feind umzugehen, ist, in dem Moment, wo er angreift, absolut keine Mauer zu haben – dann löst er sich im Bewusstsein des Raumes auf. Je mehr Raum Sie geben, desto mehr werden sich Form und Bindung auflösen.

Immer wenn Sie einen Gedanken, ein Gefühl, eine Empfindung haben und nicht Widerstand leisten, nehmen Sie wahr, dass der *Spirit* spiegelt, wie Sie sind. Dann bewegt sich die Energie dessen, was in Erscheinung getreten, hin zur Stille und wird zu Liebe.

Der natürliche Prozess geschieht, weil Sie wissen, dass die Form – gut oder schlecht, angenehm oder unangenehm – nur da ist, weil Sie in Kontakt mit *Spirit* sind. Die Energie hinter dem Gedanken, dem Gefühl oder der Empfindung löst sich in Nichts auf. Da ist Stille, und in dieser Energie der Stille wird genau das, was unangenehm oder angenehm ist, zur Energie der Liebe.

Wenn es nur Gewahrsein und absolut keinen Widerstand gibt – was bedeutet, dass der *Spirit* die Aggression wahrnimmt, nicht *meine* Aggression –, löst sich die Energie der Aggression in Nichts auf. Sie wird neutral in ihrer Energie, ohne Form, und diese Energie wird zu Liebe.

Wenn Sie in Ihrem Körper oder in Ihrem Geist einen Schmerz verspüren, dann ist diese Empfindung immer unangenehm. Wenn Sie diese unangenehme Empfindung einfach beobachten, ohne jeden Widerstand, dann bewegt sie sich allmählich zur Stille hin. Die Energie in dieser Stille, die unangenehm war, wird zur Bewegung der Liebe. Ohne Widerstand erfolgt ganz natürlich die Verwandlung. Es wird keine spezielle Heilenergie durch Sie hindurchgeleitet. Sie sind der Schöpfer der Liebe.

Was immer der Körper-Geist tut, spiegelt der *Spirit.* Sie sind immer gewahr, dass Sie der *Spirit,* die Energie sind. Alles, was da ist, bewegt sich hin zur Stille und wird von da in Liebe verwandelt. Diese Wandlung wird sehr anschaulich in dem Beispiel aus der Bibel vom Saulus, der zum Paulus wird; oder zeigt sich da, wo aus Feinden urplötzlich die allerbesten Freunde werden. Ist es nicht ein Wunder, dass Sie der Spender all dieser etwaigen Liebe sind? Sie kommt nicht von irgendwoher aus dem freien Raum. Sie ist in Ihnen. Selbst Ihr Hass ist in Wahrheit Liebe. Er benötigt einfach nur die Energie, um in Stille verwandelt zu werden. Und so groß wie der Widerstand und der Hass sind, so groß werden dann die Stille und die Liebe sein. Es gibt absolut kein äußeres Element, das diese Energie erzeugen würde. Sie selbst sind diese Energie.

Immer wenn Angst besteht, sind Sie gegen sich selbst; Sie versuchen, die Mauer zu errichten. Daher kann das, was da ist, nicht zur Stille werden, und Sie haben nie genug Liebe. Wenn Sie in tiefe Meditation gehen, fühlen Sie plötzlich Liebe, weil Sie einfach beobachten. Selbst wenn Ihre Verbindung zum *Spirit* unbewusst ist, werden Sie Ihr Augenmerk weniger auf Meinungen, Gedanken und Gefühle richten, und deshalb wird mehr Raum vorhanden sein. Dann geht die Energie dessen, was in Ihnen vorgeht, in Stille über und wird von da zur Liebe.

All die vielen Nöte, die Sie in Ihrem Leben vielleicht erfahren haben, gehören zur Macht der Liebe. Manchmal haben es Menschen, deren Leben frei von Problemen ist, schwerer, weil sie nicht erkennen, welche Macht in ihnen steckt. Wenn jemand aggressiv und hasserfüllt ist, weiß er zumindest um die Macht, die er besitzt.

Nur Sie entscheiden darüber, wie viel Liebe Sie ausstrahlen. Sie ist in Ihnen. Immer wenn Sie wollen, dass Energie in Liebe umgewandelt wird, dann muss sie zuerst durch Stille hindurchgehen und ins Nichts hinein. Damit gelangen wir auf natürlichem Wege zum Ende der Unsicherheit, zum Ende der Angst. Alles, was Sie wahrnehmen, können Sie nur wegen des *Spirits* wahrnehmen. Sie befassen sich nicht mit dem, was Sie wahrnehmen, Sie befassen sich mit dem *Spirit.* Auf diese Weise kann all die Energie, die Sie wahrnehmen, in Stille und damit in Liebe übergehen. Sobald dies geschieht, enden Unsicherheit und Angst.

Wie können Sie sich selbst dafür »schulen«, im Alltag die Dinge mit Ihrem Herzen zu sehen? Das ist das Magische, das Geheimnis: Was immer da ist – seien Sie sich bewusst, dass Sie es nur wegen des *Spirits* sehen können; daher ist der *Spirit* mehr als das, was Sie wahrnehmen. Es hat keinen

Zweck, sich dagegen zu wehren; daher bewegt es sich zur Stille hin und wird zur Energie der Liebe. Es ist nicht möglich, spirituelle Angst zu haben, wenn die Energie dessen, was da ist, sich zu Stille, dem Zustand der Furchtlosigkeit hinbewegt. Und aus der Stille kommt die Liebe.

Jede Bewegung der Energie verwandelt sich, wenn sie sich zu Stille hinbewegt, in Liebe. Liebe hängt nicht von Einstellungen, Meinungen oder vom Verstehen ab, die allesamt zur Ich-Religion gehören. Immer wenn die Religion des Ich sich zur Stille hinbewegt, wird sie sich – geradezu zwangsläufig – in Liebe verwandeln. Liebe ist nicht an Bedingungen gebunden.

Liebe hängt nicht davon ab, ob Sie anders werden. Sie müssen nichts in sich ändern, aber nur deshalb, weil Ihr *Spirit* immer da ist. Was immer in Ihnen vorgeht – ermöglichen Sie der Energie, sich zu Stille und Liebe hinzubewegen. Das ist das ganze Geheimnis des Erzeugens von Liebe. Das ist das ganze Geheimnis des Menschseins – nicht als Religion, sondern als *Spirit.* Sie können entscheiden, wie viel Liebe Sie erzeugen, weil Ihr *Spirit* alles hat, was Sie brauchen. Die Macht der Liebe liegt in Ihren Händen. Einfach ohne Widerstand sein erzeugt die Macht der Liebe.

Zusammenfassung

- Beobachtung ist Raum und Bewusstsein.
- Mit dem Ende der Unsicherheit kommt das Ende der Angst.
- Liebe hängt nicht davon ab, dass Sie Ihre eigene Ich-Religion aufbauen.
- Liebe heißt einfach: ohne Widerstand sein.

Die Freiheit des *Spirits*

Das Tragische am westlichen Geist und an der westlichen Psychologie ist, dass dem Prozess des Verstehens zu viel Wichtigkeit beigemessen wird. Der westliche Geist denkt, wenn er etwas versteht, sei das Problem gelöst. Wenn er versteht, woher Aggression kommt, wäre der Konflikt gelöst. Und wenn Sie sich dessen bewusst wären, könnten Sie mit Aggression umgehen und sie unter Kontrolle halten – so die landläufige Meinung. Aber die westliche Psychologie hat vergessen, dass Aggression als Energie in Liebe umgewandelt werden muss.

Kontrolle manipuliert und verringert die Macht der Aggression. Die Aggression kontrollieren heißt, die Macht zu leugnen, welche die Aggression im Wandlungsprozess hat, in dem sie zur Liebe wird. Wenn Sie sämtliche Angst und Aggression kontrollieren, werden Sie nie imstande sein zu lieben. Liebe benötigt diese Energie. Alle Energie muss sich zur Stille hinbewegen, um Liebe zu werden. Wenn Sie Aggression bewältigen, dann haben Sie zwar die Kontrolle, aber Sie haben keine Liebe. Immer wenn Sie Energie unterdrücken oder kontrollieren, verwandelt sie sich nicht. Sie kann sich nur dann in Liebe verwandeln, wenn sie durch die Stille hindurchgegangen ist.

Die Gründe und Auslöser von Aggression sind völlig unwichtig. Die Frage lautet vielmehr: Kann ich Aggression zu Stille bewegen, sodass diese Energie in Liebe verwandelt wird? Es ist nicht hilfreich zu wissen, warum Aggression da ist.

Stille ist die Abwesenheit von psychischer Bindung. Psychische Bindung bedeutet, dass wir an unseren vergangenen Erfahrungen und unserem Leiden festhalten. Wie handhaben wir die Energie und wie führen wir sie zur Stille? Wissen hilft dabei nicht. Wie können wir die Energie des Leidens in Liebe verwandeln? Das kann nur durch Stille geschehen.

Sie müssen Ihre Bindung an Wissen und Verstehen aufgeben. In der Meditation kommen Menschen immer wieder auf den Versuch zurück, zu verstehen, was in einer bestimmten Situation geschah, und das ist sinnlos. Diese Energie ändert sich nicht durch Analysieren. Aber wenn Sie das Problem fallen lassen, dann ist nur noch das Gefühl übrig. Und dann bewegt es sich hin zur Stille.

Auf der psychospirituellen Ebene müssen Sie den Mut aufbringen, die Bindung ans Verstehen aufzugeben. Dann wird sich das Problem von selbst lösen. Immer wenn sich etwas auf der psychospirituellen Ebene zur Stille hinbewegt, verwandelt es sich in Liebe.

Sagen wir, Sie streiten sich mit Ihrer Frau, und Sie wollen verstehen, was eigentlich los ist. Wenn Sie sich selbst an das binden, was geschieht, werden Sie endlos lange Argumente austauschen. Wann löst sich ein Konflikt oder wann hört ein Streit auf? Offenkundig dann, wenn Liebe da ist. Daher sollten Sie den Streit beenden, sich in die Stille hineinbegeben und dadurch Liebe ausstrahlen. Probieren Sie es doch einmal mit Menschen aus, mit denen Sie einen Konflikt haben, und finden Sie heraus: Ist es die Macht Ihres Arguments, die jemandem hilft, Ihre Seite zu verstehen, oder ist es die Bewegung der Liebe, die die ganze Situation ändert? Beim Austausch von Argumenten ist es immer der Schwächere, der nachgibt, einfach deshalb, weil er zu viel zu verlieren hat, wenn er an seinem Argument festhält. Das hat absolut nichts mit Überzeugung oder Liebe zu tun. Wenn man versucht, etwas zu verstehen, so hält man es lediglich unter Kontrolle. Sie nutzen die Energie nicht, aber die Energie wird Sie nutzen.

Weisheit kann nur aus Ihrer eigenen Beobachtung heraus entstehen. Das ist wichtig beim Umgang mit Autoritätspersonen wie Geistlichen, Gurus oder Lehrmeistern. Leider behaupten sie im Rahmen ihrer Religionsausübungen oder esoterischen Vereinigungen – und sie wissen natürlich, warum sie das tun –, auf der spirituellen Ebene müsse es eine Autorität geben. Das ist absolut falsch. Auf der spirituellen Ebene existiert keine Autorität. Gibt es, sobald Sie durch diese Tür gehen, auch nur die Spur von einer Autorität, wenn Liebe vorhanden ist? Sind Sie je Autorität begegnet, wenn Liebe da war? Sie benötigen Autorität, wenn Sie sich unterlegen fühlen – was nicht Liebe ist. Sie benötigen Autorität, wenn Sie glauben, jemand sei etwas Besonderes; doch das hat nichts mit Liebe zu tun.

Wenn Stille und Liebe da sind, wird es absolut keine Autorität geben. Wenn also die spirituelle Dimension in ihrer Energie teilweise die Schwingung der Liebe ist, wo ist dann die Autorität? Und was geschieht, wenn Sie glauben, dass Sie eine Autorität benötigen? Wenn Sie anderswo als in sich selbst nach einem erleuchteten Meister suchen, dann suchen Sie an der falschen Stelle. Weisheit kann nur aus Ihrer eigenen Beobachtung entstehen. Verlassen Sie sich immer auf Ihre eigene Beobachtung, selbst wenn das auf die Außenwelt völlig falsch wirken mag.

Das Geheimnis besteht darin, dass dann, wenn Sie sich auf Ihre Beobachtung verlassen, eine energetische Veränderung stattfindet. Beobachtung ist direkt. Sie müssen den Mut haben, gänzlich Ihrer eigenen Beobachtung zu vertrauen, ansonsten fangen Sie an, defensiv zu werden, oder Sie versuchen, andere Menschen von Ihrer Beobachtung zu überzeugen. Wenn Sie wirklich Ihrer eigenen Beobachtung trauen, dann ist es Ihnen egal, ob jemand zustimmt oder nicht.

Alles dreht sich um Beobachtung, ohne Bindung an bestimmte Erlebnisse und Erfahrungen. Der westliche Geist – und auch der Buddhismus – misst der Erfahrung den größten Wert bei. Je älter ein Mensch ist, desto mehr Erfahrung besitzt er; aber das bedeutet nicht, dass er mehr Weisheit besitzt als ein zehnjähriges Kind. Erfahrungen gehören immer in die Vergangenheit. Immer wenn Sie sich auf Ihre Erfahrung verlassen, können Sie nichts Neues sehen, hören und fühlen. Es ist so, als betrachteten Sie die Welt durch eine Schutzbrille, die eine Form der Erfahrung ist. Auf der materiellen Ebene benötigen Sie Erfahrung, beispielsweise, wenn Sie Autofahren lernen oder Zahnarzt werden wollen. Aber Sie können verschiedene Gesetze nicht miteinander vermischen. Newton hat nicht Unrecht, weil Einstein auf die Relativitätstheorie kam, aber seine Erkenntnisse müssen im Rahmen der damaligen Zeit betrachtet werden.

Auf der psychospirituellen Ebene bedeutet Bindung an Erfahrung, dass Sie in der Vergangenheit leben, anstatt Ihre Energie auszuleben. Das Problem mit der Meditation ist, dass Sie, wenn Sie eine positive Erfahrung machen, dazu neigen, daran festzuhalten, sodass die Energie der Erfahrung nicht in die Stille übergehen kann. Die Energie kann nur in Stille übergehen, wenn Sie die Erfahrung ruhen lassen.

Das Ende der Erfahrung ist Liebe. Natürlich sagt der Geist: »Wer bin ich denn ohne Erfahrung?« Das Belohnungszentrum im Gehirn aktiviert und reaktiviert fortwährend diese Erfahrung. Der elektrische Impuls im Gehirn erzeugt einen Moment des Glücks, und danach sind Sie auf diese Erfahrung völlig fixiert. Sie müssen sich dann mit dem Belohnungszentrum und dem emotionalen Zentrum gleichermaßen identifizieren. Weisheit kann aber nur entstehen, wenn Sie lernen, sowohl das Belohnungszentrum als auch das emotionale Zentrum zu meiden.

Eines der grundlegendsten Prinzipien der Spiritualität ist die Demut. Demut beinhaltet, sich nicht an die eigene Erfahrung zu binden; sie beinhaltet ferner, dass man nicht zu wissen glaubt, wie etwas ist, weil man es einmal erlebt hat. Demut ist die innere Haltung, mit der man ständig alles von Neuem beobachtet. Dinge werden immer wieder anders sein. Ihr Gehirn lernt, dass Sie sich nicht auf Ihr Wissen und Ihre Erfahrung verlassen können. Die Form der Meditation mag dieselbe sein, aber die Erfahrung ist immer neu und unvorhersehbar. Aber so ist Liebe in der Wirklichkeit. Sie ist nicht die Zukunft; daher kann sie nicht geplant oder manipuliert werden.

Erfahrung auf der psychospirituellen Ebene stellt ein Hindernis für Kommunikation und für Beziehungen dar. Wenn es um die spirituelle Dimension geht, wird die Erfahrung zu einem Gefängnis. Der Zweck der Demut besteht darin, Ihnen zu zeigen, dass Sie nicht auf Ihre Erfahrung zählen können – nicht einmal auf die schönste Liebeserfahrung. Sie sollten sie betrachten, bei ihr bleiben und sie dann ruhen lassen.

Betrachten Sie sich nicht als Problem. Der Körper-Geist in seiner Natur ist in mancher Weise für uns alle ein Problem. Ebenso ist es mit dem Geist. Seiner Natur nach ist der Geist Konflikt oder – esoterisch ausgedrückt – dualistisch, das heißt, er ist entweder dies oder das, gut oder schlecht. Der Geist muss seiner Natur nach dualistisch sein, weil er zwischen mir und dir unterscheiden muss. Es gibt keinen Körper-Geist, der frei von Konflikten ist; daher können Sie Ihr restliches Leben lang Ihre gesamte Energie dafür verschwenden, dass Sie sich mit Ihrem Selbst beschäftigen. Das jedoch führt zu Hypochondrie, Obsession und Neurose. Wir alle befinden uns irgendwie dazwischen; wir sind leicht obsessiv, aber eben immer noch obsessiv.

Stattdessen sollten Sie Ihren Fokus auf den *Spirit* verlagern, den Beobachter. Der *Spirit* kann nie erfahren werden, kann nicht in eine Form, ein Konzept oder eine Struktur »gesteckt« werden. Sie können lediglich die Beobachtung erfahren und erleben. Sie können erleben, dass Sie eine Sache wahrnehmen – ein dynamischer Prozess zwischen dem Beobachter und dem, was beobachtet wird. Im Koran und in der Bibel sagt man uns, wir sollten uns kein Bild von Gott machen. In dem Augenblick, wo Sie sich ein Bild von Gott machen, erzeugen Sie eine Erfahrung. Sie versäumen dann, worauf es eigentlich ankommt.

Beschäftigen Sie sich nicht mit sich selbst. Wenn Sie damit aufhören, gibt es keine Erfahrung mit dem Selbst. Die Frage: Wer bin ich? existiert dann gar nicht, da es kein Selbst gibt. Heute können Sie beschreiben, wer Sie sind, aber morgen werden Sie anders sein. Das kann sich innerhalb einer Stunde ändern, je nachdem, wem Sie begegnen und wie die Stimmung in dieser Beziehung ist. Einssein hat kein Zentrum. Der *Spirit,* Gott, das Universum, das Licht haben kein Zentrum. Sie können sagen: Der Ursprung ist die Sonne, die das Licht erzeugt, aber stimmt das denn überhaupt? Nachts können Sie sagen: Der Ursprung des Lichts, das vom Mond kommt, ist der Mond. Tatsächlich spiegelt die Sonne den Mond. Was wissen Sie also wirklich über die Sonne?

Sobald das Licht von seinem Ursprung entfernt ist – sehen Sie dann irgendein Zentrum? Wo ist das Zentrum des Lichts in diesem Raum? Das Wort *holistisch* bedeutet: *etwas, das kein Zentrum hat.* Und Ihr eigentlicher Kern, der Beobachter, der *Spirit* hat kein Zentrum. Der Körper-Geist hat ein Zentrum – eben den Körper-Geist. Wenn der *Spirit* ein Zentrum hätte, unterstände er demselben Gesetz wie Kommen und Gehen, Geburt und Tod. Was ganz ist, kann niemals sterben. Das Licht hier in diesem Raum verlagert sich zwar für sieben oder acht Stunden, und dann ist es wieder hier. Es verlagert und bewegt sich – so wie Ihr Bewusstsein sich bewegt.

Ein *Spirit* kann da oder nicht da sein, das hängt von Ihrem Bewusstsein ab. Aber er ist überall gleichzeitig. Wenn es also kein Zentrum gibt, gibt es auch keine Erfahrung, kein Erleben davon. Es gibt kein Selbst, kein Zentrum. In Indien wird das Selbst *moksha* genannt – Freiheit von diesem Zentrum.

Gehen Sie einzig und allein von Ihrer eigenen Beobachtung aus – es gibt kein Dazwischen, keinen Gott, keine Autorität. Selbst Gott ist es nicht gestattet, eine Autorität zu sein. Deshalb haben alle christlichen Religionen Unrecht. Gott ist keine Autorität. Wenn Sie es richtig betrachten, dann begreifen Sie, dass jede Erfahrung zu einer Bindung an das Selbst wird. Immer wenn Sie sich an eine Erfahrung binden – und sei sie auch noch so schön –, blockieren Sie Energie. Jede Erfahrung verliert ihre Aktualität, Ihre Lebendigkeit und wird zu einer Erinnerung. Und eine Erinnerung kann niemals als Lebenskraft aktiviert werden.

Selbst die schönste Erfahrung der Liebe muss von der Erfahrung gelöst und zurück zur Stille geführt werden. Das bedeutet, dass Sie die Erfahrung der Liebe töten müssen. Sie können nur dann Liebe ausstrahlen, wenn Sie sie nicht in eine Erfahrung verwandeln, weil Stille die völlige Abwesenheit einer Erfahrung ist und Stille und Liebe nicht voneinander getrennt werden können. Letztlich kann Liebe nicht eine Erfahrung sein.

Bei Stille und Liebe geht es um die Befreiung vom Selbst. Das Selbst basiert auf Erinnerung–Erfahrung–Zeit. Lösen Sie sich von sich selbst, lösen Sie sich von Zeit, Erfahrung und Wissen, und ein ständiger Fluss von Stille und Liebe wird folgen.

Wenn Sie bewusst wahrnehmen wollen, wie Sie erleuchtet werden, dann ist das reines Ego. Mit dem Ende des Geistes gibt es niemanden, der Befreiung erfahren könnte. Sie werden nicht wissen, wann Sie erleuchtet werden. Wenn die Tür sich öffnet, dann können Sie das nicht *erleben,* weil es die Bewegung hin zur Stille und Liebe ist. Sie können sich niemals wirklich Ihres eigenen Liebespotenzials bewusst sein. Es ist außerhalb Ihrer Erfahrungswelt.

Stille und Liebe sind die Befreiung vom Selbst, vom Ich, vom Geist.

Der Geist, der Befreiung erfahren will, kann nicht frei sein. Freiheit bedeutet *Spirit. Spirit* kann nicht erfahren und erlebt werden. Wenn der Geist seine Befreiung erleben will, wird er niemals befreit werden. Weil er sich auf der Seite der Wahrnehmung des Bewusstseins, des Selbstbewusstseins halten muss, kann er niemals in dieses Nichts fallen.

Nehmen wir ein Beispiel aus der Natur: Wenn die Raupe unbedingt erleben will, wie sie zu einem Schmetterling wird, dann wird sie nie ein Schmetterling. Sie können diesen Übergang nicht bewusst vollziehen. Verwandlung geschieht immer, ohne dass Sie ihrer gegenwärtig sind. Danach werden die Menschen zu Ihnen sagen, etwas an Ihnen sei anders als sonst. Aber Sie selbst wissen es nicht. Wenn Sie es wissen, hat das nichts mit Verwandlung zu tun, nur mit geschickter Manipulation. Aber Sie können Stille und Liebe nicht manipulieren, sie sind Teil des Spirits.

Das Selbst, das Befreiung erleben will, kann nicht frei sein. Wenn Sie stolz auf Ihre Erfahrungen sind, verstärken Sie nur die Ich-Religion. Veränderung geschieht durch Schwingung, durch Bewegung zur Stille und nicht durch eine Diagnose. Eine Diagnose oder Beurteilung ist eine Katastrophe, wenn Sie in Beziehung mit dem Menschen sein wollen, der vor Ihnen steht. Zu diagnostizieren »Wer bin ich?« ist ebenfalls eine Katastrophe, weil es bedeutet, dass Sie nicht in Kontakt mit dem sind, was da ist. Sie verwandeln es in eine Erfahrung, in Wissen, in Vergangenheit.

Das Selbst, das Liebe erfahren will, kann nicht lieben. Das Geheimnis ist, wie Jesus es ausdrückte, Unschuld. »Seid unschuldig wie die Kinder«, sagte er. Unschuld bedeutet nicht dumm oder unintelligent. Es bedeutet, dass Sie sich Ihrer Schönheit nicht bewusst sind und nicht stolz auf das sind, was Sie tun. Kinder sind unschuldig, weil sie nicht sehen, welche Schönheit und wie viel Begeisterung und Elan sie in ihren Augen haben. Ein religiöser Mensch ist unschuldig, wenn er nicht stolz darauf ist, dass er zu Gott betet. Und er ist, wie im Zen-Buddhismus, ganz und gar gegen Rituale, weil sie sämtlich Haltungen der »Nicht-Unschuld« sind, die uns bewusst machen, wer wir sind. In dem Augenblick, wo Buddha erleuchtet wurde, hätte er mit Sicherheit niemals gesagt: Habt ihr gesehen, wie gut ich das gemacht habe? Unschuld bedeutet, dass Sie selbst sich niemals Ihrer Ausstrahlung und Ihres Charismas bewusst sind. Fürchten Sie sich niemals vor Menschen, die gegen Sie sind. Sie stellen keine Gefahr dar, da sie Sie nicht in Versuchung bringen, sich Ihre Schönheit, Ihre Liebenswürdigkeit und Ihre Liebe bewusst zu machen. Dagegen sind die Menschen, die Sie bewundern, gefährlich, denn wenn Sie ihre Bewunderung als echt betrachten, dann sind Sie wieder in der Hölle.

Es ist nicht weiter gefährlich, hin und wieder schlechte Gefühle zu haben, denn sie verschwinden wieder, und wenn Sie klug sind, können Sie sogar die Aggression nutzen, um sie in Liebe zu verwandeln.

Weisheit kann nur aus Ihrer eigenen Beobachtung kommen; daher kann man nirgendwo sonst hingehen. Alles hat mit Ihnen selbst zu tun. Wenn Sie sich Ihrer Beobachtung hingeben, hat das mit Unschuld zu tun. Ihr Wert wird Ihnen nicht von anderen gegeben. Der Wert, den Sie sich selbst geben, zählt. Wenn Ihr Wert von anderen Menschen abhängt, dann ist das nicht Ihr wahrer Wert.

Gott, um ein Synonym zu verwenden, wird Sie nicht *mehr* lieben, weil Sie sich geändert haben. Wenn Sie sterben, kann Gott nicht sehen, ob Sie sich verändert haben, weil der *Spirit* sich nie verändern kann. Glauben Sie, dass es einen Gott gibt, der sich Gedanken darum macht, ob Sie sich ändern? Er tut es nicht, weil er es nicht kann. Formlose Schwingung kann Form wahrnehmen, kann aber nichts über Form wissen. Mit anderen Worten: Gott weiß nichts über Sie, Ihren Charakter und Ihre Persönlichkeit. Es ist Ihre Verbindung zum *Spirit,* auf die es ankommt. Mit Ihren Bemühungen, sich zu verbessern, erreichen Sie vielleicht ein paar Veränderungen; vielleicht bekommen Sie auch einige hilfreiche Einblicke in Ihren Charakter. Aber was geschieht, wenn Sie sich auf das Wesentliche, den Kern konzentrieren? Wenn Sie sich auf den *Spirit* fokussieren, dann ist der Charakter nicht länger das Problem. Sie werden nicht mehr in Konflikt mit anderen Menschen sein – nicht, weil Sie nicht aggressiv sein könnten, sondern, weil das nicht das Problem ist. Ihre Aufmerksamkeit hat sich einer anderen Dimension zugewandt.

Im Wesentlichen, im Kern sind Sie Liebe. Jede Empfindung, jeder Gedanke, jedes Bild ist ein Gefühl. Immer wenn ein Gefühl auftritt, dann sollten Sie es so belassen, wie es ist, ohne darauf einzuwirken, statt eine Erfahrung daraus zu machen. Wenn es Aggression ist, dann wird sie zu Angst, dann zu Trauer, dann zu Stille und dann zu Liebe. Dann ist der Grund, warum Sie Bewusstsein haben, Liebe. Die Aggression wird zu Liebe, daher kann Bewusstsein nichts anderes als Liebe sein.

Gewahrsein ist der dynamische Prozess, der Beobachter, der beobachtet. Sie sind sich der Beobachtung bewusst. Dies geschieht nur, weil Sie diesen inneren Drang haben, die Atmosphäre der Liebe zu finden. Es ist nicht etwas, worin Sie unterwiesen worden sind. Es gibt keinen einzigen Menschen auf der Welt – wahrscheinlich nicht einmal einen Psychopathen –, der nicht nach Liebe sucht. Warum suchen die Menschen nach Liebe? Weil sie tief in ihrem Inneren wissen, dass es keinen Abstand zwischen Bewusstsein und Liebe gibt. Tief in ihrem Inneren wissen sie: Ich bin.

Wenn wir die Frage stellen: Wer bin ich?, so lautet die Antwort: Stille und Liebe. Stille und Liebe in einem bedeutet: Ich bin *Spirit*. Jesus drückte es in der Kultur und Sprache seiner Zeit anders aus. Er sagte: »Der Vater und ich sind eins.« Das ist genau dasselbe. Immer wenn Sie ein Problem haben, haben Sie einen Konflikt. Ehe Sie sich darin verstricken, sollten Sie sich selbst fragen: Hilft das dem *Spirit* oder hilft es ihm nicht? Wenn nicht, dann lassen Sie die Sache auf sich beruhen.

Es ist zehn Mal besser, um seine Rechte betrogen zu werden, als mit einem Streit fortzufahren. Jesus sagte: »Gib dem König, was des Königs ist.« Es ist besser, sich nicht zu verteidigen und *Spirit* zu leben, als sich auf Abwehr zu konzentrieren und nicht *Spirit* zu leben. Es ist tausend Mal besser, zu verlieren und Liebe zu behalten, als zu gewinnen und keine Liebe zu haben. Ihre Tage in diesem Leben sind begrenzt.

Machen Sie nicht achtzig Jahre lang Aufhebens um den Körper-Geist, wenn es *Spirit*, Nichts, Stille und Liebe gibt. Lernen Sie, spirituell zu leben.

Die Frage lautet ganz einfach: Bringt mich das, was ich tue – egal, was es ist –, weg von der Kommunikation mit dem *Spirit* oder nicht? Der Preis, den man dafür bezahlt, dass man nicht in Verbindung mit dem *Spirit* ist, ist zu hoch – selbst wenn es darum ginge, ein ganzes Land zu gewinnen. Um welche Konflikte es auch immer geht, fragen Sie sich selbst: Fördert es meine Kommunikation mit dem *Spirit?* Wenn ja, dann streiten Sie ruhig, so lange Sie wollen. Verringert es meine Kommunikation mit dem *Spirit?* Dann hören Sie sofort damit auf! Und wenn Sie es tun, dann werden Sie sich ganz plötzlich, ohne einen Grund, immerwährend in einem Zustand des Glücks und des inneren Friedens fühlen.

Time-Therapie – eine Brücke zwischen Psychologie und Spiritualität

Während die herkömmliche Psychologie darauf ausgerichtet ist, das Selbst innerhalb seiner natürlichen Grenzen von Raum/Zeit oder Ursache/Wirkung zu erforschen und zu verstehen, geht der spirituelle Ansatz der Time-Therapie darüber hinaus. Die therapeutische Methode konzentriert sich auf das, was wir wirklich sind: Menschen, voller Potenzial und Möglichkeiten, *Spirit*. Klar wird auch, dass unsere Vergangenheit, unsere persönliche Geschichte eine weitaus geringere Rolle spielt, als wir glauben. Die Time-Therapie zeigt, dass wir mehr sind als Körper-Geist und dass wir aus der Zeit heraustreten können. Verlieren wir das Zeitgefühl, sind wir mit einem erweiterten Bewusstsein und mit einer größeren Dimension verbunden. Die Time-Therapie nennt es das außerkörperliche Bewusstsein. Auf direktem Wege wird es möglich, ganz bewusst in Verbindung mit unseren Qualitäten oder mit unserem Seelenpotenzial zu sein. Dann kommen unsere Energien wieder ins Fließen, unsere Ängste schmelzen dahin, und wir gewinnen mehr Lebensperspektive. Sind wir verstärkt mit dem erweiterten Zustand, mit *Spirit* verbunden, gelangen wir zu innerem Frieden, Stille und Lebenskraft.

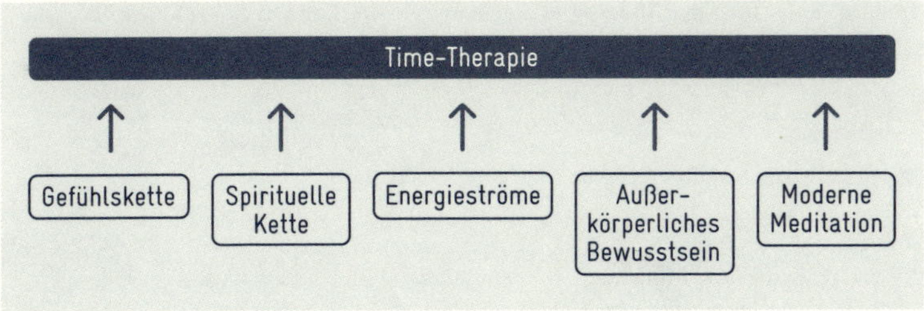

Zusammenfassung
- Stille ist die Abwesenheit von Bindung.
- Das Ende der Erfahrung ist Liebe.
- Stille und Liebe sind Befreiung vom Selbst.
- Sie sind Liebe.

Über den Autor

Manuel Schoch (1946–2008) besaß von Kindheit an die Fähigkeit, Energiefelder oder Auren wahrzunehmen und hatte sein Leben lang mystische Erlebnisse. Er studierte Psychologie und arbeitete einige Jahre mit dem dänischen Heiler Bob Moore; 1971 begann er seine Tätigkeit als energetischer Therapeut. Er war Mitbegründer des Analytischen Zentrums in Zürich und gründete 1974 das HiHo-Kollektiv, eine anti-psychiatrische Institution. Von 1984 bis zu seinem Tod 2008 vermittelte er sein Wissen und seine Erkenntnisse in den von ihm gegründeten und geleiteten Tune-in-Zentren für menschliche Entwicklung in Zürich, London und Athen. Manuel Schoch hat die Time-Therapie, das Außerkörperliche Heilen und die Technik der Modernen Meditation entwickelt. Er hielt Vorträge an der Universität Zürich und war Berater im Fachbereich Psychiatrie. Er ist Vater von zwei Söhnen und war mit Effie Schoch Spiliotis verheiratet, die auch seine Partnerin im Tune-in-Institut war.

Von Manuel Schoch sind im AT Verlag bereits erschienen:

Dein wahres Potenzial
Frei von Angst
in die Zukunft

Das Tao des Glücks
Aschtavakra –
Meditationen zu Texten
altindischer Weisheit

Das Tune-in-Institut wird weitergeführt von:
Tune-in Institut for Time Therapy, Effie Schoch Spiliotis, Freudenbergstr. 109, 8044 Zürich,
Tel. +41 (0)44 364 67 76, effie.schoch@bluewin.ch, www.tune-in.ch
Tune-in center for Time Therapy, Polikleitoustr. 1, 10551 Athen,
Tel. +30 210 6432723, info@choros-space.gr, www.choros-space.gr
Tune-in center for Time Therapy, 14 St. Georges Mews, London NW18XE,
sanita.hochhauser@btinternet.com, www.timetherapy.co.uk

Aus dem Englischen übersetzt von Maria Buchwald.

AT Verlag, Baden und München
Lektorat: Karin Breyer, Freiburg i.Br.
Umschlagbild und Fotos: Anselm Spring
Gestaltung: Giorgio Chiappa, Zürich
Lithos: Vogt-Schild Druck, Derendingen
Druck und Bindearbeiten: CPI Books, Ulm
Printed in Germany

ISBN 978-3-03800-453-0

www.at-verlag.ch